易教·乐学

"十四五"职业教育国家规划教材

税费计算与申报（第2版）

SHUIFEI JISUAN YU SHENBAO

主　编◎杨国春
副主编◎徐中池　任秀珍　张　明
参　编◎王维宁　赵勇健　王　磊　谢　鑫
范　萌　徐兰英　王友莲

北京师范大学出版集团
BEIJING NORMAL UNIVERSITY PUBLISHING GROUP
北京师范大学出版社

图书在版编目(CIP)数据

税费计算与申报 / 杨国春主编 .—2 版 .—北京：北京师范大学出版社，2021.6(2024.8 重印)
ISBN 978-7-303-26840-5

Ⅰ. ①税… Ⅱ. ①杨… Ⅲ. ①税费－计算－中等专业学校－教材 ②纳税－税收管理－中国－中等专业学校－教材 Ⅳ. ①F812.423

中国版本图书馆 CIP 数据核字(2021)第 036725 号

图书意见反馈 zhijiao@bnupg.com
营销中心电话 010-58802755 58800035
编辑部电话 010-58807663

出版发行：北京师范大学出版社 www.bnupg.com
北京市西城区新街口外大街 12-3 号
邮政编码：100088
印 刷：天津中印联印务有限公司
经 销：全国新华书店
开 本：787 mm×1092 mm 1/16
印 张：19
字 数：348 千字
版 次：2021 年 6 月第 2 版
印 次：2024 年 8 月第 4 次印刷
定 价：38.00 元

策划编辑：鲁晓双　　责任编辑：马力敏
美术编辑：焦 丽　　装帧设计：焦 丽
责任校对：康 悦　　责任印制：马 洁 赵 龙

前　言

近年来，我国税制改革不断深入。自 2016 年 5 月 1 日起，我国全面实施“营改增”，营业税退出历史舞台。2018 年 1 月 1 日，《中华人民共和国环境保护税法》开始实施。2018 年 3 月 13 日，国税地税机构合并，国税地税征管体制进行改革。2019 年 1 月 1 日，第七次修正后的《中华人民共和国个人所得税法》全面实施。2019 年 3 月 5 日，李克强总理在《政府工作报告》中宣布实施深化增值税改革，将制造业等行业现行 16% 的税率降至 13%，将交通运输业、建筑业等行业现行 10% 的税率降至 9% 等，确保主要行业税负明显降低。耕地占用税、车船税、资源税等税种也进行了重要改革，税收征管不断完善。2020 年又出台了增值税以及税收征管十项新规定。2022 年“六税两费”减半征收政策适用主体的范围扩大到了所有的小微市场主体。党的二十大报告又指出，加快建设国家战略人才力量，既要努力培养更多“大师、战略科学家、一流科技领军人才和创新团队、青年科技人才”，也要努力造就更多“卓越工程师、大国工匠、高技能人才”。在这个国家税制大变革、知识更新速度加快的背景下，我们编写了本书，以适应形势变化的需要。

本书内容分成 7 个项目：走进税收、增值税的计算与缴纳、消费税的计算与缴纳、关税的计算与缴纳、企业所得税的计算与缴纳、个人所得税的计算与缴纳和其他税费的计算与缴纳。这次修订使教材更能紧密结合当前税法的变化，吸收当前税制改革的最新成果，突出了教材的前瞻性、时效性和新颖性。其显著特点如下。

1. 任务驱动

全书按照工作过程、项目导向、任务驱动来设计学习情境，以情境案例导出工作任务，并贯穿于整个项目之中。以完成工作任务为核心，安排教学内容，分别就应交税费额的计算、申报与缴纳两个方面，对现行的主要税种进行了全面阐述。重点在于让学生掌握纳税工作的基本操作流程和操作要领，会计算企业常见税费的应缴金额，能够独立办理各种税费的申报与缴纳工作。

2. 注重实务

书中设计了部分企业案例，大量列示了企业纳税申报的基本表单，突出了应纳税额的计算和纳税申报，与实际业务完全接轨，是现行法规下企业纳税的全真模拟和实战演练。

3. 学做合一

全书以培养学生职业能力为主线，按照理实一体的职业教育要求，让学生在“做中学，学中做，学做合一”，在完成工作任务过程中学习知识，训练技能，从而实现职业岗位所需的知识目标、能力目标和素养目标，充分体现了职业院校专业课程改革的精髓。

本书在编写过程中，参考了许多教材和相关文献，汲取了最新的税制改革成果，许多热心的读者也提出了大量中肯的意见，在此一并表示感谢！

对于本书的编写，尽管我们做出了艰苦的努力，但书中不足之处仍在所难免，恳请广大读者继续提出宝贵意见。

编者

2022 年 5 月

目　录

项目一　走进税收

项目介绍

税收是国家为满足社会公共需要，凭借政治权利，按照法律所规定的标准和程序，参与国民收入分配，强制地、无偿地取得财政收入的一种特定分配方式。税收具有强制性、无偿性和固定性三个明显特征。在现实生活中，无论在任何国家，企业都必须依法纳税。企业要成为合法的纳税人，依法享受各种税收服务和税收优惠待遇，就必须在取得营业执照后，先到税务部门办理涉税信息补充采集手续，取得合法纳税人身份。在办理完涉税信息补充采集手续之后，还必须到主管税务机关办理税种认定登记，依法取得和使用发票，并按时进行纳税申报。纳税申报是每个纳税人对国家和社会必须履行的法定义务和责任。为确保企业及时、准确地申报缴纳税款，必须做好纳税前的准备工作。了解、熟悉税前知识，有利于增强企业的纳税观念、提高纳税自觉性。

本项目是本书的入门篇。在明确了知识目标、能力目标和社会目标的基础上，通过提出补充采集涉税信息、认定一般纳税人资格、领购发票和申报纳税四个工作任务，带领学生“走进税收”，着重了解税收的基本知识，包括税法的构成要素、我国现行税种体系。重点介绍涉税信息补充采集、一般纳税人资格认定以及发票领购的流程和应用。只有熟练掌握这些知识，才能为准确计算企业应纳税额并及时完成纳税申报工作打下牢固的知识基础。

纳税任务基本流程：涉税信息补充采集→一般纳税人资格认定→办理税种认定登记→领购发票→计算与核算税款→填制纳税申报表→缴纳税款。

知识链接

走进税收

我国的税法构成要素

税法是国家制定的、用来调整国家与纳税人之间在征纳税方面的权利及义务关系的法律规范的总称，是征税人依法征税、纳税人依法纳税的行为准则。任何国家的税收法律制度都有其固定的结构，国家每开征一种税，都要制定相应的基本法规，以便依法征税。虽然每一个税种都有其不同的性质、特点和作用，但构成税法的基本要素是相同的，都包括纳税义务人、征税对象、税目税率、纳税环节、纳税期限、纳税地点、税收优惠、违章处理等。

纳税义务人。纳税义务人是明确对谁征税的要素。纳税义务人简称纳税人，是指税法规定的直接负有纳税义务的组织和个人，分为自然人和法人。自然人是指负有法定纳税义务的个人及属于自然人范围内的个体户、农村承包户等。法人是指依法成立并能独立履行法定权利和承担法律义务的组织，如企业、社团等。与纳税人相关的概念是负税人和扣缴义务人。负税人是税款的实际负担人，但不一定就是纳税人。在税负不能转嫁的情况下，负税人就是纳税人；在税负能够转嫁的情况下，负税人不是纳税人。扣缴义务人是指依照法律法规负有代扣代缴、代收代缴税款义务的单位和个人。一般来说，必须是与纳税人之间有支付和收入关系的单位和个人才能充当扣缴义务人。

征税对象。征税对象是规定对什么征税的要素。征税对象是指税法规定对什么征税，是征税的客体或标的物。它是区别一种税与另一种税的重要标志。与征税对象相关的概念是计税依据。计税依据是指计算应纳税额的依据，即根据什么来计算纳税人应缴纳的税额，是征税对象在量的方面的具体化。计税依据在表现形态上一般有两种：从价计征和从量计征。从价计征以征税对象的价值为计税依据，如我国现行税法中的增值税、企业所得税等；从量计征以征税对象的数量、质量、容积、面积等为计税依据，如车船税等。

税目税率。税目税率是体现征税广度和深度的要素。税目就是税法规定的征税的具体项目，反映了征税的广度。税目明确了具体的征税范围，同时也体现了不同的税率。税率是应纳税额与征税对象(计税依据)之间的数量关系或比例，是计算税额的尺度。税率的高低反映了征税的深度，是税收制度的核心要素。税率主要有比例税率、累进税率和定额税率三种。比例税率是对同一征税对象或税目，不分数额大小，都按规定的同一比例征税，如增值税税率。累进税率是根据征税对象数额的大小不同，规定不同等级的税率。定额税率是按征税对象确定的计算单位直接规定一个固定的税额，如资源税、车船税采用这种税率。

纳税环节。纳税环节是指被具体确定的应当缴纳税款的环节。例如，资源税分布在生产环节，所得税分布在分配环节等。纳税环节制约着税制结构，对取得财政收入和调节经济有着重大影响。

纳税期限。纳税期限是指纳税人的纳税义务发生后应依法缴纳税款的期限。纳税期限可分为纳税计算期和税款缴库期两类。纳税计算期说明纳税人应多长时间计缴一次税款，反映了计税的频率。纳税计算期可分为按次计算和按期计算。按次计算以纳税人从事应税行为的次数作为应纳税额的计算期限，一般较少使用。按期计算以纳税人发生纳税义务的一定期限作为纳税计算期，通常以日、月、季、年为一个期限，按期计算使用较多。税款缴库期是指纳税人在多长的期限内将税款缴入国库，是纳税人实际缴纳税款的期限。纳税期限与纳税义务的发生时间是不同的，前者是一个时间段，而后者则是指一个时间点，并且只有在纳税义务发生以后，才会有纳税期限的问题。

纳税地点。纳税地点是指根据各个税种纳税对象的纳税环节和有利于对税款的源泉控制而规定的纳税人(包括代征、代扣、代缴义务人)的具体纳税地点。它说明了纳税人应向何处的征税机关申报纳税及何处的征税机关有权实施管辖的问题。一般来说，在税法上规定的纳税地点主要有机构所在地、经营活动发生地、财产所在地、报关地等。

税收优惠。税收优惠是对某些纳税人或征税对象给予鼓励和照顾而减免税收负担的制度。税收优惠的主要体现就是税收减免，有税基式减免、税额式减免和税率式减免三种基本形式。相关的概念涉及减税、免税、起征点、免征额等。减税就是对纳税人少征一部分税款或者通过降低法定税率而减少纳税人的一部分负担，又称税收减征；免税是对纳税人的征税对象免予征税，又称税收免征；起征点是计税依据达到国家规定数额开始全额征税的界限；免征额是计税依据总额中免予征税的数额。其中，起征点与免征额同为征税与否的界限。对纳税人来讲，其在计税依据没有达到起征点或没有超过免征额的情况下，都不纳税；当纳税人的计税依据达到或超过起征点时，就其计税依据的全部数额征税，而当纳税人的计税依据超过免征额时，则只就其超过的部分征税。

违章处理。违章处理主要是指对纳税人违反税法的行为采取的处罚措施。违章处理是税收制度中不可或缺的要素，是税收强制性的具体体现。

案例背景

企业基本信息

统一社会信用代码：370210000 **** JF86W

企业名称：滨海市盛泰实业有限公司

住　　所：滨海市红星路 16 号

注册资本：2 000 万元

企业类型：有限责任公司(增值税一般纳税人)

联系电话：2334335

经营范围：1#、2#、3#等多种型号产品研发、生产销售

成立时间：2018 年 7 月 18 日

营业期限：2018 年 7 月 18 日至 2038 年 7 月 17 日

纳税人识别号：370200002347 ***

开户银行：中国银行海滨市分行营业部

银行账号：3702067012346688 ****

法人代表：陈兴

身份证号码：37010219680824 ****

会计负责人：张峰

会计员：李艳

出纳员：王琳

报税员：刘萍

职工人数：256 人(含残疾人员 2 人)

增值税发票管理：专门配置保险箱一个，开具专用发票的办公室一间

税务微观

我国税史之最

中国的第一所税务学堂。中国第一所税务学堂于 1909 年 5 月 21 日在北京正式成立，归税务处直接管理。学堂设总办、提调、总教习、斋务委员、庶务官、中外教习、会计官、医官、司官、司书、夫役等人员。学员分为本科和补习科。本科学制四年，补习科学制一年。随着清朝的覆灭，该学堂第一期尚未毕业，学堂就停办了。

中国最早的税务机构。西周时期，产生了我国历史上最早的税务机构——地官。据《周礼》记载，地官是管理赋税的总机构，最高长官称为大司徒。大司徒主要掌握税收法规，检查所属税务人员的工作。大司徒还配备副职——小司徒，掌管全国土地田亩、人口户籍以及贡赋征收。地官之下，设有各级征收机构，分为两类：一类是农业赋税的征收机构，另一类是杂税的征收机关。西周的赋税管理机构一直沿用到战国时期。

我国最早出现的工商税收是西周时期征收的“关市之赋”、“山泽赋”；最早对私人拥有的车辆和舟船征税是在汉代初年；最早对酒单独征税是汉代昭帝始元六年(公元前 81 年)；最早对城市土地课税，是 1898 年，当时开征了地价税和土地增值税；最早正式开征所得税是 1936 年 10 月，1939 年 1 月第一次开征。

任务一　采集涉税信息

任务目标

知识目标：

1. 了解我国的商事登记模式。

2. 熟悉涉税信息补充采集流程。

能力目标：

1. 会填写《纳税人首次办税补充信息登记表》。

2. 能够独立依法办理税务登记业务。

素养目标：

培养依法纳税的理念及依法办理纳税登记所需的职业沟通能力。

任务导出

情境描述

滨海市盛泰实业有限公司是一家由盛鼎实业有限公司和泰发实业有限公司共同出资成立的企业，于2018年7月18日取得了营业执照。企业的办税员属于企业财务职位体系中的基层岗位，在公司涉税业务中，起着举足轻重的作用。其主要职责：能够正确判断涉税事项所属的税种、准确计算应纳税额、独立填写纳税申报表、及时办理纳税申报等。

学会计专业的刘萍，毕业后便被招聘到这家公司，因其在校专业知识扎实、业务熟练、语言表达和沟通协调能力都很强，被安排到会计岗位，成为一名办税员。因公司急需办理开业阶段的涉税手续，特安排刘萍前去滨海市税务局完成这项工作。

讨论：在我国征收税收的前提条件是什么？

任务：办理涉税信息补充采集。

知识准备

1. 企业营业执照

在我国，企业营业执照是企业从事生产经营活动的证件，企业必须依法取得营业执照后方可进行生产经营活动。营业执照分正本和副本，具有同等法律效力。企业营业执照正本必须悬挂于企业住所的醒目位置。

我国目前企业全面推行“五证合一、一照一码”商事登记模式，即将企业设立时由原工商行政管理机关，质量技术监督机关(2018 年起原工商行政管理局、质量技术监督局、食品药品监督局合并成国家市场监督管理总局)，税务部门，社会保险经办机构和统计机构五个部门分别核发不同证照的登记模式，改由市场监督管理部门核发加载法人和其他组织统一社会信用代码的营业执照(图 1-1)。

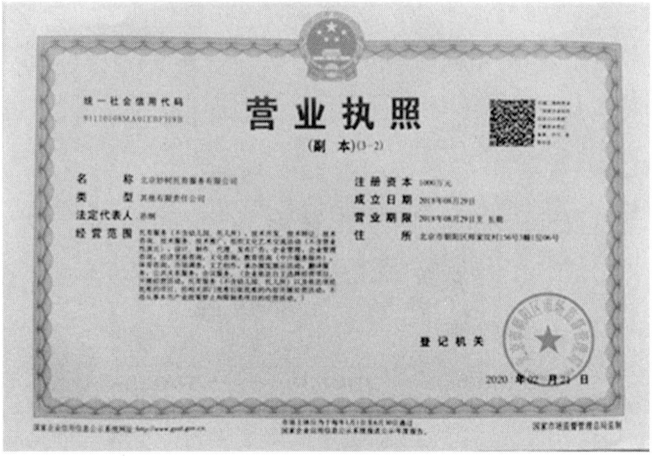

图 1-1　营业执照

这里需要明确的是，“五证合一”并不是将税务登记取消了，税务登记的法律地位仍然存在，只是政府简政放权，将此环节改为市场监督管理部门一口受理，核发一个加载法人和其他组织统一社会信用代码的营业执照，这个营业执照同时具备原来五种证件的法律地位和作用。

因此，企业在领取营业执照后，不再需要领取税务登记证。

2. 开立银行账户

新企业领取营业执照后，还要到相关银行或其他金融机构开立银行基本户，签订税库银协议。

我国 2019 年全面取消了企业银行账户许可。企业经办人可以携带“法人身份证原件及复印件”“经办人身份证原件及复印件”“营业执照原件及复印件”和五章(公章、财务章、法人章、合同专用章、发票专用章)等，到选定的开户银行，在银行客户经理的指引下，填写开户的材料，办理相关手续。

3. 涉税信息采集

企业在领取了加载统一社会信用代码的营业执照后，还要到办税服务厅领取网上申报注册码，在电子税务局网站上进行新用户注册，依法办理企业涉税信息补充采集手续，为后续纳税申报提供指引。

任务实施

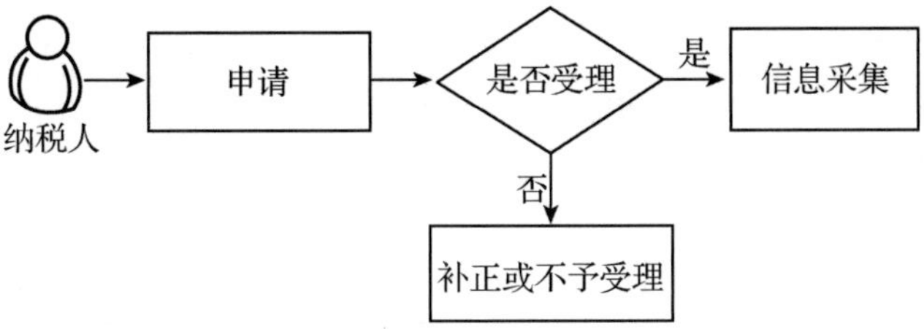

图 1-2　办理涉税信息采集流程

活动一　办税补充信息采集

在首次办理涉税事项时，如增值税一般纳税人资格认定、税种登记、发票领用等，要到主管税务机关办税服务厅(场所)，填写《纳税人首次办税补充信息登记表》，进行涉税信息补充采集。税务机关在完成补充信息采集后，凭加载统一社会信用代码的营业执照代替税务登记证使用。

1. 提出申请

纳税人首次办理涉税事宜时，应当如实填写《纳税人首次办税补充信息登记表》，如表 1-1 所示。

表 1-1　纳税人首次办税补充信息登记表

填表日期：2018 年 7 月 20 日

<table>
<tr><td>统一社会信用代码</td><td colspan="3">370210000****JF86W</td><td colspan="2">纳税人名称</td><td colspan="4">滨海市盛泰实业有限公司</td></tr>
<tr><td>生产经营地</td><td colspan="3">滨海市红星路 16 号</td><td>邮政编码</td><td>******</td><td colspan="3">联系电话</td><td>2334335</td></tr>
<tr><td>核算方式</td><td colspan="5">请选择对应项目打“√”　独立核算(√)
非独立核算(　)度</td><td>从业人数</td><td colspan="3">256 其中外籍人数 0</td></tr>
<tr><td>适用会计制度</td><td colspan="9">请选择对应项目打“√”
企业会计制度(√)　小企业会计制度(　)
金融企业会计制度(　)　行政事业单位会计制度(　)</td></tr>
<tr><td rowspan="2">内容
项目
联系人</td><td rowspan="2">姓 名</td><td colspan="3">身份证件</td><td rowspan="2">固定电话</td><td colspan="2" rowspan="2">移动电话</td><td colspan="2" rowspan="2">电子邮箱</td></tr>
<tr><td>种 类</td><td colspan="2">号 码</td></tr>
<tr><td>法定代表人(负责人)</td><td>陈 兴</td><td>身份证</td><td colspan="2">******</td><td></td><td colspan="2">13854768***</td><td colspan="2">Cr567@126.com</td></tr>
<tr><td>财务负责人</td><td>张 峰</td><td>身份证</td><td colspan="2">******</td><td></td><td colspan="2">13654721***</td><td colspan="2">Zf33jj@163.com</td></tr>
<tr><td>办税人员</td><td>刘 萍</td><td>身份证</td><td colspan="2">*******</td><td></td><td colspan="2">15054711***</td><td colspan="2">Lp2lp@126.com</td></tr>
</table>

续表

税务代理人信息			
纳税人识别号	名 称	联系电话	电子邮箱
代扣代缴、代收代缴税款业务情况			
代扣代缴、代收代缴税种		代扣代缴、代收代缴税款业务内容	
经办人签章：刘 萍 刘 萍 2018 年 7 月 20 日		纳税人公章：滨海市鑫泰实业有限公司 2018 年 7 月 20 日	
国标行业（主）		主行业明细行业	
国标行业（附）		国标行业（附）明细行业	
纳税人所处街乡		隶属关系	国地管户类型
主管税务局（分局）		主管税务所（科）	
经办人		信息采集日期	

2. 提供材料

纳税人办理涉税信息补充采集时，应当按照主管税务机关的要求提供有关证件、资料，包括以下几项。

营业执照副本及复印件；

社保登记表；

生产、经营地址证明；

经办人身份证原件及复印件。

3. 受理审核

税务机关根据纳税人提供的资料和信息，在系统中录入补充信息。补充信息全部采集完毕后，打印补充信息，交纳税人签章确认。纳税人无法当场签章确认的，将打印的补充信息交纳税人，提示纳税人在下次办理涉税事宜时返还已签章确认的补充信息资料。

活动二　变更登记信息采集

纳税人首次办税信息补充采集后，如果出现税务登记内容发生下列情况之一的，均应办理变更登记信息采集：改变企业名称；变更企业法定代表人；改变住所或经营地点；改变注册类型；改变生产经营方式；改变生产经营范围；改变注册资金(资本)；

改变生产经营期限；改变银行账号等。

1. 填写税务变更信息登记表

纳税人办理税务变更登记信息采集时，要填写税务变更信息登记表。

2. 提供办理变更登记所需资料

如果纳税人变更内容与工商登记内容有关，且已在市场监督管理机关办理变更登记的，需要提交以下相关资料。

《税务登记变更表》；

变更后的营业执照原件及复印件；

变更后的社保登记表；

变更登记的决议及有关证明；

变更后的法人代表(负责人)身份证及复印件；

经办人身份证原件及复印件；

其他有关资料。

如果纳税人变更内容与工商登记内容无关，不需要在市场监督管理机关办理变更登记的，需要提交以下相关资料。

变更登记申请书；

变更登记内容的决议及有关证明；

其他有关资料。

解决任务

办理涉税手续步骤如下。

1. 办税员刘萍必须提供办理首次涉税手续所需的证件、资料：公司营业执照副本及复印件；社保登记表；生产、经营地址证明(如为自有房产，需提供产权证或买卖契约等合法的产权证明原件及复印件和购房发票等房产原值或评估值证明复印件等)；经办人身份证原件及复印件。

2. 办税员刘萍必须在2018年7月20日到滨海市税务办税服务厅(场所)填写《纳税人首次办税补充信息登记表》。

3. 税务机关根据纳税人提供的上述资料和信息，在系统中录入补充信息。补充信息全部采集完毕后，打印补充信息，由刘萍签章确认。如果刘萍无法当场签章确认，将打印的补充信息带回确认，并按照规定的期限，交回已签章确认的补充信息，获取纳税人识别号(以下简称税号)，完成办理开业阶段的涉税手续工作。

思考与练习

◆思考题

1. 我国目前企业全面推行"五证合一、一照一码"商事登记模式的内容是什么？其意义如何？

2. 想一想：当前我国出台了许多鼓励企业发展的免税优惠政策，在这种情况下，如果企业不进行涉税信息补充采集就开展涉税经济活动，是否违法？为什么？谈谈你的看法。

◆单选题

1. 我国目前企业全面推行的是(　　)商事登记模式。

A. "二证合一、一照一码"　　B. "三证合一、一照一码"

C. "四证合一、一照一码"　　D. "五证合一、一照一码"

2. 企业在市场监督管理部门办理加载统一社会信用代码的营业执照后，还要依法办理企业开业阶段的涉税手续。在首次办理涉税事项时，需要填写(　　)。

A.《纳税人首次办税补充信息登记表》　B.《纳税人税种登记表》

C.《税务行政许可申请表》　　D.《纳税人申报方式申请审批表》

3. 在我国，负责办理加载统一社会信用代码的营业执照的部门是(　　)。

A. 税务机关　B. 市场监督管理机关　C. 公安机关　D. 海关

◆多选题

1. 纳税人办理涉税信息补充采集时，应当按照主管税务机关的要求提供有关证件、资料，包括(　　)。

A. 营业执照副本及复印件　　B. 社保登记表

C. 生产、经营地址证明　　D. 经办人身份证原件及复印件

2. 关于"五证合一、一照一码"的说法正确的是(　　)。

A. 实行"五证合一"，税务登记的法律地位仍然存在

B. 实行"五证合一"是政府简政放权的具体体现

C. 实行"五证合一"，取代了原来五种证件的法律地位和作用

D. 在领取营业执照后，还需要领取税务登记证

3. "五证合一" 是将企业设立时由原工商行政管理机关、(　　)等部门分别核发不同证照的登记模式，改由市场监督管理部门核发加载法人和其他组织统一社会信用代码的营业执照。

A. 质量技术监督机关　　B. 税务部门

C. 统计机构　　D. 社会保险经办机构

任务二　一般纳税人资格认定

任务目标

知识目标：

1. 熟悉我国现行的主要税种。

2. 掌握一般纳税人资格认定流程。

3. 掌握一般纳税人税种登记流程。

能力目标：

1. 能够进行一般纳税人资格认定。

2. 能够办理一般纳税人的税种认定登记。

素养目标：

1. 培养依法纳税的理念。

2. 培养职业沟通能力及工作协调能力。

任务导出

情境描述

办税员刘萍顺利地完成了开业阶段的涉税信息补充采集工作，特别兴奋，热情很高。第二天，刘萍又主动会同会计负责人张峰一起前去主管税务机关，进行增值税一般纳税人的资格认定和税种认定登记。

讨论：你所知道的我国开征的税种有哪些；为什么要开征多个税种。

任务：办理增值税一般纳税人资格认定及税种认定登记手续。

知识准备

1. 增值税一般纳税人

增值税纳税人按其年应税销售额和会计核算制度健全程度划分为一般纳税人和小规模纳税人。

增值税一般纳税人是指年应税销售额超过小规模纳税人标准，有固定的生产经营场所且能够按照国家统一的会计制度规定设置账簿，并能提供增值税销项税额、进项税额和应纳税额等准确税务资料的企业和企业性单位。增值税一般纳税人必须向税务机关办理认定手续，取得法定资格。

温馨提示

增值税纳税人应当办理一般纳税人资格登记而未办理的，不得使用增值税专用发票。

2. 增值税纳税人的涉税行为

增值税纳税人在日常的生产经营中，不可避免地涉及各种应税行为，包括需要缴纳增值税、消费税、企业所得税、关税、个人所得税、烟叶税、城市维护建设税、教育费附加、土地增值税、耕地占用税、城镇土地使用税、资源税、房产税、车船税、车辆购置税、契税和印花税等。企业要认真确认这些应税行为的发生，并正确计算各种税的应纳税额，及时进行纳税申报。

增值税纳税人经营活动中的涉税行为归纳如下(图 1-3)。

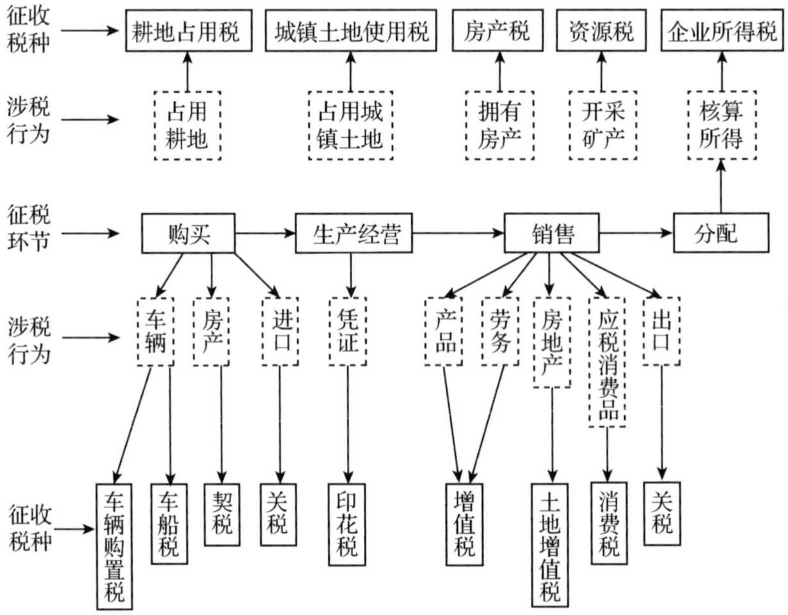

图 1-3 企业经营活动中的涉税行为

(1)在中国境内或者境外取得的各种所得都应当缴纳企业所得税。

(2)在中国境内销售货物或者提供应税劳务和应税服务以及进口货物都应当缴纳增值税。

(3)在中国境内生产、委托加工和进口应税消费品(包括烟、酒、化妆品、贵重首饰、鞭炮、焰火、成品油、摩托车、小汽车、高尔夫球及球具、高档手表、游艇、木制一次性筷子、实木地板、电池、涂料)应当缴纳消费税。

(4)企业进口货物、出口货物需要缴纳关税。

(5)企业在中国境内收购烟叶需要缴纳烟叶税。

(6)凡缴纳增值税、消费税的企业都应当缴纳城市维护建设税和教育费附加。

(7)转让国有土地使用权、地上的建筑物及其附着物(转让房地产)并取得收入的企业应当缴纳土地增值税。

(8)企业占用耕地建房或者从事其他非农业建设，需要缴纳耕地占用税。

(9)在城市、县城、建制镇、工矿区范围内使用土地的企业应当缴纳城镇土地使用税。

(10)企业在中国境内开采应税矿产品(包括原油、天然气、煤炭、其他非金属矿、金属矿)或者生产海盐应当缴纳资源税。

(11)企业在城市、县城、建制镇和工矿区拥有房产，应当缴纳房产税。

(12)在中国境内，企业如果是车辆、船舶的所有人或者管理人，应当缴纳车船税。

(13)企业在中国境内购置应税车辆(包括汽车、摩托车、电车、挂车、农用运输车)，应当缴纳车辆购置税。

(14)在中国境内转移土地、房屋权属，承受的企业应当缴纳契税。

(15)在中国境内书立、领受应税凭证(包括购销、加工承揽、建设工程承包、财产租赁、货物运输、仓储保管、借款、财产保险、技术合同或者具有合同性质的凭证、产权转移书据、营业账簿、权利、许可证照)的企业应当缴纳印花税。

3. 现行主要税种

我国现行税法体系由税收实体法和税收征收管理的程序法共同构成。就实体法而言，目前我国开征的主要税种按照征税的对象不同分为流转税、所得税、资源税、财产税和行为税五大类(表 1-2)。

表 1-2　**我国主要税种表**

类　别	具体税种
流转税	增值税、营业税、消费税、关税、城市维护建设税、教育费附加
所得税	企业所得税、个人所得税
资源税	资源税、城镇土地使用税、土地增值税、耕地占用税
财产税	房产税、车船税、契税
行为税	印花税、车辆购置税

4. 税收征收机关

我国的税收征收机关有税务机关和海关。税务机关负责各种税收的征收管理。海关负责征收进出口环节的关税和代征进口环节的增值税、消费税，如表 1-3 所示。

表 1-3　征收机构与征收税种

征收机构	征收税种
税务机关	增值税、消费税、企业所得税、个人所得税、资源税、车辆购置税、城市维护建设税、印花税、城镇土地使用税、土地增值税、耕地占用税、契税等
海关	关税；进口环节的增值税、消费税等

任务实施

税务机关在对企业纳税人进行涉税信息补充采集后，还要根据纳税人的生产经营范围及税法的有关规定，对企业纳税人的纳税事项和应税项目进行核定，即税种认定。税种认定流程图如图 1-4 所示。

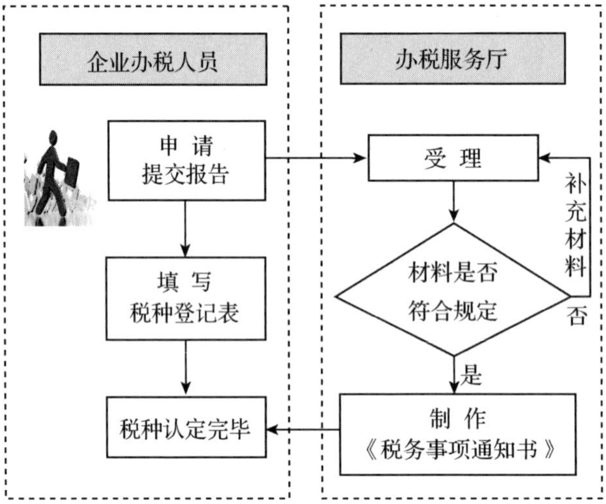

图 1-4　税种认定流程图

活动一　一般纳税人资格认定登记

增值税一般纳税人资格实行登记制。要取得增值税一般纳税人资格，必须向其主管税务机关办理增值税一般纳税人认定手续。

1. 填写《增值税一般纳税人申请认定表》

要求办理增值税一般纳税人认定的纳税人，应到主管税务机关领取并填写《增值税一般纳税人申请认定表》(表 1-4)。

表 1-4　**增值税一般纳税人申请认定表**

纳税人识别号：□□□□□□□□□□□□□□□□□□□□

企业编码：□□□□□□□□□□□□

纳税人名称：　　　　　　　　　　　　　　　　　　　　申请时间：　　年　月　日

联系电话		企业类别	
年度实际销售额或年度预计销售额	生产货物的销售额		
	加工、修理修配的销售额		
	批发、零售的销售额		
	应税销售额合计		
	固定资产规模		
会计财务核算状况	专业财务人员人数		
	设置账簿种类		
	能否准确核算进项税额、销项税额		
企业类别	工业		
	商业		
申请核发营业执照副本数量		经批准核发数量	
基层税务部门意见 （盖章） 年　月　日	县（区）级税务部门意见 （盖章） 年　月　日	地（市）级税务部门意见 （盖章） 年　月　日	

期限：　　　　年　月　日至　　　　年　月　日

注：本表一式三份，纳税人、税务机关综合业务部门和纳税户档案各存一份。

2. 提供附报资料

企业纳税人还需呈交下列附报资料。

(1)企业的书面申请报告。

(2)营业执照副本复印件、银行开户证明及复印件、企业(公司)章程复印件。

(3)注册地房屋租赁合同及产权证明复印件、生产场地租赁合同及产权证明复印件。

(4)国家规定的验资部门出具的验资报告复印件。

(5)企业法定代表人身份证，会计人员和办税人员的身份证、会计证复印件，企业发票管理制度、企业财务制度。

(6)商品销售合同、企业财务报表、企业纳税申报表、企业纳税缴款书。

(7)税务文书附送清单。

(8)防伪税控企业卡。

(9)机器设备租赁合同、协议、固定资产目录及其账册。

(10)税务机关要求提供的其他资料。

3. 核对审核资料

主管税务机关需要当场对纳税人提供的下列资料进行全面审核。

(1)增值税一般纳税人申请认定表的填写内容及附报资料提供的情况是否属实。

(2)调查申请企业的固定资产规模和生产销售能力。

(3)有无安全保障措施，保证增值税专用发票的安全。

(4)是否有专职的财务会计；会计制度是否健全，能否准确核算增值税进项税额、销项税额、应纳税额。

(5)法人是否参与经营，法人如果不参与经营，需要出具委托经营书。

对纳税人的申请资料，经核对一致且申请资料齐全、符合填列要求的，当场受理，制作《文书受理回执单》，并将有关资料的原件退还纳税人。对申请资料不齐全或者不符合填列要求的，要当场告知纳税人需要补正的全部内容。

4. 实地查验

主管税务机关受理纳税人申请以后，根据需要进行实地查验，并制作查验报告。查验报告由纳税人法定代表人(负责人或者业主)、税务查验人员共同签字(签章)确认。实地查验时，应当有两名或者两名以上税务机关工作人员同时到场。

5. 出具认定结论

经过税务部门初审、复审都合格的企业，被确定为增值税一般纳税人，并返还审批表一份。

凡初次办理增值税一般纳税人认定的纳税人，一律暂认定为增值税一般纳税人，暂认定期限截至次年的 1 月 31 日。暂定到期后，仍要办理增值税一般纳税人认定，需提前 1 个月向主管税务机关提出申请。暂认定期间，符合增值税一般纳税人标准的，正式认定为增值税一般纳税人；不符合标准的，将取消其资格；暂认定到期后 1 个月，仍未办理再认定手续的，不再保留其资格。

认定为增值税一般纳税人的企业，应在批准当月向主管税务机关提出加入防伪税控的申请。

活动二　纳税人税种认定登记

1. 提出税种登记申请

增值税纳税人在完成首次涉税业务信息补充采集之后，还要携带相关资料到办税服务中心受理岗，提交书面报告，进行税种认定登记。

纳税人变更税务登记的内容涉及税种、税目、税率变化的，应在变更登记后，重新申请税种认定登记。

2. 填写《纳税人税种登记表》

纳税人提出税种认定申请时，要填写《纳税人税种登记表》，如表 1-5 所示。

表 1-5 纳税人税种登记表

统一社会信用代码：370210000 **** JF86W

微机编码：BHSW-0089

纳税人名称：滨海市盛泰实业有限公司

<table>
<tr><td colspan="5">一、增值税</td></tr>
<tr><td rowspan="2">类别</td><td rowspan="2">1. 销售货物(√)
2. 加工( )
3. 修理修配(√)
4. 其他( )</td><td rowspan="2">货物或项目名称</td><td>主营</td><td>1#、2#、3#等产品销售</td></tr>
<tr><td>兼营</td><td>技术服务</td></tr>
<tr><td colspan="2">纳税人认定情况</td><td colspan="3">1. 增值税一般纳税人(√) 2. 小规模纳税人( )
3. 暂认定增值税一般纳税人( )</td></tr>
<tr><td colspan="2">经营方式</td><td colspan="3">1. 境内经营货物(√) 2. 境内加工修理(√)
3. 自营出口( ) 4. 间接出口( )
5. 收购出口( ) 6. 加工出口( )</td></tr>
<tr><td colspan="5">备注：</td></tr>
<tr><td colspan="5">二、消费税</td></tr>
<tr><td>类别</td><td>1. 生产( )
2. 委托加工( )
3. 零售( )</td><td>应税消费品名称</td><td colspan="2">1. 烟( ) 2. 酒及酒精( ) 3. 化妆品( ) 4. 护肤、护发品( ) 5. 贵重首饰及珠宝玉石( ) 6. 鞭炮、烟火( ) 7. 汽油( ) 8. 柴油( ) 9. 汽车轮胎( ) 10. 摩托车( ) 11. 小汽车( )</td></tr>
<tr><td colspan="2">经营方式</td><td colspan="3">1. 境内销售( ) 2. 委托加工出口( )
3. 自营出口( ) 4. 境内委托加工( )</td></tr>
<tr><td colspan="5">备注：</td></tr>
<tr><td colspan="5">三、个人所得税</td></tr>
<tr><td>类别</td><td colspan="4">1. 工资薪金所得(√) 2. 个体工商户经营所得( ) 3. 企事业单位承包经营所得( ) 4. 劳务报酬所得( ) 5. 稿酬所得( ) 6. 特许权使用费所得( ) 7. 利息、股息、红利所得( ) 8. 财产转让所得( ) 9. 财产租赁所得( ) 10. 偶然所得( ) 11. 其他所得( )</td></tr>
<tr><td colspan="2">是否扣缴个人所得税</td><td colspan="3">1. 扣缴个人所得税(√) 2. 不扣缴个人所得税( )</td></tr>
<tr><td colspan="5">备注：</td></tr>
</table>

续表

<table>
<tr><td colspan="4">四、企业所得税</td></tr>
<tr><td>法定或申请纳税方式</td><td colspan="3">1. 按实纳税(√) 2. 核定利润率计算纳税( ) 3. 按经费支出换算收入计算纳税( ) 4. 按佣金率换算收入纳税( )
5. 航空、海运企业纳税方式( ) 6. 其他纳税方式( )</td></tr>
<tr><td>非生产性收入占总收入的比例(%)</td><td colspan="3"></td></tr>
<tr><td>季度预缴方式</td><td colspan="3">1. 按上年度四分之一( ) 2. 按每季度实际所得(√)</td></tr>
<tr><td>五、资源税</td><td colspan="3"></td></tr>
<tr><td>类别</td><td colspan="3">1. 原油( ) 2. 天然气( ) 3. 煤炭( ) 4. 其他非金属矿原矿( ) 5. 黑色金属矿原矿( ) 6. 有色金属矿原矿( ) 7. 固体盐( ) 8. 液体盐( )</td></tr>
<tr><td colspan="4">备注:</td></tr>
<tr><td colspan="4">六、土地增值税</td></tr>
<tr><td colspan="4">七、房产税</td></tr>
<tr><td>类别</td><td colspan="3">1. 自由房产( ) 2. 出租房产( )</td></tr>
<tr><td colspan="4">1. 自由房产原值 元 2. 免税房产原值 元
3. 新增减房产原值 元 4. 出租房屋租金(月、年) 元</td></tr>
<tr><td colspan="4">备注:</td></tr>
<tr><td colspan="4">八、车船税</td></tr>
<tr><td>类别</td><td>计税标准(辆、座位、吨位)</td><td>数量</td><td>免税车船数量</td></tr>
<tr><td></td><td></td><td></td><td></td></tr>
<tr><td></td><td></td><td></td><td></td></tr>
<tr><td></td><td></td><td></td><td></td></tr>
<tr><td></td><td></td><td></td><td></td></tr>
<tr><td></td><td></td><td></td><td></td></tr>
<tr><td></td><td></td><td></td><td></td></tr>
<tr><td colspan="4">备注:</td></tr>
<tr><td colspan="4">九、城镇土地使用税</td></tr>
<tr><td>类别</td><td colspan="3">1. 大城市( ) 2. 中等城市(√)
3. 小城市( ) 4. 县城、建制镇、工矿区( )</td></tr>
<tr><td colspan="4">备注:</td></tr>
<tr><td colspan="4">十、城市维护建设税</td></tr>
<tr><td>类别</td><td colspan="3">1. 市区(√) 2. 县城镇( ) 3. 其他( )</td></tr>
<tr><td colspan="4">十一、印花税</td></tr>
</table>

续表

类别	1. 购销合同(√) 2. 加工承揽合同( ) 3. 建安工程承包合同( ) 4. 建安工程勘察设计合同( ) 5. 财产租赁合同( ) 6. 货物运输合同( ) 7. 仓储保管合同( ) 8. 借款合同( ) 9. 财产保险合同( ) 10. 技术合同( ) 11. 产权转移书据( ) 12. 营业账簿( ) 13. 权利许可证照( )
备注:	
十二、教育费附加: 3%	
十三、地方教育费附加	
十四、文化事业建设费	
十五、基金	
十六、矿区使用费	
原油( )	不超过 100 万吨( ) 100 万～150 万吨( ) 150 万～200 万吨( ) 200 万～300 万吨( ) 300 万～400 万吨( ) 400 万吨以上( )
天然气( )	不超过 20 亿立方米( ) 20 亿～35 亿立方米( ) 35 亿～50 亿立方米( ) 50 亿立方米以上( )
预缴方式	分次( ) 分期( )
十七、其他税	
十八、其他费、基金	

注：以上内容纳税人必须如实填写，如内容发生变化，应及时办理变更登记。

3. 进行纳税鉴定登记

税务机关受理纳税人报送的税种登记表及相关资料后，经过调查审核，对纳税人适用的税种、税目、税率、纳税期限、纳税方式做出确认，在《纳税人税种登记表》有关栏目中注明或制作《税务事项通知书》，书面通知纳税人认定结果，作为以后办税依据。

解决任务

刘萍办理税种认定登记手续操作步骤如下。

1. 办税员刘萍持营业执照副本及其相关资料，先到办税服务厅税务登记受理岗，填写《增值税一般纳税人申请认定表》《纳税人税种登记表》。

2. 经过税务机关受理、审核，对公司适用的税种、税目、税率、纳税期限、纳税方式做出确认，并在《纳税人税种登记表》有关栏目中注明认定结果。

3. 主管税务机关应当在受理申请之日起20日内完成一般纳税人资格认定，并由主管税务机关制作、送达《税务事项通知书》，告知纳税人。

思考与练习

◆思考题

1. 我国主要税种有哪些?

2. “政府征税不就是为了收钱吗？用一个税种把所有税款收上来不就行了，搞这么多税种干什么?”如果有人问这样的问题，你会如何回答?

◆单选题

1. 在我国现行的下列税种中，属于流转税的是(　　)。

A. 房产税　　B. 消费税　　C. 企业所得税　　D. 个人所得税

2. 在我国现行的下列税种中，由海关负责征收的是(　　)。

A. 企业所得税　　B. 关税

C. 消费税　　D. 土地增值税

3. 纳税人提出税种认定申请时，要填写(　　)。

A.《税务行政许可申请表》　　B.《纳税人税种登记表》

C.《纳税人首次办税补充信息登记表》　　D.《税务登记表》

◆多选题

1. 在我国现行的下列税种中，属于行为税的是(　　)。

A. 印花税　　B. 城市维护建设税

C. 城镇土地使用税　　D. 车船税

2. 在我国现行的下列税种中，不属于财产税的是(　　)。

A. 房产税　　B. 城市维护建设税

C. 印花税　　D. 车船税

3. 下列税种中，由税务部门负责征收的是(　　)。

A. 企业所得税　　B. 进口环节的增值税

C. 消费税　　D. 增值税

任务三　领购发票

任务目标

发票基础知识

知识目标：

1. 熟悉发票的种类。

2. 掌握发票领购的制度和要求。

能力目标：

1. 会填写《发票领购申请审批表》。

2. 能够独立办理发票领购事项。

素养目标：

培养诚信的品格，养成主动为客户开具发票的习惯。

任务导出

情境描述

滨海市盛泰实业有限公司完成了首次涉税信息补充采集，也顺利地办理了税种认定登记手续，并依法设置了总账、日记账和明细账等账簿。随着公司经济业务活动的开展，现需要领购、开具发票。刘萍又主动前去税务部门办理领购发票手续。

讨论：我国发票的种类。

任务：办理领购发票手续。

知识准备

企业在完成了涉税信息补充采集、税种认定登记后，还应依法取得和使用发票。发票是企业在购销商品，提供或接受服务过程中取得的收付款凭证。它不仅是财务收支的法定凭证和会计核算的原始凭证，而且是税收征管的重要依据。

税务机关是发票的主管部门，负责发票的印制、发售、开具、取得、保管、缴销的管理和监督工作。未经税务机关指定，任何单位和个人不得印制发票。

一、发票的种类

目前，我国纳税人在经营活动中使用的发票主要有增值税专用发票和普通发票。

1. 增值税专用发票

增值税专用发票是增值税一般纳税人销售货物，提供应税劳务或应税服务，转让无形资产、不动产开具的发票，是购买方支付增值税税额并可按照增值税有关规定据以抵扣增值税进项税额的凭证。它既是纳税人在经济活动中的重要会计凭证，又是销货方纳税义务和购货方进项税的合法证明，对增值税的计算和管理起着决定性的作用。

增值税专用发票是由国家税务总局监制设计印制的，发票样式全国统一，采用机打方式开具(图 1-5)。

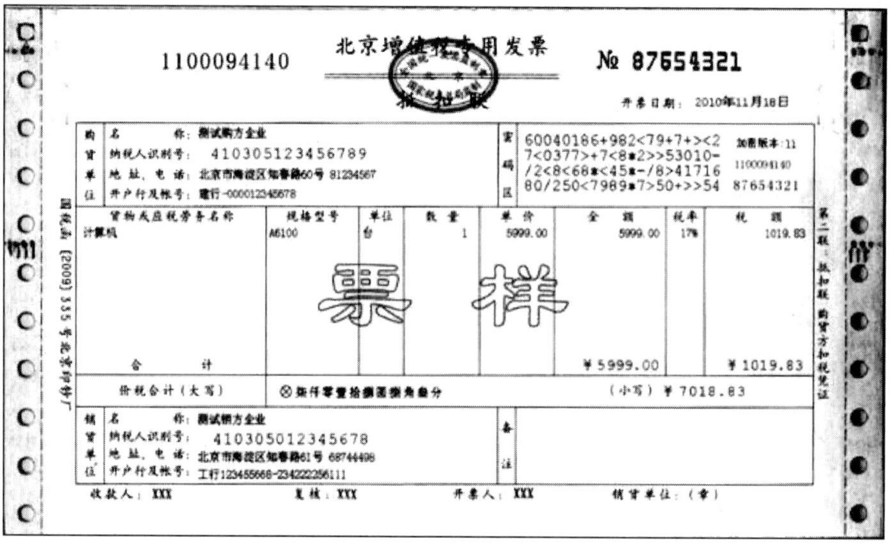
1100094140
北京增值税专用发票
№ 87654321
抵扣联
开票日期：2010年11月18日
购货单位 名称：测试购方企业
纳税人识别号：410305123456789
地址、电话：北京市海淀区知春路60号 81234567
开户行及账号：建行-000012345678
密码区 60040186+982<79+7+><2
7<0377>+7<8*2>>53010-
/2<8<68*<45*-/8>41716
80/250<7989*7>50+>>54
加密版本：11
1100094140
87654321
货物或应税劳务名称 | 规格型号 | 单位 | 数量 | 单价 | 金额 | 税率 | 税额
计算机 | A6100 | 台 | 1 | 5999.00 | 5999.00 | 17% | 1019.83
合计 ¥5999.00 ¥1019.83
价税合计(大写) ⊗柒仟零壹拾捌圆捌角叁分 (小写) ¥7018.83
销货单位 名称：测试销方企业
纳税人识别号：410305012345678
地址、电话：北京市海淀区知春路61号 68744498
开户行及账号：工行123455668-234222256111
备注
收款人：XXX 复核：XXX 开票人：XXX 销货单位：(章)
票样
第二联 抵扣联 购货方扣税凭证

图 1-5 增值税专用发票票样

(1)专用发票的联次。专用发票由基本联次或者基本联次附加其他联次构成，基本联次为三联：发票联、抵扣联和记账联。其他联次的用途由一般纳税人自行确定。

四联增值税专用发票包括：第一联存根联(销货方留存备查)；第二联发票联(购货方用来记账)，作为购买方核算采购成本和增值税进项税额的记账凭证；第三联抵扣联(购货方抵税凭证)，作为购买方报送主管税务机关认证和留存备查的凭证；第四联记账联(销货方用来记账)，作为销售方核算销售收入和增值税销项税额的记账凭证。

(2)最高开票限额。专用发票实行最高开票限额管理。最高开票限额，是指单份专用发票开具的销售额合计数达到的上限额度。最高开票限额由一般纳税人申请，税务机关依法审批。税务机关审批最高开票限额应进行实地核查。一般纳税人申请最高开票限额时，需填报《最高开票限额申请审批表》。

(3)发票开具的信息化。增值税一般纳税人应通过增值税防伪税控系统开具专用发票。防伪税控系统是指经国务院同意推行的，使用专用设备和通用设备、运用数字密码和电子存储技术管理专用发票的计算机管理系统。专用设备，是指金税卡、1C 卡、读卡器和其他设备。通用设备，是指计算机、打印机、扫描器具和其他设备。

一般纳税人领购专用设备后，凭《最高开票限额申请审批表》《发票领购簿》到主管税务机关办理。主管税务机关将一般纳税人的企业名称、税务登记代码、开票限额、购票限量、购票人员姓名、密码、开票机数量以及国家税务总局规定的其他信息等载入空白金税卡和IC卡中。

(4)专用发票的保管。要设专人保管专用发票和专用设备，并按税务机关要求存放专用发票和专用设备。

2. 普通发票

普通发票是指在购销商品、提供或接受服务以及从事其他经营活动中，所开具和收取的收付款凭证。它是相对于增值税专用发票而言的。

普通发票作为购销双方的收付款凭证，其基本联次为三联，即销售方留存备查的存根联(第一联)、购货方留存付款凭证的发票联(第二联)、销货方留存收款凭证的记账联(第三联)。

小规模纳税人一般使用增值税普通发票，但自2020年2月1日起，所有小规模纳税人(其他个人除外)发生增值税应税行为，需要开具增值税专用发票的，可以自愿使用增值税发票管理系统自行开具。选择自行开具增值税专用发票的小规模纳税人，税务机关不再为其代开增值税专用发票。

知识拓展

发票领购的对象

依法办理完涉税信息补充采集的单位和个人，可以申请领购发票，属于法定的发票领购对象。

依法不需要办理税务登记的单位，发生临时经营业务需要使用发票的纳税人，可以凭单位介绍信和其他有效证件，到税务机关代开发票。

临时到本省、自治区、直辖市以外从事经营活动的单位和个人，凭所在地税务机关开具的《外出经营税收管理证明》，在办理纳税担保的前提下，可向经营地税务机关申请领购经营地的发票。

二、发票的基本内容

发票的基本内容包括：发票的名称、字轨号码、发票联次及用途、客户名称、商品名称、计量单位、数量、单价、金额、开票人、开票日期、开票单位(个人)名称等。此外，增值税专用发票还包括购销双方的经营地址、电话、税号、开户银行及账号、税率、税额、密码区等内容。

任务实施

依法办理了税务登记的纳税人，可提交有关材料，向主管税务机关申请领购发票。发票领购流程如图 1-6 所示。

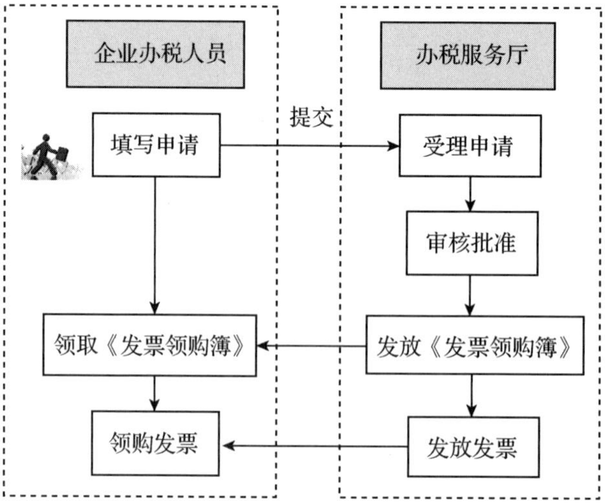

图 1-6 发票领购流程图

活动一 领购发票

1. 办理《发票领购簿》

申请领购发票的单位和个人应当提出购票申请，提供有关证件，主管税务机关审核后发给《发票领购簿》。

(1)提出购票申请。纳税人申请领购发票时，需要向主管税务机关提出申请，并向主管税务机关提交：纳税人申请书及《税务行政许可申请表》(表 1-6)；《普通发票领购簿申请审批表》(表 1-7)或《领取增值税专用发票领购簿申请书》。

表 1-6 税务行政许可申请表

申请日期：2018 年 7 月 28 日

申请人	姓 名	刘 萍	身份证号	*******
	电 话	13548665 ***	邮政编码	******
	住 址	滨海市高新区 *********		
	单 位	滨海市盛泰实业有限公司	法人代表	陈 兴
	邮政编码	******	电 话	2334335
	地 址	滨海市红星路 16 号		
	委托代理人		身份证号	
	地 址		电 话	

续表

申请事项	（在申请事项前打“√”） □1. 制定企业印制普通发票。 □2. 对发票使用和管理的审批。 □3. 对发票领购资格的审核。 □4. 对增值税防伪税控系统最高开票限额的审批。 □5. 建立收支凭证粘贴簿、进货销货登记簿或者使用税控装置的审批。 □6. 印花税票代售许可。

表 1-7　普通发票领购簿申请审批表

纳税人名称：滨海市盛泰实业有限公司

统一社会信用代码：370210000 **** JF86W

发票名称	联次	金额版	文字版	单位/本	每月数量
商品零售发票	3	1 万元	中文	本	10

申请理由：滨海市盛泰实业有限公司于 2018 年 7 月 18 日开业，需要开具上述发票 办税人员：刘萍　2018 年 7 月 28 日	申请人发票专用章印模	

以下由税务机关填写

发票名称	发票代码	规格	联次	金额版	文字版	单位/本	每次限购数量
购票方式				保管方式			

征收审批意见： 经办人：　　（盖章） 负责人：　　年　月　日	县（市、区）税务机关审批意见： （盖章） 负责人：　　年　月　日

（2）提供有关证件。纳税人提交购票申请时，还需提供办税人身份证明、营业执照和其他有关证明，发票专用章印模或财务印章。纳税人可以根据自己的需要，履行必要的手续后，申请领购普通发票。申请购买增值税专用发票的，必须是增值税一般纳

税人，应提供一般纳税人资格证书。

(3)领取《发票领购簿》。购票申请报告经主管税务机关审查批准后，领取国家税务机关核发的《发票领购簿》(图 1-7)和 IC 卡。

《发票领购簿》包括用票单位和个人的名称、所属行业、经济类型、购票方式、核准数量、起止号码、违章记录、领购人签字(盖章)、核发税务机关(盖章)等内容。

图 1-7 《发票领购簿》

2. 持簿领购发票

纳税人需要使用发票的，可以凭《发票领购簿》上核准的发票种类、核准数量及购票方式，到指定的税务机关领购发票。《发票领购簿》需经主管税务机关和纳税人双方签字并加盖公章后才有效。一般纳税人凭《发票领购簿》、IC 卡和经办人身份证明领购发票。

(1)初次领购发票。纳税人初次领购增值税专用发票时，需填写《增值税专用发票领购申请审批表》(表 1-8)，《最高开票限额申请审批表》(表 1-9)，持《发票领购簿》、办税人员身份证明、发票专用章印模或财务印章等办理。

表 1-8 **增值税专用发票领购申请审批表**

纳税人名称：滨海市盛泰实业有限公司

统一社会信用代码：370210000 **** JF86W

发票名称	联次	金额版	文字版	单位/本	每月数量
增值税专用发票	4		中文	本	20

续表

<table>
<tr><td colspan="4">申请理由：滨海市盛泰实业有限公司于2018年7月18日开业，需要开具上述发票。
办税人员：刘萍　2018年7月28日</td><td>申请人发票专用章印模</td><td colspan="3"></td></tr>
<tr><td colspan="8">以下由税务机关填写</td></tr>
<tr><td>发票名称</td><td>发票代码</td><td>规格</td><td>联次</td><td>金额版</td><td>文字版</td><td>单位/本</td><td>每次限购数量</td></tr>
<tr><td></td><td></td><td></td><td></td><td></td><td></td><td></td><td></td></tr>
<tr><td></td><td></td><td></td><td></td><td></td><td></td><td></td><td></td></tr>
<tr><td></td><td></td><td></td><td></td><td></td><td></td><td></td><td></td></tr>
<tr><td></td><td></td><td></td><td></td><td></td><td></td><td></td><td></td></tr>
<tr><td>购票方式</td><td colspan="3"></td><td>保管方式</td><td colspan="3"></td></tr>
<tr><td colspan="8">主管税务机关发票管理环节审批意见：
（公章）
负责人：　经办人：　年　月　日</td></tr>
</table>

表 1-9　最高开票限额申请审批表

<table>
<tr><td rowspan="11">申请事项
（由纳税人填写）</td><td>纳税人名称</td><td></td><td>纳税人识别号</td><td></td></tr>
<tr><td>纳税人类别</td><td colspan="3">□生产企业一般纳税人　□商贸企业一般纳税人
□辅导期一般纳税人　□新认定的工业企业一般纳税人</td></tr>
<tr><td>注册经营地址</td><td></td><td>联系电话</td><td></td></tr>
<tr><td>生产经营地址</td><td></td><td>联系电话</td><td></td></tr>
<tr><td>法人代表</td><td></td><td>购票人员</td><td></td></tr>
<tr><td>注册资金</td><td></td><td>主营业务</td><td></td></tr>
<tr><td>上年应交销售额</td><td></td><td>今年预计销售额</td><td></td></tr>
<tr><td colspan="2">近半年单笔最大销售额</td><td colspan="2"></td></tr>
<tr><td>申请最高
开票限额</td><td colspan="3">□一亿元　□一千万元　□一百万元
□十万元　□一万元　□一千元</td></tr>
<tr><td colspan="2">经办人（签字）
年　月　日</td><td colspan="2">纳税人（印章）：
年　月　日</td></tr>
</table>

续表

税源管理单位核实意见	核实人员意见： 核实人员(签章)： 核实日期：	税源管理单位意见： 负责人(签章)：　　单位(章) 日　期：
区县级税务机关意见	批准职高开票限额： 经办人(签字)：　　批准人(签字)：　　税务机关(印章) 年　月　日　　年　月　日　　年　月　日	

注：本表一式两份，一份由申请企业留存，一份由区县级税务机关留存。

发票领购以后，应将其与《发票领购簿》上记载的发票种类、核准数量、字轨号码进行核对确认无误。

温馨提示

需要临时使用发票的单位和个人，可以凭购销商品、提供或者接受服务以及从事其他经营活动的书面证明、经办人身份证明，直接向经营地税务机关申请代开发票。

(2)再次领购发票。纳税人再次领购发票时，只需持IC卡和《发票领购簿》、经办人身份证明到发票发售系统购买发票即可。

(3)缴纳费用。纳税人在领购发票时，还要缴纳发票工本费，一般采用转账结算。

活动二　开具发票

增值税专用发票的开具分为税务代开和自行开票。当纳税人没有开票资格而又需要开具发票时，可以前往税务局代开发票；当企业完成增值税一般纳税人资格认定、申请税控系统、配备电脑和针式打印设备、领购发票后，就可以自行开票。自行开票流程如下。

1. 进入开票系统

首先插入IC卡，输入口令确定，进入防伪税控开票系统。

2. 填开发票

选择增值税专用发票填开，核对发票号码，点击确定，进入发票填开界面，填写客户名称、税号、银行名称、账户、地址、电话，填写商品名称、价格、单位、数量，保存即可。

(1)开具正数专用发票。进入系统→发票管理→发票开具管理→发票填开→发票号码确认→进入“专用发票填开”界面→填写购货方信息→填写商品信息。

(2)开具带销货清单的专用发票。进入系统→发票管理→发票开具管理→发票填开→发票号码确认→进入“专用发票填开”界面→填写购货方信息→点击“清单”按钮→进入销货清单填开界面→填写各条商品信息→点击“退出”按钮，返回发票界面。

(3)开具带折扣的专用发票。进入系统→发票管理→发票开具管理→发票填开/销货清单填开→选择相应商品行→设置折扣行数→设置折扣率或折扣金额。

(4)开具负数专用发票。进入系统→发票管理→发票开具管理→发票填开→发票号码确认→进入“专用发票填开”界面→点击“负数”按钮→填写相应的负数发票的号码和代码→系统弹出相应的负数发票的信息→点击“确定”按钮→系统自动生成负数发票。

3. 打印发票

点击标题栏上“打印”，弹出“发票打印”画框，点击画框上的“打印”，即可完成。发票开出后应加盖财务章或发票专章。

解决任务

刘萍去税务局办理发票领购手续，操作步骤如下。

1. 滨海市盛泰实业有限公司属于增值税一般纳税人，刘萍应该办理增值税专用发票领购手续。

2. 刘萍去主管税务机关先提出购票申请，并提供办税人身份证明、营业执照或者其他有关证明、发票专用章印模或财务印章等。

3. 经主管税务机关审核后，领取《发票领购簿》。

4. 初次领购发票，还应填写《发票领购申请审批表》，凭《发票领购簿》上核准的发票种类、数量及购票方式，向主管税务机关领购发票。再次领购时，持IC卡和《发票领购簿》领购即可。

思考与练习

◆思考题

1. 增值税专用发票各联次的作用是什么？

2. 如何办理发票领购手续？

3. 企业可以自行印制发票吗？为什么？

◆ 单选题

1. 增值税专用发票用于购货方抵扣税款的一般是(　　)。

A. 第一联　　B. 第二联　　C. 第三联　　D. 第四联

2. 纳税人再次领购发票时，持 IC 卡和(　　)领购即可。

A. 财务公章　　B. 营业执照

C.《发票领购簿》　　D. 身份证

3. 在我国，负责发票的印制、发售、开具、取得、保管、缴销的管理和监督工作的是(　　)。

A. 财政机关　　B. 税务机关

C. 公安机关　　D. 司法机关

◆ 多选题

1. 普通发票主要有(　　)。

A. 通用机打发票　　B. 通用手工发票

C. 通用定额发票　　D. 通用不定额发票

2. 在我国由税务机关负责发票的(　　)等工作。

A. 印制　　B. 发售　　C. 开具　　D. 缴销

3. 按照发票的使用范围不同，可分为(　　)。

A. 普通发票　　B. 增值税发票

C. 定额发票　　D. 不定额发票

税务微观

国际避税港

国际避税港是指对跨国纳税人提供低税、免税或给予大量税收优惠的国家和地区。某些国家和地区建立避税港，旨在吸引外资，引进先进技术，扩大就业和发展经济。

国际避税港的类型通常分为三种：①无税避税港：不征个人所得税、公司所得税、资本利得税和财产税，如百慕大群岛、巴哈马、瓦努阿图、开曼群岛等。②低税避税港：以低于一般国际水平的税率征收上述税种，如列支敦士登、英属维尔京群岛、荷属安的列斯群岛、香港、澳门等。②特惠避税港：在国内税法的基础上采取特别的税收优惠措施，如爱尔兰的香农、菲律宾的巴丹、新加坡的裕廊等地区。跨国纳税人常用的“避税管道”主要有：持股公司、受控保险公司、银行金融、转让定价、许可证贸易等。

任务四　申报纳税

任务目标

知识目标：

1. 了解纳税申报方式。

2. 掌握纳税申报的内容。

能力目标：

1. 能够依法选择纳税申报方式和税款缴纳方式。

2. 能够独立开展纳税申报工作，及时缴纳税款。

素养目标：

培养依法办理涉税事务的理念。

任务导出

情境描述

经过磨炼，刘萍很快熟悉了办税流程，并与税务大厅服务窗口的税务人员建立了良好的人际关系。当月月底，刘萍便去主管税务机关办理当月的纳税申报手续，进行纳税申报。

讨论：纳税申报方式有几种？什么是纳税申报期限？企业能否延期申报？

任务：确定公司纳税申报方式。

知识准备

纳税申报是纳税人按照税法规定的期限和内容，向税务机关提交有关纳税事项书面报告的一种法定手续，是纳税人履行纳税义务、承担法律责任的主要依据，是税务机关办理征税业务、核实应纳税款、开具完税凭证的主要依据，也是税务机关税收管理信息的主要来源和税务管理的重要制度。

1. 申报对象

纳税申报的对象为纳税人和扣缴义务人。

一切负有纳税义务的单位和个人以及负有扣缴义务的单位和个人，都是办理纳税申报的对象。具体包括：

(1)依法负有纳税义务的单位和个人。

(2)按规定享有减免税的纳税人。

(3)依法负有扣缴义务的单位和个人。

纳税人或者扣缴义务人无论本期有无应缴纳或解缴的税款，都必须按税法规定的申报期限、申报内容，如实向主管税务机关办理纳税申报，报送纳税报表、财务会计报表以及税务机关要求报送的其他相关资料。

2. 申报内容

纳税申报的内容主要体现在纳税申报表或代扣缴税款报告表中，主要包括税种、税目；应纳税项目或者应代扣代缴、代收代缴税款项目；计税依据；扣除项目及标准；适用税率或者单位税额；应退税项目及税额、应减免税项目及税额；应纳税额或者应代扣代缴、代收代缴税额；税款所属期限；延期缴纳税款、欠税、滞纳金等。纳税申报的内容，有的还体现在纳税申报表附报的财务报表和有关纳税资料中。

纳税人办理纳税申报时，除如实填写纳税申报表外，还要根据情况报送有关证件、资料。

3. 申报方式

纳税申报方式是指纳税人和扣缴义务人在发生纳税义务和代扣代缴、代收代缴义务后，在其申报期限内，依照税收法律法规的规定到指定税务机关进行申报纳税的形式。常见的纳税申报方式有以下几种。

(1)直接申报。直接申报又称上门申报，是指纳税人持纳税申报表等相关资料，在规定的纳税期限内直接到当地主管税务机关设立的纳税服务大厅进行申报纳税。直接申报一直是我国最主要的纳税申报方式。

(2)邮寄申报。邮寄申报是经税务机关批准的纳税人、扣缴义务人使用统一规定的纳税申报特快专递专用信封，通过邮政部门办理交寄手续，并向邮政部门索取收据作为申报凭据的方式。邮寄申报以寄出的邮戳日期为实际申报日期。

(3)网上申报。网上申报是指纳税人在规定的纳税期限内利用计算机通过互联网登录税务部门电子申报网站，录入当月应申报数据，审核无误后，由银行自动从纳税人税款专用账户划转应纳税款，完成申报纳税。网上申报是我国重点推广的纳税申报方式。

(4)银行网点申报。银行网点申报即税务机关委托银行代收代缴税款，纳税人在法定的申报期限内到银行网点进行申报。

(5)简易申报。简易申报是指实行定期定额缴纳税款的纳税人，经税务机关批准，以缴纳税款凭证代替申报的一种申报方式。以缴纳税款凭证代替申报是指纳税人按照税务机关核定的税额按期缴纳税款，以税务机关开具的完税凭证代替纳税申报。纳税人按照税务机关核定的税额和指定的期限，每 3 个月一次或每半年一次或每一年一次进行申报纳税。其目的是简化纳税手续、降低纳税人纳税成本。

(6)其他方式。纳税人、扣缴义务人可以根据税法规定，委托中介机构税务代理人员代为办理纳税申报或简并征期。

4. 申报期限

纳税申报期限是指税收法律法规规定或者税务机关依照税收法律法规规定确定的纳税人、扣缴义务人向税务机关办理申报和纳税的期限。

纳税申报期限是根据各个税种的特点确定的，各个税种的纳税期限因其征收对象、计税环节的不同而不尽相同，同一税种也可以因为纳税人的经营情况不同、财务会计核算不同、应纳税额大小不等，申报期限也不一样，可以分为按期申报纳税和按次申报纳税。按期纳税申报，是以纳税人发生纳税义务的一定期间为纳税申报期限，不能按期纳税申报的，实行按次申报纳税。

纳税人如遇国家法定的公休假日，可以顺延。纳税申报期限的最后一天是法定休假日的，以休假日的次日为期限的最后一天。

知识拓展

延期申报

延期申报是指纳税人不能按照税法规定的期限办理纳税申报。

造成延期申报的原因有主观原因和客观原因，由于不同原因导致的延期申报行为，在税务处理上有本质区别。延期申报必须经税务机关核准，即由税务机关对延期申报的申请进行审查、核实后，视其具体情况批准延期申报。

纳税人、扣缴义务人不能按期办理纳税申报或者报送代扣代缴、代收代缴税款报告表的，经税务机关核准，可以延期申报，但要在纳税期内按照上期实际缴纳的税额或者税务机关核定的税额预缴税款，并在核准的延期内办理税款结算。

5. 税款征收方法

我国的税款征收方法主要有查账征收、查定征收、定期定额征收等。

(1)查账征收。它是税务机关根据纳税人会计账簿等财务核算资料，依照税法规定计算征收税款的方式。它适用于财务制度健全、核算严格规范、纳税意识较强的纳税人。

(2)查定征收。它是税务机关根据纳税人从业人数、生产设备、耗用原材料、经营成本、平均利润率等因素，查定核实其应纳税所得额，据以征收税款的方式。它适用于经营规模较小、实行简易记账或会计核算不健全的纳税人。

(3)定期定额征收。它是税务机关根据纳税人自报和一定的审核评议程序，核定其一定时期应税收入和应纳税额，并按月或季度征收税款的方式。它适用于生产经营规模小、不能准确计算营业额和所得额的小规模纳税人或个体工商户。

(4)代收代缴、代扣代缴。它是税务机关按照税法规定，对负有代收代缴、代扣代缴税款义务的单位和个人，在其向纳税人收取或支付交易款项的同时，依法从交易款项中扣收纳税人应纳税款并按规定期限和缴库办法申报解缴的税款征收方式。它适用于有代收代缴、代扣代缴税款义务的单位和个人。

(5)委托代征。它是税务机关依法委托有关单位和个人，代其向纳税人征收税款的方式。它主要适用于零星、分散、流动性大的税款征收，如集贸市场税收、车船税等。

(6)查验征收。它是税务机关对纳税人应税商品通过查验数量，按照市场同类产品的平均价格，计算其收入并据以征收税款的方式。它适用于在市场、车站、码头等场外临时经营的零星、流动性税源。

6. 税款缴纳方式

目前，我国税款缴纳方式主要有以下几种。

(1)税银一体化缴税。这是纳税人、扣缴义务人在税务机关指定的银行开设税款解缴专用账户，按期提前存入当期应纳税款，并在规定的期限内由税务机关通知银行直接划解税款，或自行到税务机关指定银行网点缴纳的方式。

(2)转账缴纳。这是纳税人、扣缴义务人根据税务机关填制的缴款书通过其开户银行转账缴纳税款的方式。

(3)自核自缴。这是纳税人、扣缴义务人自行计算应纳税额，自行填开税款缴款书，自行到银行缴纳税款的方式。除此之外，还有支票缴税、现金缴税和信用卡缴税等。

任务实施

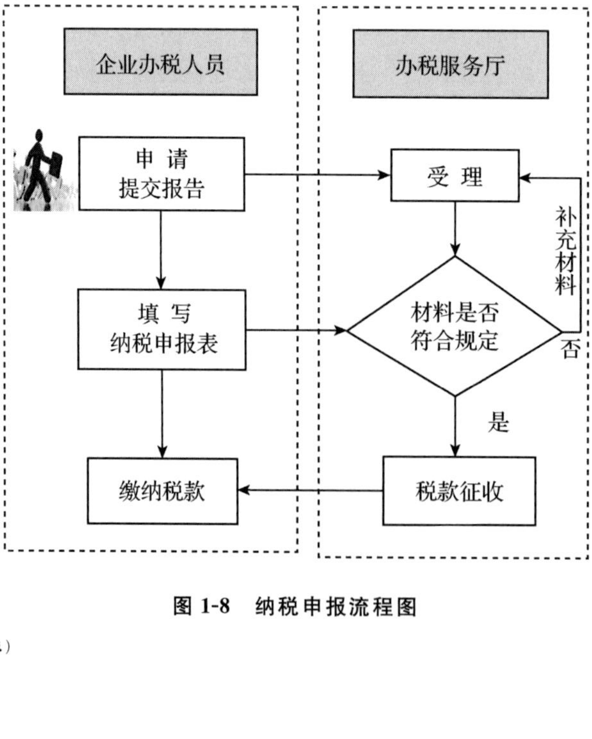

图 1-8　纳税申报流程图

纳税人在规定的申报期限内，主要通过选择申报纳税方式、填报纳税申报表及相关的财务资料来完成向税务机关的纳税申报，并根据选定的税款缴纳方式，完成税款缴纳工作。

1. 选择纳税申报方式

纳税人在申报期限内，无论有无应纳税额，都必须到主管税务机关办理纳税申报，没有应纳税额的申报称为“零申报”。纳税申报方式的确定要经过两个环节。

(1)填写申请表。纳税人根据自身实际选择采取直接申报以外的其他纳税申报方式的，需填写《纳税申报方式申请审批表》(表 1-10)报送主管税务机关，提出纳税申报方式申请。

表 1-10　纳税人申报方式申请审批表

纳税人识别号：370200002347 ***

纳税人名称(盖章)：滨海市盛泰实业有限公司

<table>
<tr><td colspan="3">纳税人类别：增值税一般纳税人(√)　查账征收小规模纳税人( )　定期定额征收小规模纳税人( )</td></tr>
<tr><td colspan="3">是否为消费税纳税人：是( )　否(√)</td></tr>
<tr><td colspan="3">是否为所得税核定征收的纳税人：是(√)　否( )</td></tr>
<tr><td colspan="3">选择的申报方式：网上申报(√)　邮寄申报( )　银行网点申报( )　简易申报( )　其他( )</td></tr>
<tr><td colspan="3">申请理由：本公司已于 2018 年 7 月 18 日开业，需要纳税申报，履行纳税义务</td></tr>
<tr><td colspan="3">法定代表人：陈 兴</td></tr>
<tr><td>办税员(签名)</td><td>身份证号码</td><td>联系电话</td></tr>
<tr><td>刘 萍</td><td>39030119950826 ****</td><td>15054711 ***</td></tr>
<tr><td colspan="3">以下由税务机关填写</td></tr>
<tr><td>审核意见：
主管局长：
部门负责人：
经 办 人：</td><td colspan="2">主管税务机关(盖章)

年　月　日</td></tr>
</table>

说明：

1. 本表适用于除直接(上门)申报方式以外的其他纳税申报方式申请。

2. 纳税人在申请的具体纳税申报方式前画钩。

3. 本表一式两份，一份由主管税务机关留存，一份交纳税人。

(2)受理、核准。主管税务机关对纳税人报送的《纳税申报方式申请审批表》和附报资料进行审核，对符合条件的，制发《税务事项通知书》通知纳税人。对不符合条件的，在《纳税申报方式申请审批表》上注明理由，退回纳税人。对未经批准的纳税人原则上按直接申报方式进行纳税申报。

2. 填写纳税申报表

纳税人选定纳税申报方式后，需填报纳税申报表。我国各种税种都有相应的纳税申报表。不同税种的计税依据、计税方法不同，纳税申报表的格式也不同，但申报的主要内容基本相同。一般包括：纳税人名称、税种、税目、应纳税项目、适用税率、计税依据、应纳税额税款所属期限等。

3. 提交相关资料

纳税人在进行纳税申报时，除了报送纳税申报表外，还要报送财务会计报表及其他相关资料。主要包括：

(1)纳税申报表。

(2)财务会计报表及其说明材料。

(3)与纳税有关的合同、协议及凭证。

(4)税控装置的电子报税材料。

(5)税务机关规定应当报送的其他有关证件、资料等。

4. 缴纳税款

缴纳税款是纳税人依法将应纳税款缴入国库的过程。办税人员完成纳税申报手续后，应根据企业的具体情况，了解税款征收方式，选择税款缴纳的方法，按期缴纳税款。

解决任务

刘萍所在的单位滨海市盛泰实业有限公司是一个新办企业，虽具有一般纳税人资格，但还在纳税辅导期，需要手工填写纳税申报表，应选择上门申报方式。辅导期满，纳税人转正后，需申请办理网上电子申报手续，进行网上申报。

思考与练习

◆思考题

1. 什么是纳税申报？纳税申报的内容是什么？

2. 常见的纳税申报方式有几种？

◆单选题

1. 区别不同类型税种的主要标志是(　　)。

A. 纳税人　　B. 征税对象　　C. 税率　　D. 计税依据

2. (　　)是征税的具体根据，规定了征税对象的具体范围。

A. 税目　　B. 税率　　C. 计税依据　　D. 纳税环节

3. (　　)是直接负有纳税义务的单位和个人。

A. 纳税人　　B. 负税人

C. 代扣代缴义务人　　D. 代收代缴义务人

◆多选题

1. 下列属于我国纳税申报方式的有(　　)。

A. 直接申报　　B. 网上申报　　C. 简易申报　　D. 自行申报

2. 我国目前缴纳税款方式主要有(　　)。

A. 转账缴纳　　B. 自核自缴

C. 税银一体化缴税　　D. 信用卡缴税

3. 我国的税款征收方式主要有(　　)。

A. 查账征收　　B. 查定征收　　C. 查验征收　　D. 定期定额征收

模拟操作

企业基本信息

统一社会信用代码：370265000 **** JF40W

企业名称：滨海市百创化妆品有限公司

经营地址：滨海市高新区春风路10号

法人代表及身份证号：李瑞华　38050219701023 ****

注册资金：8 000 万元

企业类型：有限责任公司(增值税一般纳税人)

联系电话：232303

经营范围：高档化妆品、护肤护发品、美容化妆品

年预计销售额：11 000 万元

固定资产规模：5 000 万元

主管税务机关：滨海市税务局高新区分局

开户银行：中国工商银行济宁市春风路支行

银行账号：3702002005214570 ****

财务负责人及身份证号：刘春　37030219691104 ****

办税人员及身份证号：赵燕　37060119990604 ****

增值税专用发票管理：专门配置保险箱一个，开具专用发票的办公室一间

1. 实训目标

(1)了解我国的商事登记模式。

(2)掌握企业办理涉税信息补充采集的流程。

(3)掌握发票领购流程。

(4)掌握纳税申报方式。

2. 实训任务

根据企业背景资料，办税员到主管税务机关：

(1)办理涉税信息补充采集手续。

(2)办理领购增值税专用发票事宜。

(3)办理网上纳税申报事宜。

3. 操作准备

(1)《中华人民共和国税收征收管理法》《中华人民共和国税收征收管理法实施细则》等相关法规资料。

(2)在税务实训室进行，具备企业基本情况、经济业务资料、企业营业执照样本、发票领购簿样本、企业模拟发票专用章、《纳税人首次办税补充信息登记表》、《增值税专用发票领购申请审批表》、《最高开票限额申请审批表》、《普通发票领购申请审批表》以及《纳税人申报方式申请审批表》等。

4. 实训资料

滨海市百创化妆品有限公司为增值税一般纳税人。公司于2019年3月8日向滨海市市场监督管理局办理工商登记，3月25日取得企业法人营业执照，并正式开始营业。申请增值税专用发票，专用发票每月使用550份，每月领购550份，专用发票限额：百万元版。该公司执行企业会计制度。

5. 操作过程

(1)准备办理涉税信息补充采集手续所需的有关资料。

(2)确定办理涉税信息补充采集的时间及地点。

(3)填写《纳税人首次办税补充信息登记表》。

(4)填写《增值税专用发票领购申请审批表》。

(5)填写《纳税人申报方式申请审批表》。

社会视角

人的一生中，纳税是不可避免的

也许你会说：我们好多人好像没有纳过税啊！其实，纳税义务、纳税名目、纳税额度等都与每个人息息相关。我们先来看看纳税为什么是不可避免的：

如果你办工厂、开商店，显然离不开缴纳各种税：如增值税、消费税、企业所得税等。如果你仅仅是一名普通的员工，单月工资超过了个人所得税免征额5 000元，就需要纳税。资料显示，2003年我国个人所得税的纳税人已经达到1. 8亿，2007年上升为8. 5亿人次。2021年，我国个税收入是13 993亿元，同比增长21%，成为我国第三大税种。在全国主要城市个税收入情况统计上，上海人均个税8 652元，北京人均个税8 495元。可见个人所得税纳税人之众。

如果你的月工资低于5 000元，就意味着不需要纳税了吗？不一定。如果你有其他的收入，比如：你业余写作获得了一笔稿费超过800元也要纳税；你进行家教或者提供其他劳务，获得了一笔劳务费，超过 800 元也要纳税；你购买彩票获奖，无论多少，都需要纳税；你把房子出租，获得一笔租金，同样需要纳税……

如果你是个下岗职工，工资不高，各种额外收入也很少，没有任何能够达到征税标准的所得，这样就不纳税了吗？也不是。比如，每个人购买商品时，涉及的税有很多，这些税会转嫁到商品价格上，最终由消费者买单。你去餐馆吃饭，餐费的 6% 是增值税；买一袋价格为 2 元的盐，包含大约 0. 23 元的增值税和 0. 02 元的城建税及教育费附加；如果花 1 000 元买一瓶高档化妆品，其中除 115. 04 元的增值税外，还包含 132. 74 元的消费税和 9. 20 元的城建税及教育费附加……人一生中的一举一动几乎都和纳税分不开。

项目二　增值税的计算与缴纳

项目介绍

我国现行税系是以增值税、消费税和关税等流转税为核心的，而增值税是流转税的主体，是我国的第一大税种，也是世界公认的优良税种。按照我国税收法律法规的规定，在我国境内销售货物、劳务、服务、无形资产、不动产以及进口货物的单位和个人，应申报缴纳增值税。

增值税是以增值额而不是以销售金额为课税对象的，税收负担稳定。增值税是一种多环节连续性课征的税种，即在生产、批发、零售、劳务提供和进口等各个环节分别课税。增值税实行价外计征办法，税负具有转嫁性，它附加在价格以外自动向消费环节转嫁，最终由消费者承担。

本项目以滨海市盛泰实业有限公司2019年5月的相关纳税资料为案例，提炼出三大任务：①全面认识增值税；②准确计算应纳增值税税额；③办理增值税纳税申报。为了完成上述任务，在知识准备方面，介绍了增值税的基本构成要素，包括增值税纳税人、征税范围、税率、税收优惠等；增值税应纳税额的计算，包括一般纳税人应纳税额的计算、小规模纳税人应纳税额的计算、进口货物应纳税额的计算、出口退(免)税额的计算等；增值税的纳税申报，包括纳税义务发生时间、纳税期限、纳税地点和填写纳税申报表等。其中，一般纳税人的增值税计算比较复杂，是我们学习的重点内容。

增值税一般纳税人计算与申报流程：企业发生应税业务→确定计税依据→计算增值税销项税额→计算本期准予抵扣的进项税额→办理抄报税手续→计算本期应纳增值税额→填制增值税纳税申报表→办理本期增值税纳税申报手续→缴纳增值税税款。

增值税小规模纳税人计算与申报流程：企业发生应税业务→确定计税依据→计算本期应纳增值税额→填制增值税纳税申报表→办理本期增值税纳税申报手续→缴纳增值税税款。

知识链接

我国增值税改革历程

秒懂增值税

一、建立发展阶段

增值税最早于 1954 年在法国率先推行。我国于 1979 年引进增值税并开始试点，1984 年 9 月 18 日，国务院发布了《中华人民共和国增值税条例(草案)》，标志着增值税作为一个法定的独立税种在我国正式建立。

1993 年 12 月 13 日，国务院发布了《中华人民共和国增值税暂行条例》，12 月 25 日，财政部印发了《中华人民共和国增值税暂行条例实施细则》，自 1994 年 1 月 1 日起施行。

2008 年 11 月 5 日，国务院修订并重新公布了《中华人民共和国增值税暂行条例》，12 月 25 日，财政部和国家税务总局也相应印发了《中华人民共和国增值税暂行条例实施细则》，自 2009 年 1 月 1 日起施行。

2011 年 10 月 28 日，财政部和国家税务总局修订并重新公布了《中华人民共和国增值税暂行条例实施细则》，自 11 月 1 日提高了增值税的起征点。

二、“营改增”阶段

2011 年 11 月 16 日，财政部和国家税务总局发布经国务院同意的《营业税改征增值税试点方案》，同时印发了《关于在上海市开展交通运输业和部分现代服务业营业税改征增值税试点的通知》，拉开了“营改增”工作的序幕。

2012 年 1 月 1 日率先在上海实施了交通运输业和部分现代服务业营改增试点。2012 年 9 月北京市成为第二个营改增试点地区，2012 年年底营改增试点已扩大到上海、北京、天津、江苏、浙江、安徽、福建、湖北、广东 9 个省(直辖市)和宁波、厦门、深圳 3 个计划单列市。

2013 年“营改增”试点推向全国。为消除试点地区和非试点地区的税制差异，进一步落实结构性减税政策，国务院决定自 8 月 1 日起将交通运输业和部分现代服务业“营改增”试点推向全国，同时将广播影视服务纳入试点范围。

2014 年“营改增”范围进一步扩大。2014 年 1 月 1 日，铁路运输业和邮政业在全国范围实施营改增试点。2014 年 6 月 1 日，电信业在全国范围实施营改增试点，营改增范围扩大到“3＋7 个行业”。

2016 年实现“营改增”全覆盖。至 2015 年年底，仅剩建筑业、房地产业、金融业和生活服务业尚未试点。2016 年营改增步入最关键的一年。2016 年 5 月 1 日，将试点范围扩大到建筑业、房地产业、金融业、生活服务业，并将所有企业新增不动产所含增值税纳入抵扣范围，确保所有行业税负只减不增。自 2016 年 5 月 1 日起在全国范围内对服务、无形资产和不动产也开始征收增值税，至此我国的增值税转型为一般商品增值税，营改增工作全部完成，营业税彻底被取消，增值税成为我国现行税制体系中的第一大税种。

三、深化改革阶段

从 2018 年 5 月 1 日起，实施减税降费：①将制造业等行业增值税税率从 17%降至 16%；②将交通运输、建筑、基础电信服务等行业及农产品等货物的增值税税率从 11%降至 10%；③一般纳税人销售额认定标准由原来的工业 50 万和商业 80 万统一调整为 500 万；④允许一般纳税人在一定期限转为小规模纳税人。

2019 年 3 月 5 日，李克强总理在《政府工作报告》中宣布：实施深化增值税改革，将制造业等行业现行 16%的税率降至 13%，将交通运输业、建筑业等行业现行 10%的税率降至 9%，确保主要行业税负明显降低；保持 6%一档的税率不变，但通过采取对生产、生活性服务业增加税收抵扣等配套措施，确保所有行业税负只减不增。

2019 年先后发布了《财政部税务总局海关总署关于深化增值税改革有关政策的公告》;《国家税务总局关于深化增值税改革有关事项的公告》;《国家税务总局关于调整增值税纳税申报有关事项的公告》等相关政策法规。

2020 年又出台了一系列新规定：自 2020 年 1 月 1 日起，纳税人取得的财政补贴收入，与其销售货物、劳务、服务、无形资产、不动产的收入或者数量直接挂钩，应按规定计算缴纳增值税。纳税人取得的其他情形的财政补贴收入，不属于增值税应税收入，不征收增值税；自 2020 年 1 月 1 日起，对跨境建筑服务分包款收入按跨境服务免征增值税；自 2020 年 1 月 1 日起，在计算允许退还的增量留抵税额的进项构成比例时，无须就已按规定转出的进项税额部分进行调整；自 2020 年 2 月 1 日起，所有小规模纳税人可申请增值税专用发票自开；自 2020 年 2 月 1 日起，对异常增值税扣税凭证按新规则进行管理；自 2020 年 3 月 1 日起，取消增值税专用发票等增值税扣税凭证的认证确认、稽核比对、申报抵扣的期限。

自 2021 年 8 月 1 日起，增值税、消费税分别与附加税费申报表进行合并申报。在申报增值税、消费税时，不用再单独报送城市维护建设税、教育费附加和地方教育费附加等附加税费。一张主表，不仅申报主税，也申报附加税费。一表多税，省时省力。

进入 2022 年，我国实施了新的组合式税费支持政策，多项退税减税政策加快落实。自 2022 年 4 月 1 日至 2022 年 12 月 31 日，增值税小规模纳税人适用 3%征收率的应税销售收入，免征增值税；适用 3%预征率的预缴增值税项目，暂停预缴增值税；提供符合条件的快递收派服务收入免征增值税；公共交通运输服务收入免征增值税等。

今年 1～8 月份，全国累计新增减税降费及退税缓税缓费超 3. 3 万亿元，其中涉及增值税留抵退税 2. 17 万亿元，占到总数的五分之三。

案例背景

企业基本信息

统一社会信用代码：370210000 **** JF86W

企业名称：滨海市盛泰实业有限公司

住　　所：滨海市红星路 16 号

注册资本：2 000 万元

企业类型：有限责任公司(增值税一般纳税人)

联系电话：2334335

经营范围：1#、2#、3#等多种型号产品研发、生产销售

成立时间：2018 年 7 月 18 日

营业期限：2018 年 7 月 18 日至 2038 年 7 月 17 日

纳税人识别号：370200002347 ***

开户银行：中国银行海滨市分行营业部

银行账号：3702067012346688 ****

法人代表：陈兴

身份证号码：37010219680824 ****

会计负责人：张峰

会计员：李艳

出纳员：王琳

报税员：刘萍

职工人数：256 人(含残疾人员 2 人)

增值税发票管理：专门配置保险箱一个，开具专用发票的办公室一间

税务微观

老子赋税观

老子，春秋时期思想家，道家学派创始人。老子认为“道”是天地万物的根源，统治者征收赋税是违背天道。“天之道损有余而补不足。人之道则不然，

损不足以奉有余。”它加剧了社会的贫富对立和矛盾冲突，使百姓陷于贫困。“朝苍除，田甚荒，仓甚虚；服文采，带利剑，厌饮食，财货有余，是谓盗竽，非道也哉！”“民之饥，以其上食税之多，是以饥。”他认为统

治者征收重税将导致自己的灭亡。“甚爱必大费，多藏必厚亡”，主张圣贤的君主不积累财富，“圣人不积”。老子要建立的，是一个符合道的精神，没有阶级，没有国家，也没有赋税的“小国寡民”的社会，这只是一种渺茫的空想，是违背历史发展进程的。然而，老子也揭露了赋税剥削的本质，指出它是百姓贫困的根源，老子的赋税观又具有积极的一面。

任务一　走进增值税

任务目标

知识目标：

1. 理解增值税概念。

2. 了解增值税纳税人及分类。

3. 掌握增值税征税范围、增值税税率。

能力目标：

1. 能够准确判断增值税纳税人和征税范围。

2. 能够正确确定增值税适用税率。

素养目标：

培养积极主动学习并认真遵守增值税法规政策的良好习惯。

任务导出

情境描述

刘萍还记得毕业后当年应聘时的情形：

面试官：无论是新办企业，还是老企业扩大规模，经常会遇到选择增值税纳税人身份的问题。选择不好，对公司税负有较大影响。增值税纳税人有一般纳税人与小规模纳税人之分。请回答，假如某一新办现代服务企业年销售收入达到550万元，是否需要申请增值税一般纳税人资格认定？

讨论：什么是增值税一般纳税人？增值税的征税范围、税目税率如何确定？

任务：假如你是刘萍，请回答以上问题。

知识准备

增值税是国家以商品生产、流通和劳务服务各个环节的增值额为征收对象征收的一种税。

一、增值税的纳税人

增值税的纳税人为在中国境内销售货物、进口货物、销售劳务或销售服务、无形资产或者不动产的单位和个人。“单位”是指企业、行政单位、事业单位、军事单位、社会团体和其他单位。“个人”是指个体工商户及其他个人。其他个人是指除了个体工商户以外的自然人。

温馨提示

单位以承包、承租、挂靠方式经营的，承包人、承租人、挂靠人(以下统称承包人)以发包人、出租人、被挂靠人(以下统称发包人)名义对外经营并由发包人承担相关法律责任的，以该发包人为纳税人；否则，以承包人为纳税人。

增值税纳税人按其经营规模的大小和会计核算是否健全划分为小规模纳税人和一般纳税人。

知识拓展

增值税纳税人划分标准中的规定

“纳税人经营规模的大小”是以年应征增值税销售额(以下简称年应税销售额)为标准确定的。年应税销售额，是指纳税人在连续不超过12个月的经营期内累计应征增值税销售额，含减免税销售额、发生境外应税行为销售额以及按规定已从销售额中差额扣除的部分。如果该销售额为含税的，应按照适用税率或征收率换算为不含税的销售额。

“会计核算健全”是指能够按照国家统一的会计制度规定设置账簿，根据合法、有效凭证核算。例如，有专业财务会计人员，能按照财务会计制度的规定，设置总账和有关明细账进行会计核算；能准确核算增值税销售额、销项税额、进项税额和应纳税额等；能按规定编制会计报表，真实反映企业的生产、经营状况。

1. 小规模纳税人

小规模纳税人是指年应征增值税销售额500万元及以下的增值税纳税人。

年应税销售额超过规定标准的其他个人不属于一般纳税人。年应税销售额超过规定标准但不经常发生应税行为的单位和个体工商户按照小规模纳税人纳税。

2. 一般纳税人

一般纳税人是指年应征增值税销售额500万元及以上的增值税纳税人。

增值税一般纳税人需要经过主管税务机关一般纳税人资格认定。年应税销售额未超过规定标准的纳税人，会计核算健全，能够按照增值税的规定如实填报增值税纳税申报表及其他税务资料并按期申报纳税的，可以向主管税务机关办理一般纳税人资格登记，成为一般纳税人。

符合一般纳税人条件的纳税人应当向主管税务机关办理认定手续，取得一般纳税人资格登记。未申请办理一般纳税人资格登记手续的，应按销售额依照增值税税率计算应纳税额，不得抵扣进项税额，也不得使用增值税专用发票(含税控机动车销售统一发票)。除国家税务总局另有规定外，纳税人一经认定为一般纳税人后，不得转为小规模纳税人。

温馨提示

中华人民共和国境外单位或者个人在境内发生应税行为，在境内未设有经营机构的，以购买方为增值税扣缴义务人。

二、增值税的征税范围

在中华人民共和国境内销售货物、进口货物、销售劳务和销售服务、无形资产或者不动产的行为，均属于增值税的征税范围。

“中华人民共和国境内”是指货物的起运地或所在地在境内；销售劳务发生在境内；服务(租赁不动产除外)或者无形资产(自然资源使用权除外)的销售方或者购买方在境内；所销售或者租赁的不动产在境内；销售自然资源使用权的自然资源在境内。

不属于在境内销售服务、无形资产的情形：境外单位或者个人向境内单位或者个人销售完全在境外发生的服务；境外单位或者个人向境内单位或者个人销售完全在境外使用的无形资产；境外单位或者个人向境内单位或者个人出租完全在境外使用的有形动产。

1. 销售货物

销售货物是指有偿转让货物的所有权。

货物是指有形动产，包括电力、热力、气体在内。

有偿是指从购买方取得货币、货物或其他经济利益。

2. 进口货物

进口货物是指在海关报关进口的货物。包括贸易型进口的商品和个人携带、邮递进口的物品。

3. 销售劳务

销售劳务即提供加工、修理修配劳务，是指有偿提供加工、修理修配劳务，不包括单位或个体经营者聘用的员工为本单位或雇主提供的加工、修理修配劳务。

加工是指受托加工货物，即委托方提供原料及主要材料，受托方按照委托方要求，制造货物并收取加工费的业务。

修理修配是指受托方对损伤和丧失功能的货物进行修复，使其恢复原状和功能的业务。

4. 销售服务、无形资产或不动产

销售服务是指提供交通运输服务、邮政服务、电信服务、建筑服务、金融服务、现代服务、生活服务等。

(1)交通运输服务。交通运输服务是指利用运输工具将货物或者旅客送达目的地，使其空间位置发生转移的业务活动，包括陆路运输服务、水路运输服务、航空运输服务和管道运输服务。

①陆路运输服务是指通过陆路(地上或地下)运送货物或者旅客的运输业务活动，包括铁路运输服务和其他陆路运输服务。

铁路运输服是指通过铁路运送货物或者旅客的运输业务活动。

其他陆路运输服务是指铁路运输以外的陆路运输业务活动，包括公路运输、缆车运输、索道运输、地铁运输、城市轻轨运输等。

温馨提示

出租车公司向使用本公司自有出租车的出租车司机收取的管理费用，按照陆路运输服务缴纳增值税。

②水路运输服务是指通过江、河、湖、川等天然、人工水道或者海洋航道运送货物或者旅客的运输业务活动。

水路运输的程租、期租业务，属于水路运输服务。

程租业务是指运输企业为租船人完成某一特定航次的运输任务并收取租赁费的业务。

期租业务是指运输企业将配备有操作人员的船舶承租给他人使用一定期限，承租期内听候承租方调遣，不论是否经营，均按一定标准向承租方收取租赁费，发生的固定费用均由承担方承担的业务。

③航空运输服务是指通过空中航线运送货物或者旅客的运输业务活动。

航空运输的湿租业务，属于航空运输服务。湿租业务是指航空运输企业将配备有机组人员的飞机承租给他人使用一定期限，承租期内听候承租方调遣，不论是否经营，均按一定标准向承租方收取租赁费，发生的固定费用均由承租方承担的业务。

航天运输服务按照航空运输服务缴纳增值税。航天运输服务是指利用火箭等载体将卫星空间探测器等空间飞行器发射到空间轨道的业务活动。

④管道运输服务是指通过管道设施输送气体、液体、固体物质的运输业务活动。

无运输工具承运业务按照交通运输服务缴纳增值税。无运输工具承运业务是指经营者以承运人身份与托运人签订运输服务合同，收取运费并承担承运人责任，然后委托实际承运人完成运输服务的经营活动。

(2)邮政服务。邮政服务是指中国邮政集团有限公司及其所属邮政企业提供邮件寄递、邮政汇兑和机要通信等邮政基本服务的业务活动，包括邮政普遍服务、邮政特殊服务和其他邮政服务。

①邮政普遍服务是指函件、包裹等邮件寄递，以及邮票发行、报刊发行和邮政汇兑等业务活动。

函件是指信函、印刷品、邮资封片卡、无名址函件和邮政小包等。

包裹是指按照封装上的名址被递送给特定个人或者单位的独立封装的物品，其质量不超过 50 千克，任何一边的尺寸不超过 150 厘米，长、宽、高合计不超过 300 厘米。

②邮政特殊服务是指义务兵平常信函、机要通信、盲人读物和革命烈士遗物的寄递等业务活动。

③其他邮政服务是指邮册等邮品销售、邮政代理等业务活动。

(3)电信服务。电信服务是指利用有线、无线的电磁系统或者光电系统等各种通迅网络资源，提供语音通话服务，传送、发射、接收或者应用图像、短信等电子数据和信息的业务活动，包括基础电信服务和增值电信服务。

①基础电信服务是指利用固网、移动网、卫星、互联网提供语音通话服务的业务活动以及出租或者出售带宽、波长等的业务活动。

②增值电信服务是指利用固网、移动网、卫星、互联网、有线电视网络提供短信和彩信服务、电子数据和信息的传输及应用服务、互联网接入服务等业务活动。

温馨提示

卫星电视信号落地转接服务按照增值电信服务缴纳增值税。

(4)建筑服务。建筑服务是指各类建筑物、构筑物及其附属设施的建造、修缮、装饰，线路、管道、设备、设施等的安装以及其他工程作业的业务活动，包括工程服务、安装服务、修缮服务、装饰服务和其他建筑服务。

①工程服务。工程服务是指新建、改建各种建筑物、构筑物的工程作业，包括与建筑物相连的各种设备或者支柱、操作平台的安装或者装设工程作业，以及各种熔炉和金属结构工程作业。

②安装服务。安装服务是指生产设备、动力设备、起重设备、运输设备、传动设备、医疗实验设备以及其他各种设备、设施的装配、安置工程作业，包括与被安装设备相连的工作台、梯子、栏杆的装设工程作业，以及被安装设备的绝缘、防腐、保温、油漆等工程作业。

温馨提示

固定电话、有线电视、宽带、水、电、燃气、暖气等经营者向用户收取的安装费、初装费、开户费、扩容费以及类似收费，按照安装服务缴纳增值税。

③修缮服务。修缮服务是指对建筑物、构筑物进行修补、加固、养护、改善，使之恢复原来的使用价值或者延长其使用期限的工程作业。

④装饰服务。装饰服务是指对建筑物、构筑物进行修饰装修，使之美观或者具有特定用途的工程作业。

⑤其他建筑服务。其他建筑服务是指上列工程作业之外的各种工程作业服务，如钻井(打井)，拆除建筑物或者构筑物，平整土地，园林绿化，疏浚(不包括航道疏浚)，建筑物平移，搭脚手架，爆破，矿山穿孔，表面附着物(包括岩层、土层、沙层等)剥离和清理等工程作业。

(5)金融服务。金融服务是指经营金融保险的业务活动，包括贷款服务、直接收费金融服务、保险服务和金融商品转让。

①贷款服务是指将资金贷与他人使用而取得利息收入的业务活动。各种占用、拆借资金取得的收入，包括金融商品持有期间(含到期)利息(保本收益、报酬、资金占用费、补偿金等)收入，信用卡透支利息收入，买入返售金融商品利息收入，融资融券收取的利息收入，以及因融资性售后回租、押汇、罚息、票据贴现、转贷等业务取得的利息及利息性质的收入，按照贷款服务缴纳增值税。

融资性售后回租是指承租方以融资为目的，将资产出售给从事融资性售后回租业务的企业后，从事融资性售后回租业务的企业将该资产出租给承租方的业务活动。

温馨提示

以货币资金投资收取的固定利润或者保底利润，按照贷款服务缴纳增值税。

②直接收费金融服务是指为货币资金融通及其他金融业务提供相关服务并且收取费用的业务活动，包括提供货币兑换、账户管理、电子银行、信用卡、信用证、财务

担保、资产管理、信托管理、基金管理、金融交易场所(平台)管理、资金结算、资金清算、金融支付等服务。

③保险服务是指投保人根据合同约定，向保险人支付保险费，保险人对于合同约定的可能发生的事故因其发生所造成的财产损失承担赔偿保险金责任，或者当被保险人死亡、伤残、疾病或者达到合同约定的年龄、期限等条件时承担给付保险金责任的商业保险行为，包括人身保险服务和财产保险服务。

人身保险服务是指以人的寿命和身体为保险标的保险业务活动。

财产保险服务是指以财产及其有关利益为保险标的保险业务活动。

④金融商品转让是指转让外汇、有价证券、非货物期货和其他金融商品所有权的业务活动。

其他金融商品转让包括基金、信托、理财产品等各类资产管理产品和各种金融衍生品的转让。

(6)现代服务。现代服务是指围绕制造业、文化产业、现代物流产业等提供技术性、知识性服务的业务活动，包括研发和技术服务、信息技术服务、文化创意服务、物流辅助服务、租赁服务、鉴证咨询服务、广播影视服务、商务辅助服务和其他现代服务。

①研发和技术服务，包括研发服务、合同能源管理服务、工程勘察勘探服务、专业技术服务。

研发服务也称技术开发服务是指就新技术、新产品、新工艺或者新材料及其系统进行研究与试验开发的业务活动。

合同能源管理服务是指节能服务公司与用能单位以契约形式约定节能目标，节能服务公司提供必要的服务，用能单位以节能效果支付节能服务公司投入及其合理报酬的业务活动。

工程勘察勘探服务是指在采矿、工程施工前后，对地形、地质构造、地下资源蕴藏情况进行实地调查的业务活动。

专业技术服务是指气象服务、地震服务、海洋服务、测绘服务、城市规划、环境与生态监测服务等专项技术服务。

②信息技术服务是指利用计算机、通迅网络等技术对信息进行生产、收集、处理、加工、存储、运输、检索和利用，并提供信息服务的业务活动，包括软件服务、电路设计及测试服务、信息系统服务、业务流程管理服务和信息系统增值服务。

软件服务是指提供软件开发服务、软件维护服务、软件测试服务的业务活动。

电路设计及测试服务是指提供集成电路和电子电路产品设计、测试及相关技术支持服务的业务活动。

信息系统服务是指提供信息系统集成、网络管理、网站内容维护、桌面管理与维护、信息系统应用、基础信息技术管理平台整合、信息技术基础设施管理、数据中心、托管中心、信息安全服务、在线杀毒、虚拟主机等业务活动。

业务流程管理服务是指依托信息技术提供的人力资源管理、财务经济管理、审计管理、税务管理、物流信息管理、经营信息管理和呼叫中心等服务的业务活动。

信息系统增值服务是指利用信息系统资源为用户附加提供的信息技术服务，包括数据处理、分析和整合、数据库管理、数据备份、数据存储、容灾服务、电子商务平台等。

③文化创意服务，包括设计服务、知识产权服务、广告服务和会议展览服务。

设计服务是指把计划、规划、设想通过文字、语言、图画、声音、视觉等形式传递出来的业务活动，包括工业设计、内部管理设计、业务运作设计、供应链设计、造型设计、服装设计、环境设计、平面设计、包装设计、动漫设计、网游设计、展示设计、网站设计、机械设计、工程设计、广告设计、创意策划、文印晒图等。

知识产权服务是指处理知识产权事务的业务活动，包括对专利、商标、著作权、软件集成电路布图设计的登记、鉴定、评估、认证、检索服务。

广告服务是指利用图书、报纸、杂志、广播、电视、电影、幻灯、路牌、招贴、橱窗、霓虹灯、灯箱、互联网等各种形式为客户的商品、经营服务项目、文体节目或者通告、声明等委托事项进行宣传和提供相关服务的业务活动，包括广告代理和广告的发布、播映、宣传、展示等。

会议展览服务是指为商品流通、促销、展示、经贸洽谈、民间交流、企业沟通、国际往来等举办或者组织安排各类展览和会议的业务活动。

④物流辅助服务，包括航空服务、港口码头服务、货运客运场站服务、打捞救助服务、装卸搬运服务、仓储服务、收派服务、收件服务、分拣服务、派送服务。

航空服务，包括航空地面服务和通用航空服务。

航空地面服务是指航空公司、飞机场、民航管理局、航站等向在境内航行或者在境内机场停留的境内外飞机或者其他飞行器提供的导航等劳务性地面服务的业务活动，包括旅客安全检查服务、停机坪管理服务、机场候机厅管理服务、飞机清洗消毒服务、空中飞行管理服务、飞机起降服务、飞行通信服务、地面信号服务、飞机安全服务、飞机跑道管理服务、空中交通管理服务等。

通用航空服务是指为专业工作提供飞行服务的业务活动，包括航空摄影、航空培训、航空测量、航空勘探、航空护林、航空吊挂播撒、航空降雨、航空气象探测、航空海洋监测、航空科学实验等。

港口码头服务是指港务船舶调度服务、船舶通信服务、航道管理服务、航道疏浚服务、灯塔管理服务、航标管理服务、船舶引航服务、理货服务、系解缆服务、停泊和移泊服务、海上船舶溢油清除服务、水上交通管理服务、船只专业清洗消毒检测服务和防止船只漏油服务等为船只提供服务的业务活动。

温馨提示

港口设施经营人收取的港口设施保安费按照港口码头服务缴纳增值税。

货运客运场站服务是指货运客运场站提供货物配载服务、运输组织服务、中转换乘服务、车辆调度服务、票务服务、货物打包整理、铁路线路使用服务、加挂铁路客车服务、铁路行包专列发送服务、铁路到达和中转服务、铁路车辆编解服务、车辆挂运服务、铁路接触网服务、铁路机车牵引服务等业务活动。

打捞救助服务是指提供船舶人员救助、船舶财产救助、水上救助和沉船沉物打捞服务的业务活动。

装卸搬运服务是指使用装卸搬运工具或者人力、畜力将货物在运输工具之间、装卸现场之间或者运输工具与装卸现场之间进行装卸和搬运的业务活动。

仓储服务是指利用仓库、货场或者其他场所代客贮放、保管货物的业务活动。

收派服务是指接受寄件人委托，在承诺的时限内完成函件和包裹的收件、分拣、派送服务的业务活动。

收件服务是指从寄件人处收取函件和包裹，并运送到服务提供方同城的集散中心的业务活动。

分拣服务是指服务提供方在其集散中心对函件和包裹进行归类、分发的业务活动。

派送服务是指服务提供方从其集散中心将函件和包裹送达同城的收件人的业务活动。

⑤租赁服务，包括融资租赁服务和经营租赁服务。

融资租赁服务是指具有融资性质和所有权转移特点的租赁活动，即出租人根据承租人所要求的规格、型号、性能等条件购入有形动产或者不动产租赁给承租人，合同期内租赁物所有权属于出租人，承租人只拥有使用权，合同期满付清租金后，承租人有权按照残值购入租赁物，以拥有其所有权。不论出租人是否将租赁物销售给承租人，均属于融资租赁。按照标的物的不同，融资租赁服务可分为有形动产融资租赁服务和不动产融资租赁服务。

温馨提示

融资性售后回租不按照本税目缴纳增值税。

经营租赁服务是指在约定时间内将有形动产或者不动产转让他人使用且租赁物所有权不变更的业务活动。按照标的物的不同，经营租赁服务可分为有形动产经营租赁服务和不动产经营租赁服务。

温馨提示

将建筑物、构筑物等不动产或飞机、车辆等有形动产的广告位出租给其他单位或者个人用于发布广告，按照经营租赁服务缴纳增值税；车辆停放服务、道路通行服务(包括过路费、过桥费、过闸费等)等按照不动产经营租赁服务缴纳增值税。

水路运输的光租业务、航空运输的干租业务，属于经营租赁。光租业务，是指运输企业将船舶在约定的时间内出租给他人使用，不配备操作人员，不承担运输过程中发生的各项费用，只收取固定租赁费的业务活动；干租业务，是指航空运输企业将飞机在约定的时间内出租给他人使用，不配备机组人员，不承担运输过程中发生的各项费用，只收取固定租赁费的业务活动。

⑥鉴证咨询服务，包括认证服务、鉴证服务和咨询服务。

认证服务是指具有专业资质的单位利用检测、检验、计量等技术，证明产品、服务、管理体系符合相关技术规范、相关技术规范的强制性要求或者标准的业务活动。

鉴证服务是指具有专业资质的单位受托对相关事项进行鉴证，发表具有证明力的意见的业务活动，包括会计鉴证、税务鉴证、法律鉴证、职业技能鉴定、工程造价鉴证、工程监理、资产评估、环境评估、房地产土地评估、建筑图纸审核、医疗事故鉴定等。

咨询服务是指提供信息、建议、策划、顾问等服务的活动，包括金融、软件、技术、财务、税收、法律、内部管理、业务运作、流程管理、健康等方面的咨询。

温馨提示

翻译服务和市场调查服务按照咨询服务缴纳增值税。

⑦广播影视服务，包括广播影视节目(作品)的制作服务、发行服务和播映(含放

映，下同)服务。

广播影视节目(作品)制作服务是指进行专题(特别节目)、专栏、综艺、体育、动画片、广播剧、电视剧、电影等广播影视节目和作品制作的服务，具体包括与广播影视节目和作品相关的策划、采编、拍摄、录音、音视频文字图片素材制作、场景布置、后期的剪辑、翻译(编译)字幕制作、片头制作、片尾制作、片花制作、特效制作、影片修复、编目和确权等业务活动。

广播影视节目(作品)发行服务是指以分账、买断、委托等方式，向影院、电台、电视台、网站等发行广播影视节目(作品)以及转让体育赛事等活动的报道及播映权的业务活动。

广播影视节目(作品)播映服务是指在影院、剧院、录像厅及其他场所播映广播影视节目(作品)，以及通过电台、电视台、卫星通信、互联网、有线电视等无线或者有线装置播映广播影视节目(作品)的业务活动。

⑧商务辅助服务，包括企业管理服务、经纪代理服务、人力资源服务、安全保护服务。

企业管理服务是指提供总部管理、投资与资产管理、市场管理、物业管理、日常综合管理等服务的业务活动。

经纪代理服务是指各类经纪、中介、代理服务，包括金融代理、知识产权代理、货物运输代理、代理报关、法律代理、房地产中介、职业中介、婚姻中介、代理记账、拍卖等服务。

人力资源服务是指提供公共就业、劳务派遣、人才委托招聘、劳动力外包等服务的业务活动。

安全保护服务是指提供保护人身安全和财产安全，维护社会治安等的业务活动。包括场所住宅保安、特种保安、安全系统监控以及其他安保服务。

⑨其他现代服务是指除研发和技术服务、信息技术服务、文化创意服务、物流辅助服务、租赁服务、鉴证咨询服务、广播影视服务和商务辅助服务以外的现代服务。

(7)生活服务。生活服务是指为满足城乡居民日常生活需求提供的各类服务活动，包括文化体育服务、教育医疗服务、旅游娱乐服务、餐饮住宿服务、居民日常服务和其他生活服务。

①文化体育服务，包括文化服务和体育服务。

文化服务是指为满足社会公众文化生活需求提供的各种服务，包括文艺创作、文艺表演、文化比赛，图书馆的图书和资料借阅，档案馆的档案管理，文物及非物质文化遗产保护，组织举办科技活动、文化活动等，提供游览场所。

体育服务是指组织举办体育比赛、体育表演、体育活动，以及提供体育训练、体育指导、体育管理的业务活动。

②教育医疗服务，包括教育服务和医疗服务。

教育服务是指提供学历教育服务、非学历教育服务、教育辅助服务的业务活动。学历教育服务是指根据教育行政管理部门确定或者认可的招生和教学计划组织教学，并颁发相应学历证书的业务活动，包括初等教育、初级中等教育、高级中等教育、高等教育等。非学历教育服务包括学前教育、各类培训、演讲、讲座、报告会等。教育辅助服务包括教育测评、考试、招生等。

医疗服务是指提供医学检查、诊断、治疗、康复、预防、保健、接生、计划生育、防疫等服务，以及与这些服务有关的提供药品、医用材料器具、救护车、病房住宿和伙食的业务。

③旅游娱乐服务，包括旅游服务和娱乐服务。

旅游服务是指根据旅游者的要求，组织安排交通、游览、住宿、餐饮、购物、文娱、商务等服务的业务活动。

娱乐服务是指为娱乐活动同时提供场所和服务的业务，具体包括歌厅、舞厅、夜总会、酒吧、台球、高尔夫球、保龄球、游艺(包括射击、狩猎、跑马、游戏机、蹦极、卡丁车、热气球、动力伞、射箭、飞镖)。

④餐饮住宿服务，包括餐饮服务和住宿服务。

餐饮服务是指通过同时提供饮食和饮食场所的方式为消费者提供饮食消费服务的业务活动。

住宿服务是指提供住宿场所及配套服务等的活动，包括宾馆、旅馆、旅社、度假村和其他经营性住宿场所提供的住宿服务。

⑤居民日常服务是指主要为满足居民个人及其家庭日常生活需求提供的服务，包括家政、婚庆、养老、殡葬、照料和护理、救助救济、美容美发、按摩、桑拿、氧吧、足疗、沐浴、洗染、摄影扩印等服务。

⑥其他生活服务是指除文化体育服务、教育医疗服务、旅游娱乐服务、餐饮住宿服务和居民日常服务之外的生活服务。

5. 销售无形资产

销售无形资产是指转让无形资产所有权或者使用权的业务活动。无形资产是指不具实物形态，但能带来经济利益的资产，包括技术、商标、著作权、商誉、自然资源使用权和其他权益性无形资产。

技术包括专利技术和非专利技术。

自然资源使用权包括土地使用权、海域使用权、探矿权、采矿权、取水权和其他自然资源使用权。

其他权益性无形资产包括基础设施资产经营权，公共事业特许权，配额，经营权(包括特许经营权、连锁经营权、其他经营权)，经销权，分销权，代理权，会员权，席位权，网络游戏虚拟道具，域名，名称权，肖像权，冠名权，转会费等。

6. 销售不动产

销售不动产是指转让不动产所有权的业务活动。不动产是指不能移动或者移动后会引起性质、形状改变的财产，包括建筑物、构筑物等。

建筑物包括住宅、商业营业用房、办公楼等可供居住、工作或者进行其他活动的建造物。构筑物包括道路、桥梁、隧道、水坝等建造物。

转让建筑物有限产权或者永久使用权的、转让在建的建筑物或者构筑物所有权的，以及在转让建筑物或者构筑物时一并转让其所占土地使用权的，按照销售不动产缴纳增值税。

知识拓展

视同销售行为与混合销售行为

(一)视同销售行为

单位或个体工商户的下列行为，视同销售行为。

①将货物交付其他单位或者个人代销。

②销售代销货物。

③设有两个以上机构并实行统一核算的纳税人，将货物从一个机构移送其他机构用于销售，但相关机构设在同一县(市)的除外。

④将自产、委托加工的货物用于集体福利或者个人消费。

⑤将自产、委托加工或者购进的货物作为投资，提供给其他单位或者个体工商户。

⑥将自产、委托加工或者购进的货物分配给股东或者投资者。

⑦将自产、委托加工或者购进的货物无偿赠送给其他单位或者个人。

⑧单位或者个体工商户向其他单位或者个人无偿提供服务，但用于公益事业或者以社会公众为对象的除外。

⑨单位或者个人向其他单位或者个人无偿转让无形资产或者不动产，但用于公益事业或者以社会公众为对象的除外。

⑩财政部和国家税务总局规定的其他情形。

（二）混合销售行为

一项销售行为既涉及服务，又涉及货物，则为混合销售。其特点：一是其销售行为必须是一项；二是该项行为必须既涉及服务，又涉及货物。这里的“货物”是指增值税税法中规定的有形动产，“服务”是指交通运输服务、建筑服务、金融保险服务、邮政服务、电信服务、现代服务、生活服务等。

①从事货物的生产、批发或者零售的单位和个体工商户的混合销售行为，按照销售货物缴纳增值税。

②其他单位和个体工商户的混合销售行为，按照销售服务缴纳增值税。

③从事货物的生产、批发或者零售的单位和个体工商户，包括以从事货物的生产、批发或者零售为主，并兼营销售服务的单位和个体工商户在内。

特别注意，以下属于不征收增值税项目，具体包括：

(1)根据国家指令无偿提供的铁路运输服务、航空运输服务，属于《交通运输业和部分现代服务业营业税改征增值税试点有关事项的通知》中规定的用于以公益活动为目的的服务。

(2)存款利息，仅限于将款项存储在国家规定的吸储机构所取得的存款利息。

(3)被保险人获得的保险赔付。

(4)房地产主管部门或者其指定机构、公积金管理中心、开发企业以及物业管理单位代收的住宅专项维修资金。

(5)在资产重组过程中，通过合并、分立、出售、置换等方式，将全部或者部分实物资产以及与其相关联的债权、负债和劳动力一并转让给其他单位和个人，其中涉及不动产、土地使用权转让行为。

三、增值税税率与征收率

1. 增值税税率

增值税税率见表 2-1。

表 2-1　增值税适用税率一览表

类　别	税　率	适用范围
1. 基本税率	13%	适用于除实行低税率和零税率以外的所有货物及应税劳务。
2. 低税率	9%	适用于纳税人销售或进口下列货物： (1)粮食等农产品、食用植物油、食用盐。 (2)自来水、暖气、冷气、热水、煤气、石油液化气、天然气、二甲醚、沼气、居民用煤炭制品。 (3)图书、报纸、杂志、音像制品、电子出版物。 (4)饲料、化肥、农药、农机、农膜。 (5)国务院规定的其他货物。

续表

类别	税率	适用范围
3. 销售服务、无形资产或者不动产	9%	提供交通运输、邮政、基础电信、建筑、不动产租赁服务，销售不动产，转让土地使用权。
	6%	纳税人发生应税行为，除上面(1)项规定外，适用税率为6%。
4. 零税率	0	(1)纳税人出口货物，适用税率为零。国务院另有规定的货物(如黄金、铂金、稀土金属矿、原油、原木、天然石墨、山羊绒、鳗鱼苗、某些援外物资等)和国家禁止出口的货物(如天然牛黄、麝香、铜及铜基合金等)除外。 (2)境内单位和个人发生的跨境应税行为，适用税率为零，包括： ①国际运输服务； ②航天运输服务； ③向境外单位提供的完全在境外消费的下列服务：研发服务、合同能源管理服务、设计服务、广播影视节目(作品)的制作和发行服务、软件服务、电路设计及测试服务、信息系统服务、业务流程管理服务、离岸服务外包业务、转让技术； ④财政部和国家税务总局规定的其他服务。

2. 征收率

除部分不动产销售和租赁行为适用5%的征收率以外，小规模纳税人发生的应税行为以及一般纳税人发生的特定应税行为，全部适用3%征收率。

知识拓展

关于兼营不同税率或征收率应税行为适用税率(或征收率)的规定

(1)纳税人兼营销售货物、加工、修理修配劳务、服务、无形资产或不动产，适用不同税率或者征收率的，应当分别核算适用不同税率或者征收率的销售额。

(2)纳税人兼营销售货物、加工、修理修配劳务、服务、无形资产或不动产，未分别核算销售额的，从高适用税率(或征收率)，包括以下三种情况。

①兼有不同税率的销售货物、加工、修理修配劳务、服务、无形资产或不动产的，从高适用税率。

②兼有不同征收率的销售货物、加工、修理修配劳务、服务、无形资产或不动产的，从高适用征收率。

③兼有不同税率和征收率的销售货物、加工、修理修配劳务、服务、无形资产或不动产的，从高适用税率。

四、税收优惠

1. 起征点

增值税起征点的适用范围限于个人，个人纳税人销售额未达到起征点的，免征增值税；达到起征点的，全额计算缴纳增值税。起征点的幅度规定如下。

(1)按期纳税的，为月销售额 5 000～20 000 元。

(2)按次纳税的，为每次(日)销售额 300～500 元。

省、自治区、直辖市财政厅(局)和税务局应在规定的幅度内，根据实际情况确定本地区适用的起征点，并报财政部、国家税务总局备案。

2. 免税项目

依据《中华人民共和国增值税暂行条例》及实施细则规定，下列项目免征增值税。其中前 7 项为《中华人民共和国增值税暂行条例》规定的免税项目，其余均为“营改增”试点过渡政策的免税项目。

(1)农业生产者销售的自产农产品。“农业”是指种植业、养殖业、林业、牧业、水产业。农业生产者，包括从事农业生产的单位和个人。“农产品”是指初级农产品，具体范围由财政部、国家税务总局确定。

(2)避孕药品和用具。

(3)古旧图书，是指向社会收购的古书和旧书。

(4)直接用于科学研究、科学试验和教学的进口仪器、设备。

(5)外国政府、国际组织无偿援助的进口物资和设备。

(6)由残疾人的组织直接进口供残疾人专用的物品。

(7)销售的自己使用过的物品，指其他个人自己使用过的物品。

(8)托儿所、幼儿园提供的保育和教育服务。

(9)养老机构提供的养老服务。

(10)残疾人福利机构提供的育养服务。

(11)婚姻介绍服务。

(12)殡葬服务。

(13)残疾人员本人为社会提供的服务。

(14)医疗机构提供的医疗服务。

(15)从事学历教育的学校提供的教育服务。

(16)学生勤工俭学提供的服务。

(17)农业机、排灌、病虫害防治、植物保护、农牧保险以及相关技术培训业务，家禽、牲畜、水生动物的配种和疾病防治。

(18)纪念馆、博物馆、文化馆、文物保护单位管理机构、美术馆、展览馆、书画院、图书馆在自己的场所提供文化体育服务取得的第一道门票收入。

(19)寺院、宫观、清真寺和教堂举办文化、宗教活动的门票收入。

(20)行政单位之外的其他单位收取的符合规定条件的政府性基金和行政事业性收费。

(21)个人转让著作权。

(22)个人销售自建自用住房。

(23)台湾航运公司、航空公司从事海峡两岸海上直航、空中直航业务在大陆取得的运输收入。

(24)纳税人提供的直接或者间接国际货物运输代理服务。

(25)以下利息收入:国家助学贷款;国债、地方政府债;人民银行对金融机构的贷款;住房公积金管理中心用住房公积金在指定的委托银行发放的个人住房贷款;外汇管理部门在从事国家外汇储备经营过程中,委托金融机构发放的外汇贷款;统借统还业务中,企业集团或企业集团中的核心企业以及集团所属财务公司按不高于支付给金融机构的借款利率水平或者支付的债券票面利率水平,向企业集团或者集团内下属单位收取的利息。

根据财税〔2018〕91 号文件规定,自 2018 年 9 月 1 日至 2020 年 12 月 31 日,对金融机构向小型企业、微型企业和个体工商户发放小额贷款取得的利息收入,免征增值税。

根据财税〔2018〕108 号文件规定,自 2018 年 11 月 7 日至 2021 年 11 月 6 日,对境外机构投资境内债券市场取得的债券利息收入暂免征收增值税。

(26)被撤销金融机构以货物、不动产、无形资产、有价证券、票据等财产清偿债务。

(27)保险公司开办的一年期以上人身保险产品取得的保费收入。

(28)下列金融商品转让收入:合格境外投资者委托境内公司在我国从事证券买卖业务;香港市场投资者(包括单位和个人)通过沪港通买卖上海证券交易所上市 A 股;香港市场投资者(包括单位和个人)通过基金互认买卖内地基金份额;证券投资基金(封闭式证券投资基金、开放式证券投资基金)管理人运用基金买卖股票、债券;个人从事金融商品转让业务。

(29)金融同业往来利息收入。

(30)对符合条件的担保机构从事中小企业信用担保或者再担保业务取得的收入(不含信用评级、咨询、培训等收入)3 年内免征增值税。

(31)国家商品储备管理单位及其直属企业承担商品储备任务，从中央或者地方财政取得的利息补贴收入和价差补贴收入。

(32)纳税人提供技术转让、技术开发和与之相关的技术咨询、技术服务。

(33)符合条件的合同能源管理服务。

(34)政府举办的从事学历教育的高等、中等和初等学校(不含下属单位)，举办进修班、培训班取得的全部归该学校所有的收入。

(35)政府举办的职业学校设立的主要为在校学生提供实习场所、并由学校出资自办、由学校负责经营管理、经营收入归学校所有的企业，从事现代服务(不含融资租赁服务、广告服务和其他现代服务)，生活服务(不含文化体育服务、其他生活服务和桑拿、氧吧)业务活动取得的收入。

(36)家政服务企业由员工制家政服务员提供家政服务取得的收入。

(37)福利彩票、体育彩票的发行收入。

(38)军队空余房产租赁收入。

(39)为了配合国家住房制度改革，企业、行政事业单位按房改成本价、标准价出售住房取得的收入。

(40)将土地使用权转让给农业生产者用于农业生产。

(41)涉及家庭财产分割的个人无偿转让不动产、土地使用权。

(42)土地所有者出让土地使用权和土地使用者将土地使用权归还给土地所有者。

(43)县级以上地方人民政府或自然资源行政主管部门出让、转让或收回自然资源使用权(不含土地使用权)。

(44)随军家属就业。

(45)军队转业干部就业。

增值税小规模纳税人销售货物或者加工、修理修配劳务月销售额不超过 3 万元(按季纳税不超过 9 万元)，销售服务、无形资产月销售额不超过 3 万元(按季纳税不超过 9 万元)的，自 2018 年 1 月 1 日起至 2020 年 12 月 31 日，可分别享受小微企业暂免征收增值税优惠政策。

3. 减免税项目

(1)纳税人销售自产的资源综合利用产品和提供资源综合利用劳务，可享受增值税即征即退政策。具体综合利用的资源名称、综合利用产品和劳务名称、技术标准和相关条件、退税比例等按照财政部、国家税务总局《资源综合利用产品和劳务增值税优惠目录》的相关规定执行(财税〔2015〕78 号)。

(2)残疾人员个人提供加工和修理修配劳务。

(3)国有粮食购销企业销售粮食；其他粮食经营企业销售给军队用粮、救灾救济粮、水库移民口粮。

(4)部分农业生产资料。

(5)五大类饲料产品。

(6)黄金生产和经营单位销售黄金(不包括标准黄金)和黄金矿砂(含伴生金)；进口黄金(含标准黄金)和黄金矿砂(含伴生矿)。

(7)残疾人专用物品(假肢、轮椅、矫形器)。

(8)自 2011 年 1 月 1 日起，对节能服务公司实施符合条件的合同能源管理项目，将项目中的增值税货物转让给用能企业，暂免征收增值税。

(9)一般纳税人提供管道运输服务，对其增值税实际税负超过 3%的部分实行增值税即征即退政策。

(10)经中国人民银行、银监会或者商务部批准从事融资租赁业务的试点纳税人中的一般纳税人，提供有形动产融资租赁服务和有形动产融资性售后回租服务，对其增值税实际税负超过 3%的部分实行增值税即征即退政策。

(11)退役士兵创业就业。

(12)重点群体创业就业。

(13)个人将购买不足 2 年的住房对外销售的，按照 5%的征收率全额缴纳增值税；个人将购买 2 年以上(含 2 年)的住房对外销售，免征增值税(适用于北京市、上海市、广州市和深圳市之外的地区)。

(14)宣传文化增值税优惠政策。根据财税〔2018〕53 号文件规定，自 2018 年 1 月 1 日起至 2020 年 12 月 31 日，对各类出版物在出版环节分别执行增值税先征后退 100%、先征后退 50%，图书批发、零售环节，科普单位的门票收入执行免征增值税政策等。

(15)动漫产业增值税优惠政策。根据财税〔2018〕38 号文件规定，自 2018 年 5 月 1 日至 2020 年 12 月 31 日，对动漫企业增值税一般纳税人销售其自主开发生产的动漫软件，按照 16%的税率征收增值税后，对其增值税实际税负超过 3%的部分，实行即征即退政策。对动漫软件出口免征增值税。

(16)科技企业孵化器、大学科技园和众创空间增值税优惠政策。根据财税〔2018〕120 号文件规定，自 2019 年 1 月 1 日至 2021 年 12 月 31 日，对国家级、省级科技企业孵化器、大学科技园和国家备案众创空间向在孵对象提供孵化服务取得的收入，免征增值税。

(17)全国社会保障基金有关投资业务增值税优惠政策。根据财税〔2018〕94 号文件规定，对社保基金会、社保基金投资管理人在运用社保基金投资过程中，提供贷款服务取得的全部利息及利息性质的收入和金融商品转让收入，免征增值税。

(18)中国邮政储蓄银行三农金融事业部涉农贷款税收政策。根据财税〔2018〕97 号文件规定，自 2018 年 7 月 1 日至 2020 年 12 月 31 日，对中国邮政储蓄银行纳入“三农金融事业部”改革的各省、自治区、直辖市、计划单列市分行下辖的县域支行，提供农户贷款、农村企业和农村各类组织贷款取得的利息收入，可以选择适用简易计税方法按照 3%的征收率计算缴纳增值税。

除上述规定外，增值税的免税、减税项目由国务院规定，任何地区、部门均不得规定免税、减税项目。纳税人兼营免税、减税项目的，应当分别核算免税、减税项目的销售额；未分别核算销售额的，不得免税、减税。

解决任务

根据我国税法有关规定：企业要成为合法的纳税人，就必须进行税务登记和税种认定，取得合法纳税人身份。凡在我国境内销售货物、进口货物、销售劳务和销售服务、无形资产或者不动产的单位和个人，都可认定为增值税纳税人。由于该现代服务业年应税销售额超过 500 万元[年销售额＝550/(1＋6%)万元＝519 万元＞500 万元]，因此，应该申请增值税一般纳税人资格认定。

思考与练习

◆思考题

1. 什么是增值税？增值税的类型有哪几种？

2. 什么是增值税纳税人？划分为几类？

◆单选题

1. 下列各项中，应确定为增值税一般纳税人的是(　　)。

A. 行政单位

B. 不经常发生增值税应税行为的企业

C. 个人

D. 个体工商户

2. 下列业务，不属于增值税征收范围的是(　　)。

A. 销售货物　　B. 出口货物　　C. 销售服务　　D. 销售劳务

3. 增值税纳税人其年应税销售额达到(　　)以上，才可以申请认定为增值税一般纳税人。

A. 50 万元(含)　　B. 100 万元(含)　　C. 500 万元(含)　　D. 1 000 万元(含)

4. 下列应税项目中，适用13%的增值税税率的是(　　)。

A. 销售货物　　B. 销售粮食等农产品

C. 销售不动产　　D. 提供交通运输服务

5. 我国增值税起征点的适用范围限于(　　)，纳税人应税销售额未达起征点的，免征增值税。

A. 行政单位　　B. 事业单位　　C. 个人　　D. 社会团体

◆多选题

1. 下列各项，不属于增值税一般纳税人的有(　　)。

A. 个体工商户以外的其他人

B. 非企业性单位

C. 不经常发生应税行为的企业

D. 年应税销售额超过500万元的企业

2. 我国增值税中的销售货物包括(　　)。

A. 电力　　B. 气体　　C. 房屋　　D. 专利技术

3. 下列项目免征增值税的有(　　)。

A. 农业生产者销售的自产农产品

B. 学生勤工俭学提供的服务

C. 商业文艺表演门票收入

D. 寺院、宗教活动的门票收入

4. 下列货物，适用9%税率的有(　　)。

A. 电力　　B. 自来水　　C. 图书、杂志　　D. 化肥、农药

5. 下列各项中，视同销售货物计算缴纳增值税的有(　　)。

A. 销售代销货物　　B. 将货物交付他人代销

C. 将自产货物赠送客户　　D. 将自产货物用于集体福利

税务微观

税收连着你我他

杨洋是学会计专业的在校学生。星期天，她和宿舍的几个伙伴一起逛商店，打算给自己买件衣服。

“请问这件衣服多少钱?”她们来到了一家服装店问到。“588元，外加13%的增值税，一共是……”“什么？您还要外加13%的增值税?”杨洋忙打断售货员的话。“是啊，

税务局要收税的。”售货员态度从容地回答。“您大概不懂税法吧！这样收款是错误的！”于是，杨洋认真而又耐心地给售货员讲起了有关增值税的知识。

税收连着你我他，取之于民，用之于民，让我们大家携起手来，一起关注税收，支持税收，维护税收！

任务二　增值税的计算

任务目标

知识目标：

1. 掌握应税销售额的确定方法。

2. 掌握一般纳税人增值税应纳税额的计算方法。

3. 掌握小规模纳税人增值税应纳税额的计算方法。

4. 熟悉出口退税的基本方法和内容。

能力目标：

1. 能准确计算应税销售额。

2. 能准确增值税应纳税额。

素养目标：

培养爱岗敬业的精神和严谨细致的工作作风。

任务导出

情境描述

滨海市盛泰实业有限公司 2019 年 5 月公司发生如下业务：

(1)购买原材料取得的防伪税控系统开具的增值税专用发票及认证情况如表 2-2 所示。

表 2-2　5 月购买原材料开具的增值税专用发票及认证情况表　　单位：元

发票代码	发票号码	开票日期	金额	税额	客户识别码	认证日期
1100031012	1120342	20190502	283 540.68	36 860.29	100300026210315	20190529
1711321421	1006310	20190508	451 701.50	58 721.19	120303106260206	20190529
1200431221	1430314	20190511	1 400 000.00	182 000.00	140344201070142	20190529
1350005102	1063205	20190512	5 745.40	746.90	110330430621409	20190529
1040142426	1208430	20190517	636 653.00	82 764.89	127562233838521	20190529
1311003512	1300611	201905231	204 360.50	26 566.87	106530406256507	20190529
1021003052	1260017	20190525	26 300.00	3 419.00	130004312113471	20190529
1333300223	1600346	20190526	1 800 050.00	234 006.50	100204370420538	20190529
合计			4 808 351.08	625 085.64		

(2)前期取得但尚未申报抵扣的防伪税控系统开具的增值税专用发票及认证情况如表 2-3 所示。

表 2-3 前期尚未抵扣的增值税专用发票及认证情况表 单位：元

发票代码	发票号码	开票日期	金额	税额	客户识别码	认证日期
1602000125	1220542	20190429	25 105.04	3 263.66	10030430010412	20140429
1353108016	1538052	20190430	100 200.80	13 026.10	14030621062604	20140429
合计			125 305.84	16 289.76		

(3)购买一台生产用设备，取得防伪税控系统开具的增值税专用发票金额为 25 000 元，税额为 3 250 元，在规定期限内予以认证。

(4)购进免税农产品作为原料，农产品收购发票上显示共支付 50 000 元，计算的抵扣税款允许在本期抵扣。

(5)本期销售产品开具的增值税专用发票情况如表 2-4 所示。其中号码为 1120024 的发票因开具发票形式不符合要求而作废；号码为 1120027 的发票为红字发票。

表 2-4 5 月销售产品开具的增值税专用发票情况表 单位：元

发票代码	发票号码	开票日期	购货方纳税人识别号	金额	税额	备注
1003000116	1120021	20190502	102504320010241	887 234.56	115 340.49	
1003000116	1120022	20190504	104421531060041	793 480.35	103 152.45	
1003000116	1120023	20190505	120724622270625	867 802.54	112 814.33	
1003000116	1120024	20190505	100724002270310	65 356.20	8 486.31	作废
1003000116	1120025	20190508	100020410021802	581 643.67	75 613.68	
1003000116	1120026	20190510	103000024438142	989 860.11	128 681.81	
1003000116	1120027	20190514	140570421056502	−4 500.00	−585.00	红字
1003000116	1120028	20190515	120006634514064	670 559.37	87 172.72	
1003000116	1120029	20190520	120044420525201	854 602.78	111 098.36	
1003000116	1120030	20190523	103034300010421	623 642.05	81 073.47	
1003000116	1120031	20190524	162043312365200	885 432.90	115 106.28	
1003000116	1120032	20190526	110000311177362	916 187.88	119 104.42	
1003000116	1120033	20190527	160330437621312	624 218.65	81 148.42	
合计				8 690 164.86	1 129 721.43	

(6)销售产品并开具普通发票8张，合计金额为205 000元；销售产品未开具发票的金额为5 890元。

(7)自产的产品用于在建工程，未开具发票，该产品的市场售价为30万元(不含税)，生产成本为22万元。

(8)新试制的产品作为福利发给职工，未开具发票，该产品无市场同类产品，其生产成本为10万元，成本利润率为10%。

(9)本期有外购的账面价值80 000元的原材料用于免税项目，所负担的税款为10 400元。

(10)本期有30 152.75元的外购材料发生非正常损失，所负担的税款为3 919.86元。

提示：当月购货取得的专用发票均已认证通过，并在本期全部申报抵扣进项税额；当月销货的专用发票均通过防伪税控系统开具；上月尚有未抵扣增值税进项税额5万元。

(11)4月应税货物销售额为6 348 651.31元，销项税额为825 324.67元，进项税额为325 324.67元，已缴税额为500 000元，期末未缴税额为120 000元。

(12)5月5日，缴纳4月增值税税款120 000元。

(13)5月10日、20日分两次预缴当月增值税税款共计300 000元。

讨论：如何区分混合销售行为与兼营销售行为。

任务：计算公司2019年5月应纳增值税税额。

知识准备

计算增值税纳税人的应纳税额，首先要准确确定增值税的应税销售额。

一、应税销售额的确定

1. 一般销售方式下销售额的确定

销售额是指纳税人发生应税行为取得的全部价款和价外费用，但不包括收取的销项税额。其计算公式如下。

$$销售额=全部价款+价外费用$$

“价外费用”是指价外收取的各种性质的价外收费。其主要包括向购买方收取的手续费、补贴、基金、集资费、返还利润、奖励费、违约金、滞纳金、延期付款利息、赔偿金、代收款项、代垫款项、包装费、包装物租金、储备费、优质费、运输装卸费及其他各种性质的价外费用，但不包括下列项目。

(1)受托加工应征消费税的消费品所代收代缴的消费税。

(2)同时符合两项条件的代垫运输费用：承运部门的运输费用发票开具给购买方的；纳税人将该项发票转交给购买方的。

(3)同时符合以下条件代为收取的政府性基金或者行政事业性收费：由国务院或者财政部批准设立的政府性基金，由国务院或者省级人民政府及其财政、价格主管部门批准设立的行政事业性收费；收取时开具省级以上财政部门印制的财政票据；所收款项全额上缴财政。

(4)销售货物的同时代办保险等而向购买方收取的保险费，以及向购买方收取的代购买方缴纳的车辆购置税、车辆牌照费。

(5)其他以委托方名义开具发票代委托方收取的款项。

温馨提示

对于增值税一般纳税人向购买方收取的价外费用，应视为含税收入，在征税时应换算成不含税收入再并入销售额。

消费税是价内税，因此，凡征收消费税的货物在计征增值税时，其应税销售额应包括消费税税额。

知识拓展

(1)含税销售额的换算。

一般纳税人发生应税行为，采用销售额和销项税额合并定价方法的，其销售额为含增值税税额的销售额，应将其含税销售额换算成不含税的销售额。其计算公式如下。

应税销售额＝含税销售额÷(1＋适用增值税税率或征收率)

(2)销售价款是否含税的判断。

增值税专用发票中记载的价格为不含税价格；

商业企业的零售价为含税价格；

普通发票上注明的销售额是含税销售额；

增值税纳税人销售货物同时收取的价外费用或逾期包装物押金收入为含税收入；

增值税混合销售行为中的非增值税应税劳务的销售额，视为含税销售额。

2. 核定的销售额

一般纳税人发生应税行为价格明显偏低或者偏高且不具有合理商业目的的，或纳税人发生视同销售行为而无销售额的，由主管税务机关核定其销售额，按下列顺序确定。

①按纳税人最近时期同类应税行为的平均销售价格确定。

②按其他纳税人最近时期同类应税行为的平均销售价格确定。

③按组成计税价格确定。组成计税价格的公式如下。

$$组成计税价格=成本\times(1+成本利润率)$$

属于应征消费税的货物，其组成计税价格中应加计消费税税额。组成计税价格的公式如下。

$$\begin{aligned}组成计税价格&=成本\times(1+成本利润率)+消费税税额\\&=成本\times(1+成本利润率)/(1-消费税率)\end{aligned}$$

公式中的成本指销售自产货物的为实际生产成本，销售外购货物的为实际采购成本。成本利润率由国家税务总局确定。

【任务案例 2-1】滨海市佳丽化妆品厂为增值税一般纳税人，5 月为其所属的佳丽招待所特制化妆品一批，生产成本 6 万元。试计算 5 月领用该批化妆品应纳增值税销项税税额(该化妆品消费税税率为 30%，成本利润率为 5%)。

解析：

将自产、委托加工或购买的货物用于集体或个人消费或用于非应税项目的，属于视同销售行为，因没有同类产品价格，所以应按组成计税价格征税。

组成计税价格＝ 6×(1＋5%)/(1－30%)＝ 9(万元)。

应纳销项税额＝9×17%＝1.53(万元)。

3. 特殊销售方式下销售额的确定

(1)折扣方式销售。纳税人发生应税行为，将价款和折扣额在同一张发票上分别注明的，以折扣后的价款为销售额；未在同一张发票上分别注明的，以价款为销售额，不得扣减折扣额。

(2)纳税人采取以旧换新方式销售货物，应按新货物的同期销售价格确定销售额(但对金银首饰以旧换新业务，可按销售方实际收取的不含增值税的全部价款计征增值税)。

(3)采取还本销售方式销售货物的，不得从销售额中减除还本支出。

(4)采取以物易物方式销售货物的，以物易物双方都应做购销处理，以各自发出的货物核算销售额并计算销项税额，以各自收到的货物按规定核算购货额并计算进项税额。

(5)对纳税人为销售货物而出租、出借包装物收取的押金，单独核算的，不计入销售额。但对逾期未收回包装物而不再退还的押金，应并入销售额，按所包装货物的适用税率征税。除啤酒、黄酒外，对酒类产品生产企业销售酒类产品而收取的押金，无论押金是否返还，均须并入销售额计征增值税。

温馨提示

对于增值税一般纳税人向购买方收取的逾期包装物押金，应视为含税收入，在征税时换算成不含税收入再并入销售额。

4. 一些具体业务销售额的确定

(1)贷款服务。以提供贷款服务取得的全部利息及利息性质的收入为销售额。

(2)直接收费金融服务。以提供直接收费金融服务收取的手续费、佣金、酬金、管理费、服务费、经手费、开户费、过户费、结算费、转托管费等各类费用为销售额。

(3)金融商品转让。按照卖出价扣除买入价后的余额为销售额。转让金融商品出现的正负差，按盈亏相抵后的余额为销售额。若相抵后出现负差，可结转下一纳税期与下期转让金融商品销售额相抵，但年末时仍出现负差的，不得转入下一个会计年度。对金融商品的买入价，可以选择按照加权平均法或者移动加权平均法进行核算，选择后 36 个月内不得变更。金融商品转让，不得开具增值税专用发票。

(4)经纪代理服务。以取得的全部价款和价外费用，扣除向委托方收取并代为支付的政府性基金或者行政事业性收费后的余额为销售额。向委托方收取的政府性基金或者行政事业性收费不得开具增值税专用发票。

(5)融资租赁和融资性售后回租业务。经中国人民银行、银监会或者商务部批准从事融资租赁业务的试点纳税人，提供融资租赁服务，以取得的全部价款和价外费用，扣除支付的借款利息(包括外汇借款和人民币借款利息)发行债券利息和车辆购置税后的余额为销售额。经中国人民银行、银监会或者商务部批准从事融资租赁业务的试点纳税人，提供融资性售后回租服务，以取得的全部价款和价外费用(不含本金)，扣除对外支付的借款利息(包括外汇借款和人民币借款利息)发行债券利息后的余额作为销售额。

(6)航空运输企业的销售额。不包括代收的机场建设费和代售其他航空运输企业客票而代收转付的价款。

(7)试点纳税人中的一般纳税人提供客运场站服务，以其取得的全部价款和价外费用，扣除支付给承运方运费后的余额为销售额。

(8)试点纳税人提供旅游服务，可以选择以取得的全部价款和价外费用，扣除向旅游服务购买方收取并支付给其他单位或者个人的住宿费、餐饮费、交通费、签证费、门票费和支付给其他接团旅游企业的旅游费用后的余额为销售额。选择这种办法计算销售额的试点纳税人，向旅游服务购买方收取并支付的上述费用，不得开具增值税专用发票，可以开具普通发票。

(9)试点纳税人提供建筑服务适用简易计税方法的，以取得的全部价款和价外费用扣除支付的分包款后的余额为销售额。

(10)房地产开发企业中的一般纳税人销售其开发的房地产项目(选择简易计税方法的房地产老项目除外)，以取得的全部价款和价外费用，扣除受让土地时向政府部门支付的土地价款后的余额为销售额。

(11)试点纳税人按照上述(4)～(10)项规定从全部价款和价外费用中扣除的价款，应当取得符合法律法规和国家税务总局规定的有效凭证，否则不得扣除。这里的“有效凭证”是指支付给境内单位或者个人的款项，以发票为合法有效凭证；支付给境外单位或者个人的款项，以该单位或者个人的签收单据为合法有效凭证，税务机关对签收单据有异议的，可以要求其提供境外公证机构的确认证明；缴纳的税款，以完税凭证为合法有效凭证；扣除的政府性基金、行政事业性收费或者向政府支付的土地价款，以省级以上(含省级)财政部门监(印)制的财政票据为合法有效凭证；国家税务总局规定的其他凭证。纳税人取得的上述凭证属于增值税扣税凭证的，其进项税额不得从销项税额中抵扣。

二、增值税的出口退(免)税

我国出口货物的退(免)税，是按照鼓励出口的政策，对我国报关出口的货物退还或免征其在国内各生产和流通环节已缴纳的增值税和消费税，即对出口货物实行增值税零税率，消费税免税。实行出口货物的“增值税零税率”有两层含义：一是对本道环节生产或销售货物的增值部分免征增值税；二是对出口货物前道环节所含的进项税额进行退付。

1. 出口货物退(免)税政策

我国采用出口退税与免税相结合的政策。根据出口货物的不同形式和不同种类，出口货物税收政策分为以下三类。

(1)出口免税并退税。是指对货物在出口销售环节不征增值税、消费税，即将货物出口环节与出口前的销售环节视为一个征税环节；出口退税是指对货物在出口前实际承担的税收负担，按规定的退税率计算后予以退还。

适用出口免税和退税政策的货物有以下几种。

①生产企业自营出口或委托外贸企业代理出口的自产货物。

②有出口经营权的外贸企业收购后直接出口或委托其他外贸企业代理出口的货物。

③符合国家政策规定的特准退(免)税货物，如对外承包工程公司运出境外用于对外承包项目的货物，对外承接修理修配业务的企业用于对外修理修配的货物等。

(2)出口免税不退税。出口免税是指对货物在出口销售环节不征增值税、消费税；出口不退税是指适用这一政策的出口货物因在前一道生产、销售环节或进口环节是免税的，因此，出口时该货物的价格中本身就不含税，也无须退税。

下列企业出口的货物，除另有规定外，享受免税不退税政策。

①属于生产企业的小规模纳税人自营出口或委托外贸企业代理出口的自产货物。

②外贸企业从小规模纳税人购进并持有普通发票的货物(下列 12 类货物特准退税；抽纱、工艺品、香料油、山货、草柳竹藤制品、渔网渔具、松香、五倍子、生漆、鬃尾、山羊板皮、纸制品)。

③外贸企业直接购进国家规定的免税货物(包括免税农产品)出口。

④来料加工复出口的货物。

⑤避孕药品和用具、古旧图书。

⑥国家计划内出口卷烟。

⑦军品及军队系统企业出口军需工厂生产或军需部门调拨的货物。

⑧国家规定的其他免税货物，如农业生产者销售的自产农产品、饲料等。

(3)出口不免税不退税。“出口不免税”是指对国家限制或禁止出口的某些货物的出口环节视同内销环节，照常征税；“出口不退税”是指对这些货物出口不退还出口前其所负担的税款。适用这一政策的主要是税法列举限制或禁止出口的货物，如天然牛黄、麝香、铜及铜基合金、白金等。

温馨提示

境内的单位和个人提供适用增值税零税率的服务或者无形资产，如果属于适用简易计税方法的，实行免征增值税办法。如果属于适用增值税一般计税方法的，生产企业实行下列“免、抵、退”税办法：外贸企业外购服务或者无形资产出口实行“免、退”税办法；外贸企业直接将服务或自行研发的无形资产出口，视同生产企业连同其出口货物统一实行“免、抵、退”税办法。

2. 出口货物的退税率

出口退税率是指出口货物的应退税额与计税依据的比例。

我国对出口货物增值税的退税率会随着国家经济形势的变化和宏观调控的需要做出相应的调整。除财政部和国家税务总局根据国务院决定而明确的增值税出口退税率外，出口货物的退税率为其适用税率，应税服务退税率为其按照税法规定适用的增值税税率。具体情况参见主管部门的相关文件规定。

任务实施

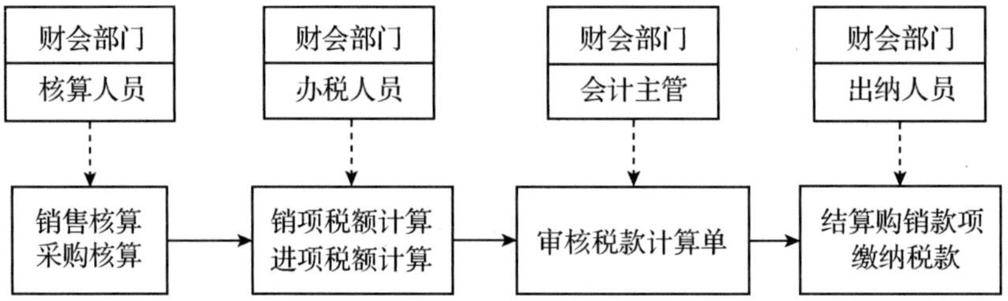

图 2-1　企业增值税内部核算工作流程图

增值税的计税方法包括一般计税方法和简易计税方法：一般计税方法按照当期销项税额减去当期进项税额的差额计算应纳税额；简易计税方法按照销售额与征收率的乘积计算应纳税额。

活动一　一般纳税人应纳税额的计算

增值税一般纳税人发生应税行为，凡未规定可以选择按照简易计税方法计算缴纳增值税的，其全部销售额应一并按照一般计税方法计算缴纳增值税。其计算公式如下。

应纳税额＝当期销项税额－当期进项税额

当期销项税额小于当期进项税额不足抵扣时，其不足部分可以结转下期继续抵扣。

1. 销项税额的计算

销项税额，是指纳税人发生应税行为按照销售额和增值税税率计算并收取的增值税税额。其计算公式如下。

销项税额＝销售额(不含税)×增值税税率

＝销售额(含税)÷(1＋增值税税率)×增值税税率

2. 进项税额的确定

进项税额是指纳税人购进货物、加工修理修配劳务以及服务、无形资产或者不动产，支付或者负担的增值税税额。

(1)准予抵扣的进项税额。

按照税法规定，准予从销项税额中抵扣的进项税额，限于下列在增值税扣税凭证上注明的增值税税额和按规定扣除率计算的进项税额。

①从销售方取得的增值税专用发票(含税控机动车销售统一发票，下同)上注明的增值税税额。

②从海关取得的海关进口增值税专用缴款书上注明的增值税税额。

③购进农产品，除取得增值税专用发票或者海关进口增值税专用缴款书外，按照

农产品收购发票或者销售发票上注明的农产品买价和9%的扣除率计算的进项税额。其计算公式如下。

进项税额＝买价×扣除率

“买价”包括纳税人购进农产品在农产品收购发票或者销售发票上注明的价款和按规定缴纳的烟叶税。

温馨提示

纳税人购进用于生产销售或委托加工13%税率货物的农产品，按照10%的扣除率计算进项税额。

④从境外单位或者个人购进服务、无形资产或者不动产，自税务机关或者扣缴义务人取得的解缴税款的完税凭证上注明的增值税税额。纳税人凭完税凭证抵扣进项税额的，应当具备书面合同、付款证明和境外单位的对账单或者发票。资料不全的，其进项税额不得从销项税额中抵扣。

(2)不准抵扣的进项税额(表2-5)。

表2-5　不准抵扣的进项税额

分　类	内　容
1. 扣税凭证不合格	一般纳税人取得的增值税扣税凭证不符合有关规定的，其进项税额不准予抵扣。
2. 购进货物改变用途	下列项目的进项税额无论是否取得增值税扣税凭证，均不得从销项税额中抵扣： ①用于简易计税方法计税项目、免征增值税项目、集体福利或者个人消费的购进货物、加工修理修配劳务、服务、无形资产和不动产。 ②非正常损失的购进货物，以及相关的加工修理修配劳务和交通运输服务。 ③非正常损失的在产品、产成品所耗用的购进货物(不包括固定资产)、加工修理修配劳务和交通运输服务。 ④非正常损失的不动产，以及该不动产所耗用的购进货物、设计服务和建筑服务。 ⑤非正常损失的不动产在建工程所耗用的购进货物、设计服务和建筑服务。纳税人新建、改建、扩建、修缮、装饰不动产，均属于不动产在建工程。 ⑥购进的餐饮服务、居民日常服务和娱乐服务。一般纳税人购进的餐饮服务、居民日常服务和娱乐服务的进项税额不得从销项税额中抵扣。纳税人购买应征消费税的摩托车、汽车、游艇取得的进项税额允许按规定抵扣；纳税人购买住宿服务取得的进项税额允许按规定抵扣。 ⑦财政部和国家税务总局规定的其他情形。

注：表中的“扣税凭证”，是指增值税专用发票、海关进口增值税专用缴款书、农产品收购发票、农产品销售发票和完税凭证。纳税人凭完税凭证抵扣进项税的，应当具备书面合同、付款证明和境外单位的对账单或者发票。

一般纳税人会计核算不健全，或者不能够提供准确税务资料的；应当办理一般纳税人资格登记而未办理的，都不得抵扣进项税额。

知识拓展

关于固定资产、无形资产进项税额抵扣的规定

(1)对纳税人涉及的固定资产、无形资产(不包括其他权益性无形资产)、不动产项目的进项税额，凡发生专用于简易计税方法的计税项目、免征增值税项目、集体福利或者个人消费项目的，该进项税额不得予以抵扣；凡发生兼用于增值税应税项目和上述项目情况的，该进项税额准予全部抵扣。

不得抵扣的进项税额＝固定资产、无形资产、不动产净值×适用税率

(2)不得抵扣且未抵扣进项税额的固定资产、无形资产、不动产，发生用途改变，用于允许抵扣进项税额的应税项目的，可在用途改变的次月按照下列公式计算可以抵扣的进项税额：

可以抵扣的进项税额＝固定资产、无形资产、不动产净值/（1＋适用税率)×适用税率

上述可以抵扣的进项税额应取得合法有效的增值税扣税凭证。

(3)纳税人购进其他权益性无形资产无论是专用于简易计税方法的计税项目、免征增值税项目、集体福利或者个人消费，还是兼用于上述项目，均可以抵扣进项税额。纳税人的交际应酬消费属于个人消费。

(3)进项税额的扣减。

已抵扣进项税额的购进货物、应税劳务或应税服务，发生上述第①～⑦项情形的(简易计税方法计税项目、免征增值税项目除外)，应当将该项购进货物、应税劳务或应税服务的进项税额从当期的进项税额中扣减；无法确定该项进项税额的，按当期实际成本计算应扣减的进项税额。

适用一般计税方法的纳税人，兼营简易计税方法计税项目、免征增值税项目而无法划分不得抵扣的进项税额的，按照下列公式计算不得抵扣的进项税额：

不得抵扣的进项税额＝当期无法划分的全部进项税额×(当期简易计税方法计税项目销售额＋免征增值税项目销售额）÷当期全部销售额

3. 特殊情况的税务处理

一般纳税人因销售折让、中止或者退回而退还给购买方的增值税税额，应当从当期的销项税额中扣减；因销售折让、中止或者退回而收回的增值税税额，应当从当期的进项税额中扣减。

一般纳税人已开具增值税专用发票，又发生销货退回、开票有误、应税行为中止以及发票抵扣联、发票联均无法认证等情形但不符合作废条件，或者因销货部分退回及发生销售折让，需要开具红字专用发票的，必须按国家税务总局规定的方法处理。未按照规定开具红字增值税专用发票的，不得扣减销项税额或者销售额。

一般纳税人取得增值税专用发票，应在开具之日起360日内办理认证，并在认证通过的次月申报期内，向主管税务机关申报抵扣进项税额；一般纳税人进口货物取得的属于增值税扣税范围的海关缴款书，应自开具之日起360天内向主管税务机关报送海关完税凭证抵扣清单(电子数据)，申请稽核比对且相符后，其增值税税额才能在销项税额中抵扣；一般纳税人取得的增值税专用发票及海关缴款书，未在规定期限内到税务机关办理认证或者申报抵扣的，不得作为合法的扣税凭证，不得计算进项税额抵扣。

【任务案例2-2】某生产企业为增值税一般纳税人，适用增值税税率为13%，2019年8月发生下列生产经营业务。

(1)销售甲产品，开具增值税专用发票，取得不含税销售额100万元；另外，取得销售甲产品的送货运输费收入7.91万元(含增值税价格，与货物销售不能分别核算)。

(2)销售乙产品，开具普通发票，取得含税销售额22.6万元。

(3)将一批新研制的丙产品用于本企业集体福利，成本价为10万元，成本利润率为10%，该新产品无同类产品市场销售价格。

(4)本月购进货物取得增值税专用发票注明支付的货款为80万元、进项税额为10.4万元，货物验收入库；另外，支付购货运输费用，取得运输公司开具的增值税专用发票，注明的运费为4万元，增值税税额为0.36万元。

(5)向农业生产者购进一批免税农产品，支付收购价20万元，支付给运输单位运费2万元(不含税价)，取得相关的合法票据，农产品验收入库；本月下旬将购进的农产品的30%用于本企业职工福利。试计算该企业2019年8月应缴纳的增值税税额。

解析：

(1)计算销项税额。

销售甲产品的销项税额＝100×13%＋7.91÷(1＋13%)×13%＝13.91(万元)。

销售乙产品的销项税额＝22.6÷(1＋13%)×13%＝2.6(万元)。

自用新产品的销项税额＝10×(1＋10%)×13%＝1.43(万元)。

销项税额合计＝13.91＋2.6＋1.43＝17.94(万元)。

(2)计算进项税额。

购进货物应抵扣的进项税额＝10.4＋0.36＝10.76(万元)。

外购免税农产品应抵扣的进项税额＝(20＋2) ×9％ ×(1－30％) ＝1.386(万元)。

进项税额合计＝10.76＋1.386＝12.146(万元)。

(3)计算应缴税额。

应缴纳的增值税税额＝17.94－12.146＝5.794(万元)。

活动二　小规模纳税人应纳税额的计算

小规模纳税人实行简易计税方法，即按销售额和征收率计算缴纳增值税，不得抵扣进项税额。其计算公式为：

应纳税额＝销售额×征收率

这里的“销售额”是不含税销售额，小规模纳税人采用销售额和应纳税额合并定价方法的，应进行换算，其换算公式为：

不含税销售额＝含税销售额÷(1＋征收率)

小规模纳税人因销售折让、中止或退回而退还给购买方的销售额，应当从当期销售额中扣减。扣减当期销售额后仍有余额造成多缴的税款，可以从以后的应纳税额中扣减。

【任务案例 2-3】某食品厂为小规模纳税人，2019 年 10 月销售一批糕点，取得含税销售额 40 000 元。本月购买原料取得增值税专用发票上注明的价款为 20 000 元，增值税税额为 2 600 元。该食品厂当月应纳增值税税额。

解析：

小规模纳税人按简易计税办法计算应纳税额。

应纳税额＝ 40 000÷(1＋3％)×3％＝1 165.05(元)。

练一练

某商店为小规模纳税人，直接从五金厂购进各种五金零配件销售，3 月购进各种零配件价值 5 000 元，五金厂开具的增值税专用发票注明税额为 650 元。当月普通发票上销售额为 20 000 元，未开具普通发票的零售额为 8 050 元，该商店当月应纳增值税税额是多少？

活动三　纳税人进口货物应纳税额的计算

纳税人进口货物，均要缴纳增值税。无论是一般纳税人还是小规模纳税人，均按照组成计税价格和规定的税率计算应纳税额。

1. 组成计税价格的计算

组成计税价格的计算公式为：

组成计税价格＝关税完税价格＋关税税额

如果进口货物属于应征消费税的消费品，其组成计税价格中还应包括进口环节中应纳的消费税税额，其计算公式为：

组成计税价格＝关税完税价格＋关税税额＋消费税税额

或

组成计税价格＝(关税完税价格＋关税税额）÷(1－消费税税率)

2. 应纳税额的计算

纳税人进口货物应纳增值税的计算公式为：

应纳税额＝组成计税价格×税率

【任务案例 2-4】某外贸进出口公司于 2019 年 9 月从法国进口一批高档化妆品。该批化妆品海关核定的完税价格为 100 万元。货物报关后，公司按规定缴纳了进口环节的关税和增值税，并取得了海关开具的完税凭证。已知高档化妆品的进口关税税率为 60％，消费税税率为 15％，增值税税率为 13％。试计算该公司进口环节应缴纳的关税税额、消费税税额及增值税税额。

解析：

应缴纳的进口关税税额＝1 000 000×60％＝600 000(元)。

应缴纳的消费税税额＝(1 000 000＋600 000)/(1－15％)×15％＝282 352.94(元)。

应缴纳的增值税税额＝(1 000 000＋600 000)/(1－15％)×13％＝244 705.88(元)。

活动四　出口货物应退税的计算

出口货物有两种退税办法：一是“免、抵、退”办法，主要适用于自营或委托外贸企业代理出口的自产货物的生产企业；二是“先征后退”办法，主要适用于收购货物出口的外(工)贸企业。

1. 生产企业“免、抵、退”税的计算

生产企业自营或委托外贸企业代理出口自产货物，除另有规定外，一律实行“免、抵、退”税管理办法。这里的“免”税是指对生产企业出口的自产货物，免征本企业生产销售环节增值税；“抵”税是指生产企业出口自产货物所耗用的原材料、零部件、燃料、动力等所含应予以退还的进项税额，抵顶内销货物的应纳税额；“退”税是指生产企业出口的自产货物在当月内应抵顶的进项税额大于应纳税额时，对未抵顶完的部分予以退税。

(1)当期应纳税额的计算。

当期应纳税额＝当期内销货物的销项税额－(当期进项税额－当期不得免征和抵扣税额) －上期留抵税额

当期不得免征和抵扣税额＝当期出口货物离岸价×外汇人民币牌价×(出口货物征税率－出口货物退税率) －当期不得免征和抵扣税额抵减额

当期不得免征和抵扣税额抵减额＝当期免税购进原材料价格×(出口货物征税率－出口货物退税率)

(2)当期免抵退税额的计算。

当期免抵退税额＝当期出口货物离岸价×外汇人民币牌价×出口货物退税率－当期免抵退税额抵减额

当期免抵退税额抵减额＝当期免税购进原材料价格×出口货物退税率

(3)当期应退税额和免抵税额的计算。

若当期期末留抵税额≤当期免抵退税额，则

当期应退税额＝当期期末留抵税额

当期免抵税额＝当期免抵退税额－当期应退税额

若当期期末留抵税额＞当期免抵退税额，则

当期应退税额＝当期免抵退税额

当期免抵税额＝0

当期期末留抵税额为当期“增值税纳税申报表”中的“期末留抵税额”。

【任务案例 2-5】某自营出口生产企业是增值税一般纳税人，出口货物的征税税率为 13％，退税率为 11％。2019 年 8 月购原材料一批，取得的增值税专用发票上注明的价款为 300 万元，进项税额为 39 万元，已通过抵扣认证。上月月末留抵税款为 2 万元，本月内销货物不含税销售额为 200 万元，销项税额为 26 万元。本月出口货物销售额折合人民币 250 万元。试计算该企业当期的“免、抵、退”税额。

解析：

(1)不得免征和抵扣税额＝300×(13％－11％) ＝6(万元)。

(2)当期应纳税额＝26－(39－6) ＝－7(万元)。

(3)出口货物“免、抵、退”税额＝250×11％＝27.5(万元)。

(4)按规定，如当期期末留抵税额＜当期免抵退税额：

当期应退税额＝当期期末留抵税额，即该企业应退税额＝7(万元)。

(5)当期免抵税额＝当期免抵退税额－当期应退税额，即

当期该企业免抵税额＝27.5－7＝20.5(万元)。

2. 外贸企业“先征后退”的计算

(1)外贸企业出口货物增值税退税的计算。

外贸企业出口货物增值税退税额，应依据购进出口货物增值税专用发票上所注明的购进金额和退税率计算。

应退税额＝增值税专用发票上注明的购进金额(不含税)×退税率

【任务案例 2-6】某外贸进出口公司 2019 年 7 月出口美国一批商品，进货增值税专用发票列明的计税金额为 100 000 元，该类商品的退税率为 13％。试计算该外贸企业的应退税额。

解析：

该企业的应退税额＝100 000×13％＝13 000(元)。

(2)外贸企业收购小规模纳税人出口货物增值税退税的计算。

凡从小规模纳税人购进持普通发票特准退税的抽纱、工艺品等 12 类出口货物，同样实行销售出口货物的收入免税，并退还出口货物进项税额。其计算公式如下。

应退税额＝普通发票列明的销售额(含税)/(1＋征收率) ×退税率

出口企业购进小规模纳税人特准的 12 类货物出口、提供的普通发票应符合《中华人民共和国发票管理办法》的有关使用规定，否则不予办理退税。

凡从小规模纳税人购进由税务机关代开的增值税专用发票的出口货物，按以下公式计算退税。

应退税额＝增值税专用发票上注明的金额×退税率

【任务案例 2-7】某外贸进出口公司 2019 年 8 月向某小规模纳税人购进一批抽纱工艺品，全部出口，获得的普通发票上注明金额 50 000 元；购进另一小规模纳税人西服 500 套，全部出口，取得税务机关代开的增值税专用发票，发票上注明金额 20 000 元。退税率为 3％。试计算该企业的应退税额。

解析：

应退税额＝50 000÷(1＋3％) ×3％＋20 000×3％＝1 456.31＋600＝2 056.31(元)。

(3)外贸企业委托生产企业加工出口货物的退税的计算。

外贸企业委托生产企业加工收回后报关出口的货物，按购进国内原辅材料的增值税专用发票上注明的计税金额，依原辅材料的退税率计算原辅材料应退税额。支付的加工费，按受托方开具货物的退税率计算加工费的应退税额。

【任务案例 2-8】某进出口公司 2019 年 8 月购进一批毛料布匹委托加工成西服出口，取得增值税专用发票上注明的计税金额 300 000 元，退税率为 13％；支付服装加工费的计税金额为 80 000，退税率为 13％。试计算该企业的应退税额。

解析：

该企业的应退税额＝300 000×13％＋80 000×13％＝39 000＋10 400＝49 400(元)。

解决任务

1. 计算当月销项税额。

(1)防伪税控系统开具的增值税专用发票上汇总的销项税额。

销售额＝8 690 164.86(元)，

销项税额＝1 129 721.43(元)。

(2)开具普通发票应税货物的销项税额。

销售额＝205 000÷(1＋13％)＝181 415.93(元)，

销项税额＝205 000÷(1＋13％)×13％＝23 584.07(元)。

(3)未开具发票应税货物的销项税额。

①对外销售产品未开具发票。

销售额＝5 890÷(1＋13％)＝5 212.39(元)，

销项税额＝5 890÷(1＋13％)×13％＝677.61(元)。

②将自产的产品用于在建工程，未开具发票(属于视同销售货物行为，按同类价格计税)。

销售额＝300 000(元)，

销项税额＝300 000×13％＝39 000(元)。

③将自产的产品用于集体福利，未开具发票(属于视同销售行为，无同类价格，按组成计税价格计算)。

销售额＝100 000×(1＋10％)＝110 000(元)，

销项税额＝100 000×(1＋10％)×13％＝14 300(元)。

小计：

未开具发票的销售额＝5 212.39＋300 000＋110 000＝415 212.39(元)，

未开具发票的销项税额＝677.61＋39 000＋14 300＝53 977.61(元)。

(4)当月销售额、销项税额合计。

当月销售额＝8 690 164.86＋181 415.93＋415 212.39＝9 286 793.18(元)，

当月销项税额＝1 129 721.43＋23 584.07＋53 977.61＝1 207 283.11(元)。

2. 计算当月进项税额。

(1)本期认证相符的增值税专用发票。

本期认证相符且本期申报抵扣汇总的金额＝4 808 351.08(元)，

认证相符且本期申报抵扣汇总的进项税税额＝625 085.64(元)。

(2)前期认证相符的增值税专用发票。

前期认证相符且本期申报抵扣的金额＝125 305.84(元)，

前期认证相符且本期申报抵扣的进项税额＝16 289.76(元)。

(3)认证相符的购买固定资产增值税专用发票。

认证相符的购买固定资产增值税专用发票的金额＝25 000(元)，

认证相符的购买固定资产增值税专用发票抵扣的进项税额＝3 250(元)。

(4)购进免税农产品，按买价的9％直接计算抵扣。

购买农产品本期申报抵扣的金额＝50 000(元)，

购买农产品本期申报抵扣的进项税额＝50 000×9％＝4 500(元)。

(5)进项税额转出。

用于免税项目原材料的金额＝80 000(元)，

用于免税项目原材料负担的进项税额＝10 400(元)，

非正常损失原材料的金额＝30 152.75(元)，

非正常损失原材料负担的进项税额＝3 919.86(元)。

小计：

当月抵扣税额合计＝625 085.64＋16 289.76＋3 250＋4 500－10 400－3 919.86＝634 805.54(元)。

3. 月初留抵税额。

月初留抵税额＝50 000(元)。

4. 当月应纳税额。

当月应纳税额＝当月销项税额－当月进项税额－月初留抵税额＝1 207 283.11－634 805.54－50 000＝522 477.57(元)。

思考与练习

◆单选题

1. 某商店为增值税小规模纳税人，2019年7月取得含税销售额5 800元，当月进货3 000元，应纳增值税(　　)元。

A. 168.93　　B. 223.08

C. 406.84　　D. 842.74

2. 某粮食白酒企业为增值税一般纳税人，2020年3月销售粮食白酒取得销售额600万元，已开具增值税专用发票，收取包装物押金58.5万元，本月逾期未退还包装物押金 11.3 万元，则 2020 年 3 月该酒厂增值税销项税为(　　)万元。

A. 1.3　　　B. 78　　　C. 79.3　　　D. 84.73

3. 某企业为增值税一般纳税人，2020 年 10 月加工一批新产品 500 件，每件成本 450 元(无同类产品市场价格，平均利润率 10%)，全部售给本企业职工，取得不含税销售额 225 000 元，则该企业增值税销项税为(　　)元。

A. 22 230　　　B. 29 250　　　C. 31 977　　　D. 32 175

4. 某食品厂为小规模纳税人，8 月销售糕点一批，取得含税销售额 40 000 元，则食品厂当月应纳增值税税额是(　　)元。

A. 1 165.05　　　B. 1 200　　　C. 4 601.77　　　D. 5 200

◆多选题

1. 一般纳税人发生应税行为价格明显偏低或者偏高且不具有合理商业目的的应按(　　)确定销售额。

A. 纳税人最近时期同类应税行为的平均销售价格

B. 其他纳税人最近时期同类应税行为的平均销售价格

C. 组成计税价格

D. 同行业平均水平

2. 我国的出口货物税收政策分为(　　)。

A. 出口免税并退税　　　B. 出口免税不退税

C. 出口不免税不退税　　　D. 出口不免税并退税

3. 下列项目中准予抵扣进项税额的有(　　)。

A. 从销售方取得的增值税专用发票上注明的增值税税额

B. 从海关取得的海关进口增值税专用缴款书上注明的增值税税额

C. 购进农产品，按其收购发票上注明的买价和 9% 的扣除率计算的进项税额

D. 非正常损失购进货物的进项税额

4. 在下列特殊销售方式下，销售额的确定正确的做法是(　　)。

A. 纳税人采取折扣方式销售货物的，将价款和折扣额在同一张发票上分别注明的，以折扣后的价款为销售额

B. 纳税人采取以旧换新方式销售货物，应按新货物的同期销售价格确定销售额

C. 采取还本销售方式销售货物的，从销售额中减除还本支出

D. 采取以物易物方式销售货物的，以物易物双方都应做购销处理，以各自发出的货物核算销售额

◆计算题

1. 某生产企业属增值税小规模纳税人，2019 年 6 月销售货物一批，由税务机关代开增值税专用发票，取得不含税收入 8.5 万元。该企业上述业务应缴纳增值税是多少？

2. 某机器设备生产企业为增值税一般纳税人，2019 年 11 月发生以下业务。

(1)外购钢材，取得普通发票上注明的价款 50 000 元，材料已验收入库。

(2)外购设备零配件，取得的增值税专用发票上注明价款 140 000 元，税款 18 200 元，货款及税款已付；另支付给运输企业运输费用，取得货物运输增值税专用发票上注明的价款 2 000 元，税款 180 元。

(3)销售一批机器设备，开具增值税专用发票上价款 430 000 元，税款 55 900 元，货款及税款已收妥存入银行；另收取包装费和运输费 15 000 元。

(4)销售一批机器设备零部件，取得含税销售额 39 000 元。

(5)提供机器设备维修业务，取得收入 35 100 元，未开具发票。

企业取得的增值税专用发票和货物运输发票均在当月通过认证并在当月抵扣。根据以上资料计算该企业的销项税额、准予抵扣的进项税额和应纳的增值税税额。

3. 甲企业为电子产品生产制造商，乙公司为商贸公司，两者之间 2019 年 6 月发生下列经济业务。

(1)甲企业从乙公司购进生产用原材料和零部件，取得乙公司开具的增值税专用发票，注明货款 180 万元、增值税 23.4 万元，货物已验收入库，货款和税款已支付。

(2)乙公司从甲企业购电脑 600 台，每台不含税单价 0.45 万元，取得甲企业开具的增值税专用发票，注明货款 270 万元、增值税 35.1 万元，货款和税款已付。

(3)甲企业为乙公司制作大型电子显示屏，开具了普通发票，取得含税销售 9.36 万元、调试费收入 2.34 万元。

(4)乙公司从农民手中购进免税农产品，收购凭证上注明支付收购货款 30 万元，支付运输公司的运输费 3 万元，取得普通发票。入库后，将收购的农产品的 40%作为职工福利消费，60%零售给消费者并取得含税收入 35.03 万。

(5)乙公司销售电脑和其他物品取得含税销售额 298.35 万元，均开具普通发票。

要求：

(1)计算甲企业 2019 年 6 月应缴纳的增值税；

(2)计算乙公司 2019 年 6 月应缴纳的增值税。

任务三　增值税的缴纳

任务目标

知识目标：

1. 了解增值税的纳税时间。
2. 熟悉增值税的申报流程。
3. 掌握增值税申报表的填制方法。

能力目标：

1. 会填制小规模纳税人增值税纳税申报表。
2. 会填制一般纳税人增值税纳税申报表及附表。
3. 能够独立完成增值税纳税申报工作。

素养目标：

树立依法纳税的意识和培养良好的职业沟通能力。

任务导出

情境描述

2019年6月2日，滨海市盛泰实业有限公司的办税员刘萍，根据增值税一般纳税人纳税期限有关规定，按时填报2019年5月的《增值税纳税申报表》及附表，并前去主管税务部门办理纳税申报手续。

讨论：增值税的申报流程是怎样规定的？假如公司当期应纳税额为零，还用到主管税务局申报纳税吗？

任务：填写《增值税纳税申报表》及其相关附表，办理增值税纳税申报手续。

知识准备

1. 纳税时间

增值税纳税义务发生时间，是指增值税纳税人、扣缴义务人发生应税、扣缴税款行为应承担纳税义务、扣缴义务的起始时间。其具体规定见表2-6。

表2-6　增值税纳税义务发生时间表

销售方式	纳税义务发生时间
1. 纳税人发生应税行为	发生应税行为并收讫销售款或取得索取销售款凭据的当天；先开具发票的，为开具发票的当天。

续表

销售方式		纳税义务发生时间
具体规定	采取直接收款方式销售货物	收讫销售款或取得索取销售款凭据的当天。
	采取托收承付和委托银行收款方式销售货物	发出货物并办妥托收手续的当天。
	采取赊销和分期收款方式销售货物	按书面合同约定收款日期的当天，无书面合同或书面合同没约定收款日期的，为货物发出的当天。
	采取预收货款方式销售货物	为货物发出的当天；但生产工期超 12 个月的大型机械设备、船舶、飞机等货物，为收到预收款或书面合同约定的收款日期的当天。
	委托其他纳税人代销货物	收到代销单位的代销清单或收到全部或者部分货款的当天；未收到代销清单或货款的，为发出代销货物期满 180 天的当天。
	销售应税劳务	提供劳务同时收讫销售款或取得索取销售款凭据的当天。
	提供建筑服务、租赁服务采取预收款方式	为收到预收款的当天。
	从事金融商品转让	为金融商品所有权转移的当天。
	视同销售行为的	为货物移送，服务、无形资产转让完成的当天或不动产变更的当天。
2. 进口货物		为报关进口的当天。
3. 扣缴义务发生时间		为纳税人增值税纳税义务发生的当天。

2. 纳税期限

增值税的纳税期限是指增值税纳税人发生纳税义务后缴纳税款的期限。纳税期限分别为 1 日、3 日、5 日、10 日、15 日、1 个月或 1 个季度。纳税人的具体纳税期限，由主管税务机关根据纳税人应纳税额的大小分别核定。

(1)纳税人以 1 日、3 日、5 日、10 日或 15 日为 1 个纳税期的，自期满之日起 5 日内预缴税款，于次月 1 日起 15 日内申报纳税并结清上月应纳税款。

(2)纳税人以 1 个月或者 1 个季度为 1 个纳税期的，自期满之日起 15 日内申报纳税。

(3)以 1 个季度为纳税期限的规定适用于小规模纳税人、银行、财务公司、信托投资公司、信用社，以及财政部和国家税务总局规定的其他纳税人。

(4)扣缴义务人解缴税款的期限，依照上述规定执行。

(5)纳税人进口货物，应当自海关填发海关进口增值税专用缴款书之日起 15 日内缴纳税款。

3. 纳税地点

纳税地点是指增值税纳税人具体缴纳税款的地点。其具体规定如下。

(1)固定业户应当向其机构所在地或者居住地主管税务机关申报纳税。固定业户的总机构和分支机构不在同一县(市)的，应当分别向各自所在地的主管税务机关申报纳税；经国务院财政、税务主管部门或者其授权的财政、税务机关批准，可以由总机构汇总向总机构所在地的主管税务机关申报纳税。

(2)固定业户到外县(市)销售货物或者应税劳务，应当向其机构所在地的主管税务机关申请开具外出经营活动税收管理证明，并向其机构所在地的主管税务机关申报纳税；未开具证明的，应当向销售地或者劳务发生地的主管税务机关申报纳税；未向销售地或者劳务发生地的主管税务机关申报纳税的，由其机构所在地的主管税务机关补征税款。

(3)非固定业户应当向应税行为发生地主管税务机关申报纳税；未申报纳税的，由其机构所在地或者居住地主管税务机关补征税款。

(4)其他个人提供建筑服务，销售或者租赁不动产，转让自然资源使用权，应向建筑服务发生地、不动产所在地、自然资源所在地主管税务机关申报纳税。

(5)进口货物，应当向报关地海关申报纳税。

(6)扣缴义务人应当向其机构所在地或者居住地的主管税务机关申报缴纳其扣缴的税款。

任务实施

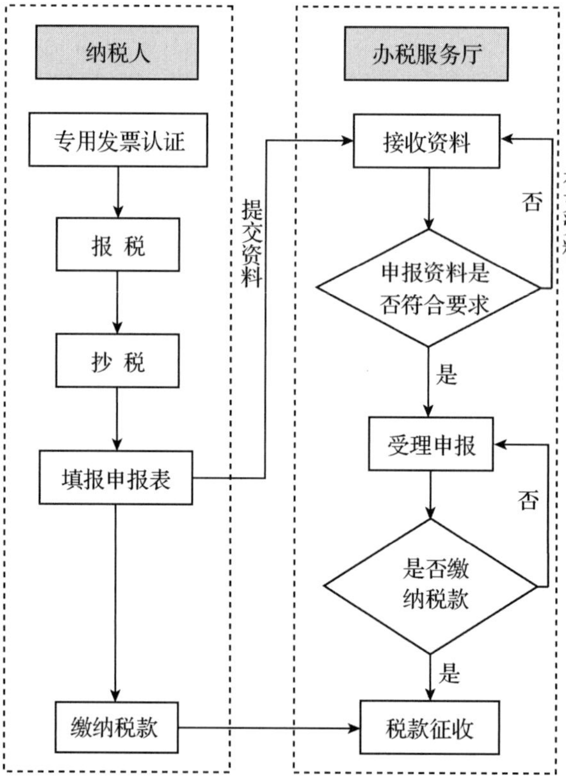

图 2-2　增值税纳税申报流程图

活动一　一般纳税人增值税纳税申报

1. 发票认证

专用发票认证是税务机关通过防伪税控系统对专用发票所列数据的识别、确认。增值税专用发票的认证方式可选择手工认证和网上认证。

(1)手工认证。是指企业办税员月底持专用发票抵扣联到所属主管税务机关服务大厅“认证窗口”进行认证。

(2)网上认证。是指纳税人通过发票专用扫描仪，将增值税专用发票抵扣联上主要信息，进行采集识别，转换为电子信息加密后通过互联网传输给税务机关，经税务机关的防伪税控认证子系统进行密文解密还原与发票明文上进行自动比对，生成认证结果，并将认证结果回传给纳税人的一种认证方法。

自 2020 年 3 月 1 日起，取消增值税专用发票等增值税扣税凭证的认证确认、稽核比对、申报抵扣的期限。增值税一般纳税人取得 2017 年 1 月 1 日及以后开具的增值税专用发票、海关进口增值税专用缴款书、机动车销售统一发票、收费公路通行费增值税电子普通发票，取消认证确认、稽核比对、申报抵扣的期限(不再需要在 360 日内认证确认等)。纳税人在进行增值税纳税申报时，应当通过本省(自治区、直辖市和计划单列市)增值税发票综合服务平台对上述扣税凭证信息进行用途确认。

知识拓展

专用发票认证结果

专用发票经过认证，可能会出现下列结果。

(1)认证相符。是指税号无误，专用发票所列密文解译后与明文一致。

用于抵扣增值税进项税额的专用发票，只有经税务机关认证相符后，才能作为增值税进项税额的抵扣凭证，认证相符的专用发票才能作为购买方的记账凭证。

(2)认证不符。经认证，如果专用发票出现无法认证(专用发票所列密文或者明文不能辨认，无法产生认证结果)、税号认证不符(专用发票所列购买方税号有误)或专用发票代码、号码认证不符(专用发票所列密文解译后与明文的代码或者号码不一致)的情形的，不得作为增值税进项税额的抵扣凭证。税务机关退还原件，购买方可要求销售方重新开具专用发票；经认证，如果专用发票出现重复认证(已经认证相符的同一张专用发票再次认证)、密文有误(专用发票所列密文无法解译)、认证不符(税号有误，或者专用发票所列密文解译后与明文不一致)，或列为失控专用发票(认证时的专用发票已被登记为失控专用发票)情形的，暂不得作为增值税进项税额的抵扣凭证。税务机关扣留原件，查明原因，分情况进行处理。

专用发票抵扣联无法认证的，可使用专用发票发票联到主管税务机关认证。专用发票发票联复印件留存备查。

2. 抄税

抄税是指纳税人在报税前将本单位防伪税控系统中的开票数据信息(本单位税控电脑里上月开出发票的全部信息)抄至 IC 卡(税控系统升级后使用的是税控盘)。一般纳税人无论当月是否开具过增值税专用发票，均应在规定抄税期内(一般为次月 1～15 日)完成抄税工作，然后才能申报纳税。抄税主要是抄写发票资料内容(图 2-3)，抄税数据应与申报数据一致。

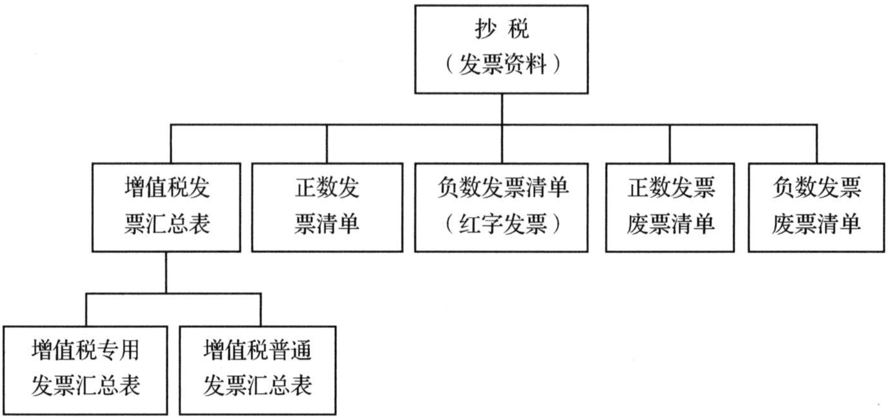

图 2-3　抄税图

3. 报税

报税是抄税的延续，是指纳税人将税控系统开票信息从企业税控电脑上抄至 IC 卡后，再持 IC 卡到税务局，将有关开票信息读入到税务机关服务器，以便税务机关核实企业申报资料。

经过抄税，税务机关确保了所有开具发票的销项发票进入了金税系统；经过报税，税务机关确保所有抵扣的进项发票都进入金税系统，就可以在系统内由系统进行自动对比，确保任何一张抵扣的进项发票都有销项发票与其对应。

4. 填写纳税申报表

一般纳税人抄报税时，还必须向主管税务部门提供填写的申报表、会计报表及其他相关材料，在纳税申报期内完成申报纳税工作。

(1)一般纳税人纳税申报表及其附列资料。

①《增值税纳税申报表》(一般纳税人适用)(表 2-7)。

②《增值税纳税申报表附列资料(一)》(本期销售情况明细)(表 2-8)。

③《增值税纳税申报表附列资料(二)》(本期进项税额明细)(表 2-9)。

④《增值税纳税申报表附列资料(三)》(服务、不动产和无形资产扣除项目明细)(表略)。

⑤《增值税纳税申报表附列资料(四)》(税额抵减情况表)(表略)。

⑥《增值税纳税申报表附列资料(五)》(不动产分期抵扣计算表)(表略)。

⑦《固定资产(不含不动产)进项税额抵扣情况表》(表 2-10)。

⑧《本期抵扣进项税额结构明细表》(表略)。

⑨《增值税减免税申报明细表》(表略)。

(2)增值税纳税申报其他资料。

①已开具的税控机动车销售统一发票和普通发票的存根联。

②符合抵扣条件且在本期申报抵扣的增值税专用发票(含税控机动车销售统一发票)的抵扣联。

③符合抵扣条件且在本期申报抵扣的海关进口增值税专用缴款书、购进农产品取得的普通发票的复印件。

④符合抵扣条件且在本期申报抵扣的代扣代缴增值税税收完税凭证及其清单，书面合同、付款证明和境外单位的对账单或者发票。

⑤已开具的农产品收购凭证的存根联或报查联；服务、不动产和无形资产扣除项目的合法凭证及其清单。

⑥主管税务机关规定的其他资料。

表 2-7　增值税纳税申报表

(一般纳税人适用)

根据国家税收法律法规及增值税相关规定制定本表。纳税人不论有无销售额，均应按税务机关核定的纳税期限填写本表，并向当地税务机关申报。

税款所属期：2019 年 5 月 1 日至 2019 年 5 月 31 日　填表日期：2019 年 6 月 5 日　金额单位：元(列至角分)

纳税人识别号：3702[illegible]002347 ***　　所属行业：×××

<table>
<tr><td colspan="2">纳税人名称</td><td>(公章)</td><td>法定代表人姓名</td><td>陈兴</td><td>注册地址</td><td></td><td>营业地址</td><td>滨海市红星路 16 号</td></tr>
<tr><td colspan="2">开户银行及账号</td><td>37020670[illegible]4658 ***</td><td>企业登记注册类型</td><td colspan="3">有限责任公司</td><td>电话号码</td><td>2334335</td></tr>
<tr><td colspan="3" rowspan="2">项　目</td><td rowspan="2">栏　次</td><td colspan="3">一般货物及劳务</td><td colspan="2">即征即退货物及劳务</td></tr>
<tr><td colspan="2">本月数</td><td>本年累计</td><td>本月数</td><td>本年累计</td></tr>
<tr><td rowspan="4">销售额</td><td colspan="2">(一)按适用税率计税销售额</td><td>1</td><td colspan="2">9 286 793.18</td><td></td><td></td><td></td></tr>
<tr><td colspan="2">其中：应税货物销售额</td><td>2</td><td colspan="2">9 286 793.18</td><td></td><td></td><td></td></tr>
<tr><td colspan="2">应税劳务销售额</td><td>3</td><td colspan="2"></td><td></td><td></td><td></td></tr>
<tr><td colspan="2">纳税检查调整的销售额</td><td>4</td><td colspan="2"></td><td></td><td></td><td></td></tr>
</table>

续表

销售额	(二)按简易办法计税销售额	5				
	其中：纳税检查调整的销售额	6				
	(三)免、抵、退办法出口销售额	7				
	(四)免税销售额	8				
	其中：免税货物销售额	9				
	免税劳务销售额	10				
税款计算	销项税额	11	1 207 283.11			
	进项税额	12	647 875.40			
	上期留抵税额	13	50 000.00			
	进项税额转出	14	14 319.86			
	免、抵、退应退税额	15	0.00			
	按适用税率计算的纳税检查应补缴税额	16	0.00			
	应抵扣税额合计	17＝12＋13－14－15＋16	162 460.00			
	实际抵扣税额	18(如 17＜11，则为 17，否则为 11)	683 555.54			
	按适用税率计算的应纳税额	19＝11－18	523 727.57			
	期末留抵税额	20＝17－18				
	按简易计税办法计算的应纳税额	21				
	按简易计税办法计算的纳税检查应补缴税额	22				
	应纳税额减征额	23				
	应纳税额合计	24＝19＋21－23	523 727.57			
	期初未缴税额(多缴为负数)	25	120 000.00			
税款缴纳	实收出口开具专用缴款书退税额	26	0.00			
	本期已缴税额	27＝28＋29＋30＋31	420 000.00			
	①分次预缴税额	28	300 000.00			
	②出口开具专用缴款书预缴税额	29				
	③本期缴纳上期应纳税额	30	120 000.00			
	④本期缴纳欠缴税额	31				
	期末未缴税额(多缴为负数)	32＝24＋25＋26－27	223 727.57			
	其中：欠缴税额(≥0)	33＝25＋26－27				
	本期应补(退)税额	34＝24－28－29	223 727.57			
	即征即退实际退税额	35				
	期初未缴查补税额	36				
	本期入库查补税额	37				
	期末未缴查补税额	38＝16＋22＋36－37				

续表

<table>
<tr><td>授权声明</td><td>如果你已委托代理人申报，请填写下列资料：
为代理一切税务事宜，现授权(地址)________为本纳税人的代理申报人，任何与本申报表有关的往来文件，都可寄予此人。

授权人签字：</td><td>申报人声明</td><td>此纳税申报表根据《中华人民共和国增值税暂行条例》的规定填报的，我相信它是真实的、可靠的、完整的。

声明人签字：刘萍</td></tr>
</table>

主管税务机关：　　　　　　　接收人：　　　　　　　接受日期：

(本表为A3横式一式三份，一份由纳税人留存，一份由主管税务机关留存，一份由征收部门留存)

填表说明：

(1)第1栏“(一)按适用税率计税销售额”：填写纳税人本期按一般计税方法计算缴纳增值税的销售额。

(2)第2栏“其中：应税货物销售额”：填写纳税人本期按适用税率缴纳增值税的应税货物的销售额。

(3)第3栏“应税劳务销售额”：反映纳税人本期按适用税率缴纳增值税的应税劳务的销售额。

(4)第4栏“纳税检查调整的销售额”：填写纳税人因税务、财政、审计部门检查，并按一般计税方法在本期计算调整的销售额。但享受即征即退税收优惠政策的货物及劳务和应税服务，经纳税检查发现偷税的，不填入“即征即退货物及劳务和应税服务”列，而应填入“一般货物及劳务和应税服务”列。

(5)第5栏“按简易计税办法征税销售额”：填写纳税人本期按简易计税方法征收增值税的销售额。包含纳税检查调整按简易计税方法征收增值税的销售额。

(6)第6栏“其中：纳税检查调整的销售额”：填写纳税人因税务、财政、审计部门检查，并按简易计税方法在本期计算调整的销售额。但享受即征即退税收优惠政策的货物及劳务和应税服务，经纳税检查发现偷税的，不填入“即征即退货物及劳务和应税服务”列，而应填入“一般货物及劳务和应税服务”列。

(7)第7栏“免、抵、退办法出口销售额”：填写纳税人本期执行免、抵、退税办法的出口货物、劳务和应税服务的销售额。

(8)第8栏“免税销售额”：填写纳税人本期按照税法规定免征增值税的销售额和适用零税率的销售额，但零税率的销售额中不包括适用免、抵、退税办法的销售额。

(9)第9栏“其中：免税货物销售额”：填写纳税人本期按照税法规定免征增值税的货物的销售额及适用零税率的货物的销售额，但不包括适用免、抵、退办法出口货物的销售额。

(10)第 10 栏“免税劳务销售额”：填写纳税人本期按照税法规定免征增值税的劳务的销售额及适用零税率的劳务的销售额，但不包括适用免、抵、退办法的劳务的销售额。

(11)第 11 栏“销项税额”：填写纳税人本期按一般计税方法征税的货物及劳务和应税服务的销项税额。

(12)第 12 栏“进项税额”：填写纳税人本期申报抵扣的进项税额。该数据应与“应交税费 — 应交增值税”明细科目借方“进项税额”专栏本期发生数一致。“一般货物及劳务”的“本月数”栏数据与“即征即退货物及劳务”的“本月数”栏数据之和，应等于表 2-9 第 12 栏中的“税额”数。

(13)第 13 栏“上期留抵税额”：填写纳税人前一申报期的“期末留抵税额”减去本期发生的留抵税额抵减欠税后的数据。

(14)第 14 栏“进项税额转出”：填写纳税人已经抵扣但按税法规定应作进项税转出的进项税额总数。

(15)第 15 栏“免、抵、退应退税额”：填写退税机关按照出口货物免、抵、退办法审批的应退税额。

(16)第 16 栏“按适用税率计算的纳税检查应补缴税额”：填写税务、财政、审计部门检查按适用税率计算的纳税检查应补缴税额。

(17)第 17 栏“应抵扣税额合计”：填写纳税人本期应抵扣进项税额的合计数。

(18)第 18 栏“实际抵扣税额”：填写纳税人本期实际抵扣的进项税额。

(19)第 19 栏“按适用税率计算的应纳税额”：填写纳税人本期按适用税率计算并应缴纳的增值税额。

(20)第 20 栏“期末留抵税额”：为纳税人在本期销项税额中尚未抵扣完，留待下期继续抵扣的进项税额。该数据应与“应交税费——应交增值税”明细科目借方月末余额一致。

(21)第 21 栏“按简易计税办法计算的应纳税额”：反映纳税人本期按简易计税方法计算并应缴纳的增值税额，但不包括按简易计税方法计算的纳税检查应补缴税额。

(22)第 22 栏“按简易计税办法计算的纳税检查应补缴税额”：反映纳税人本期因税务、财政、审计部门检查并按简易计税方法计算的纳税检查应补缴税额。

(23)第 23 栏“应纳税额减征额”：填写纳税人本期按照税法规定减征的增值税应纳税额。

(24)第 24 栏“应纳税额合计”：填写纳税人本期应缴增值税的合计数。

(25)第 25 栏“期初未缴税额(多缴为负数)”：填写纳税人前一申报期的“期末未缴税额(多缴为负数)”减去本期发生的留抵税额抵减欠税后的数据。

(26)第 26 项“实收出口开具专用缴款书退税额”栏不填写。

(27)第 27 项“本期已缴税额”：纳税人本期实际缴纳的增值税额，但不包括本期入库的查补税款。

(28)第 28 栏“①分次预缴税额”：填写纳税人本期预缴的增值税额。营业税改征增值税总机构试点纳税人，按照税法规定从本期增值税应纳税额中抵减的分支机构已缴纳的增值税和营业税税款，也填入本栏。

(29)第 29 栏“②出口开具专用缴款书预缴税额”栏不填写。

(30)第 30 栏“③本期缴纳上期应纳税额”栏数据，填写纳税人本期上缴上期应缴未缴的增值税款。

(31)第 31 项“④本期缴纳欠缴税额”栏数据，填写纳税人本期实际缴纳和留抵税额抵减的增值税欠税额，但不包括缴纳入库的查补增值税额。

(32)第 32 栏“期末未缴税额(多缴为负数)”：填写纳税人本期期末应缴未缴的增值税额，但不包括纳税检查应缴未缴的税额。“本年累计”栏数据与“本月数”栏数据相同。

(33)第 33 栏“其中：欠缴税额(≥0)”：为纳税人按照税法规定已形成欠税的增值税税额。

(34)第 34 栏“本期应补(退)税额”栏数据：为纳税人本期应纳税额中应补缴或应退回的数额。

(35)第 35 栏“即征即退实际退税额”：填写纳税人本期因符合增值税即征即退优惠政策规定，而实际收到的税务机关返还的增值税额。“本年累计”栏数据，为年度内各月数之和。

(36)第 36 栏“期初未缴查补税额”：“本月数”按上一申报期的“期末未缴查补税额”“本月数”填写。“本年累计”栏数据应填写纳税人上年度末的“期末未缴查补税额”数。

(37)第 37 栏“本期入库查补税额”：填写本期因税务、财政、审计部门检查而实际入库的增值税额，包括按一般计税方法计算并实际缴纳的查补增值税额和按简易计税方法计算并实际缴纳的查补增值税额。“本年累计”栏数据，为年度内各月数之和。

(38)第 38 栏“期末未缴查补税额”：“本月数”填写纳税人因纳税检查本期期末应缴未缴的增值税额。“本年累计”栏数据与“本月数”栏数据相同。

表 2-8　增值税纳税申报表附列资料(一)

(本期销售情况明细)

税款所属时间:2019 年 05 月 01 日至 2019 年 05 月 31 日

纳税人名称:(公章)滨海市盛泰实业有限公司　　　　金额单位:元(列至角分)

项目及栏次				开具增值税专用发票		开具其他发票		未开具发票		纳税检查调整		合计			服务、不动产和无形资产扣除项目本期实际扣除金额	扣除后	
				销售额	销项(应纳)税额	销售额	销项(应纳)税额	销售额	销项(应纳)税额	销售额	销项(应纳)税额	销售额	销项(应纳)税额	价税合计		含税(免税)销售额	销项(应纳)税额
				1	2	3	4	5	6	7	8	9=1+3+5+7	10=2+4+6+8	11=9+10	12	13=11−12	14=13÷(100%+税率或征收率)×税率或征收率
一、一般计税方法计税	全部征税项目	13%税率的货物及加工修理修配劳务	1	8 690 164.86	1 129 721.43	181 415.93	23 584.07	415 212.39	53 977.61			9 286 793.18	1 207 283.11	—	—	—	—
		13%税率的服务、不动产和无形资产	2														
		9%税率的货物及加工修理修配劳务	3														
		9%税率的服务、不动产和无形资产	4														
		6%税率	5														
	其中:即征即退项目	即征即退货物及加工修理修配劳务	6	—	—	—	—	—	—	—	—			—	—	—	—
		即征即退服务、不动产和无形资产	7	—	—	—	—	—	—	—	—			—	—	—	—
二、简易计税方法计税	全部征税项目	6%征收率	8							—	—			—	—	—	—
		5%征收率的货物及加工修理修配劳务	9a							—	—			—	—	—	—
		5%征收率的服务、不动产和无形资产	9b							—	—						

续表

项目及栏次				开具增值税专用发票		开具其他发票		未开具发票		纳税检查调整		合计			服务、不动产和无形资产扣除项目本期实际扣除金额	扣除后	
				销售额	销项(应纳)税额	销售额	销项(应纳)税额	销售额	销项(应纳)税额	销售额	销项(应纳)税额	销售额	销项(应纳)税额	价税合计		含税(免税)销售额	销项(应纳)税额
				1	2	3	4	5	6	7	8	9=1+3+5+7	10=2+4+6+8	11=9+10	12	13=11−12	14=13÷(100%+税率或征收率)×税率或征收率
二、简易计税方法计税	全部征税项目	4%征收率	10							—	—			—	—	—	—
		3%征收率的货物及加工修理修配劳务	11							—	—			—	—	—	—
		3%征收率的服务、不动产和无形资产	12							—	—						
		预征率 $a\%$	13a							—	—						
		预征率 $b\%$	13b							—	—						
		预征率 $c\%$	13c							—	—						
	其中：即征即退项目	即征即退货物及加工修理修配劳务	14	—	—	—	—	—	—	—	—			—	—	—	—
		即征即退服务、不动产和无形资产	15	—	—	—	—	—	—	—	—						
三、免抵退税		货物及加工修理修配劳务	16	—	—		—		—	—	—		—	—	—	—	—
		服务、不动产和无形资产	17	—	—		—		—	—	—		—				—
四、免税		货物及加工修理修配劳务	18				—		—	—	—		—	—	—	—	—
		服务、不动产和无形资产	19	—	—		—		—	—	—		—				—

表 2-9　增值税纳税申报表附列资料(二)

(本期进项税额明细)

税款所属时间：2019 年 05 月 01 日至　　　2019 年 05 月 31 日

纳税人名称：滨海市鑫泰实业有限公司(公章)　填表日期：2019 年 6 月 2 日　单位：元(列至角分)

一、申报抵扣的进项税额				
项目	栏次	份数	金额	税额
(一)认证相符的增值税专用发票	1	××	4 933 656.92	641 375.40
其中：本期认证相符且本期申报抵扣	2		4 808 351.08	625 085.64
前期认证相符且本期申报抵扣	3		125 305.84	16 289.76
(二)其他扣税凭证	4		50 000.00	4500.00
其中：海关进口增值税专用缴款书	5			
农产品收购发票或销售发票	6		50 000.00	4 500.00
代扣代缴税收缴款凭证	7			
其他	8			
(三)本期用于购进不动产的扣税凭证	9			
(四)本期不动产允许抵扣进项税额	10			
(五)外贸企业进项税额抵扣证明	11			
当期申报抵扣进项税额合计	12＝1＋4－9＋10＋11		4 983 656.92	647 875.40
二、进项税额转出				
项目	栏次	份数	金额	税额
本期进项税额转出额	13	××	110 152.75	14 319.86
其中：免税项目用	14		80 000.00	10 400.00
集体福利、个人消费用	15	××		
非正常损失	16		30 152.75	3 919.86
简易计税法征税项目用	17			
免抵退税办法不得抵扣的进项税额	18			
纳税检查调整进项税额	19			
红字专用发票信息表注明的进项税额	20			
上期留抵税额抵减欠税	21			
上期留抵税额退税	22			
其他应作进项税额转出的情形	23			
三、待抵扣进项税额				
项目	栏次	份数	金额	税额
(一)认证相符的增值税专用发票	24			
期初已认证相符但未申报抵扣	25			

续表

本期认证相符且本期未申报抵扣	26			
期末已认证相符但未申报抵扣	27			
其中：按照税法规定不允许抵扣	28			
(二)其他扣税凭证	29＝30＋31＋32＋33			
其中：海关进口增值税专用缴款书	30			
农产品收购发票或销售发票	31			
代扣代缴税收缴款凭证	32			
其他	33			
四、其他				
项　目	栏　次	份数	金　额	税　额
本期认证相符的增值税专用发票	34		4 808 351.08	625 085.64
代扣代缴税额	35			

表 2-10　固定资产(不含不动产)进项税额抵扣情况表

纳税人识别号：370200002347 ***

纳税人名称：滨海市盛泰实业有限公司

填表日期：2019 年 5 月 29 日　　　　　　　　　　金额单位：元至角分

项　目	当期申报抵扣的固定资产进项税额	当期申报抵扣的固定资产进项税额累计
增值税专用发票	25 000.00	3 250.00
海关进口增值税专用缴款书	—	—
合　计	25 000.00	3 250.00

注：本表一式两份，一份由纳税人留存，一份由主管税务机关留存。

5. 税款缴纳

税务机关将申报表单据送到开户银行，由银行进行自动转账处理。对于未实行税库银联网的纳税人还需自己到税务机关指定的银行进行缴纳。

活动二　小规模纳税人增值税的纳税申报

1. 提供纳税申报表

小规模纳税人纳税申报时，应提供以下资料：

①《增值税纳税申报表》(小规模纳税人适用)。

②《增值税纳税申报表附列资料》(小规模纳税人适用)，包括普通发票领用存月报表、企业会计报表及其他税务机关要求报税的资料。

③《增值税减免税申报明细表》(表略)。

2. 填报小规模纳税人纳税申报表

小规模纳税人无论当期有无销售额，均应在法定纳税申报期内，向主管税务机关进行纳税申报，并提交增值税纳税申报表及税务机关要求的其他资料，完成税款的申报缴纳。申报表内容及格式参见表2-11。

表2-11　增值税税纳税申报表(小规模纳税人)

(小规模纳税人适用)

纳税人识别号：□□□□□□□□□□□□□□□□□□□□□□□□□□□

纳税人名称(公章)：　　金额单位：元(列至角分)

税款所属期：　年　月　日至　年　月　日　　填表日期：　年　月　日

	项　目	栏次	本期数		本年累计	
			货物及劳务	服务、不动产和无形资产	货物及劳务	服务、不动产和无形资产
一、计税依据	(一)应征增值税不含税销售额(3%征收率)	1				
	税务机关代开的增值税专用发票不含税销售额	2				
	税控器具开具的普通发票不含税销售额	3				
	(二)应征增值税不含税销售额(5%征收率)	4	—		—	
	税务机关代开的增值税专用发票不含税销售额	5	—		—	
	税控器具开具的普通发票不含税销售额	6	—		—	
	(三)销售使用过的固定资产不含税销售额	7(7≥8)		—		—
	其中：税控器具开具的普通发票不含税销售额	8		—		—
	(四)免税销售额	9=10+11+12				
	其中：小微企业免税销售额	10				
	未达起征点销售额	11				
	其他免税销售额	12				
	(五)出口免税销售额	13(13≥14)				
	其中：税控器具开具的普通发票销售额	14				

续表

	项　目	栏次	本期数		本年累计	
			货物及劳务	服务、不动产和无形资产	货物及劳务	服务、不动产和无形资产
二、税款计算	本期应纳税额	15				
	本期应纳税额减征额	16				
	本期免税额	17				
	其中：小微企业免税额	18				
	未达起征点免税额	19				
	应纳税额合计	20＝15－16				
	本期预缴税额	21			—	—
	本期应补(退)税额	22＝20－21			—	—

纳税人或代理人声明：	如纳税人填报，由纳税人填写以下各栏：
本纳税申报表是根据国家税收法律法规及相关规定填报的，我确定它是真实的、可靠的、完整的。	办税人员：　　　财务负责人： 法定代表人：　　　联系电话：
	如委托代理人填报，由代理人填写以下各栏：
	代理人名称(公章)：　　　经办人： 联系电话：

主管税务机关：　　　　　　接收人：　　　　　　接收日期：

填表说明：

(1)第1栏“应征增值税不含税销售额(3%征收率)”：填写本期销售货物及劳务、发生应税行为适用3%征收率的不含税销售额，不包括应税行为适用5%征收率的不含税销售额、销售使用的固定资产和销售旧货的不含税销售额、免税销售额、出口免税销售额、查补销售额。

纳税人发生适用3%征收率的应税行为且有扣除项目的，本栏填写扣除后的不含税销售额，与当期《增值税纳税申报表附列资料》(小规模纳税人适用)第8栏数据一致。

(2)第2栏“税务机关代开的增值税专用发票不含税销售额”：填写税务机关代开的增值税专用发票的销售额合计。

(3)第3栏“税控器具开具的普通发票不含税销售额”：填写税控器具开具的货物及劳务、应税行为的普通发票金额换算的不含税销售额。

(4)第4栏“应征增值税不含税销售额(5%征收率)”：填写本期发生应税行为适用5%征收率的不含税销售额。

纳税人发生适用5%征收率应税行为且有扣除项目的，本栏填写扣除后的不含税销售额，与当期《增值税纳税申报表附列资料》(小规模纳税人适用)第16栏数据一致。

(5)第5栏“税务机关代开的增值税专用票不含税销售额”：填写税务机关代开的增值专用发票销售额合计。

(6)第6栏“税控器具开具的普通发票不含税销售额”：填写税控器具开具的发生应税行为的普通发票金额换算的不含税售额。

(7)第7栏“销售使用过的固定资产不含税销售额”：填写销售自己使用过的固定资产(不含不动产，下同)和销售旧货的不含税销售额，不含税销售额=含税销售额/(1+3%)。

(8)第8栏“税控器具开具的普通发票不含税售额”：填写税控器具开具的销售自己使用过的固定资产和销售日货的普通发票金额换算的不含税销售额。

(9)第9栏“免税销售额”：填写销售免征增值税的货物及劳务、应税行为的销售额，不包括出口免税销售额。

应税行为有扣除项目的纳税人，填写扣除之前的销售额。

(10)第10栏“小微企业免税销售额”：填写符合小微企业免征增值税政策的免税销售额，不包括符合其他增值税免税政策的销售额。个体工商户和其他个人不填写本栏次。

(11)第11栏“未达起征点销售额”：填写个体工商户和其他个人未达起征点(含支持小微企业免征增值税政策)的免税销售额，不包括符合其他增值税免税政策的销售额。本栏次由个体工商户和其他个人填写。

(12)第12栏“其他免税销售额”：填写销售免征增值税的货物及劳务、应税行为的销售额，不包括符合小微企业免征增值税和未达起征点政策的免税售额。

3. 办理税款缴纳手续

小规模纳税人办理税款的手续和一般纳税人相同，这里不再累述。

解决任务

办税员刘萍首先要完成专用发票认证、抄税、报税工作，再填写下列增值税纳税申报表及其附表后，并携带公司财务报表等相关资料，到主管税务机关办理增值税纳税申报手续，缴纳税款。

一、填报《增值税纳税申报表》

(一)开具增值税专用发票栏次

13%税率的货物及修理修配劳务的销售额=8 690 164.86(元)；

3%税率的货物及修理修配劳务的销项税额=1 129 721.43(元)。

(二)开具其他发票栏次

13%税率的货物及修理修配劳务的销售额=181 415.93(元);

13%税率的货物及修理修配劳务的销项税额=23 584.07(元)。

(三)未开具发票栏次

13%税率的货物及修理修配劳务的销售额=415 212.39(元);

3%税率的货物及修理修配劳务的销项税额=53 977.61(元)。

二、填报《增值税纳税申报表附列资料(一)》

(一)申报抵扣的进项税额

1. 认证相符的增值税专用发票。

其中:

本期认证相符且本期申报抵扣金额=4 808 351.08(元);

本期认证相符且本期申报抵扣税额=625 085.64(元);

前期认证相符且本期申报抵扣金额=125 305.84(元);

前期认证相符且本期申报抵扣税额=16 289.76(元)。

2. 其他扣税凭证。

其中:

农产品收购发票或销售发票;

购买农产品本期申报抵扣的金额=50 000(元);

购买农产品本期申报抵扣的进项税额=50 000×9%=4 500(元)。

(二)进项税额转出

用于免税项目原材料的金额=80 000(元);

用于免税项目原材料负担的进项税额=10 400(元);

非正常损失原材料的金额=30 152.75(元);

非正常损失原材料负担的进项税额=3 919.86(元)。

(三)其他

本期认证相符的全部防伪税控增值税专用发票金额=4 808 351.08(元);

本期认证相符的全部防伪税控增值税专用发票税额=625 085.64(元)。

三、填报《固定资产(不含不动产)进项税额抵扣情况表》

认证相符的购买固定资产增值税专用发票的金额=25 000(元);

认证相符的购买固定资产增值税专用发票抵扣的进项税额=3 250(元)。

四、填报《增值税纳税申报表》主表

根据《增值税纳税申报表附列资料(一)》和《增值税纳税申报表附列资料(二)》,填报《增值税纳税申报表》。

(一)本月数

1. 销售额。

按适用税率计税销售额=9 286 793.18(元)。

2. 税款计算。

销项税额=1 207 283.11(元);

进项税额=647 875.40(元);

上期留抵税额=50 000(元);

进项税额转出=14 319.86(元);

应抵扣税额合计=647 875.40+50 000-14 319.86=683 555.54(元);

应纳税额=1 207 283.11-683 555.54=523 727.57(元);

应纳税额合计=523 727.57(元)。

3. 税款缴纳。

期初未缴税额=120 000(元);

本期已缴税额=420 000(元)。

其中:分次预缴税额=150 000+150 000=300 000(元);

本期缴纳上期应纳税额=120 000(元);

期末未缴税额=523 727.57+120 000-420 000=223 727.57(元);

本期应补(退)税额=523 727.57-300 000=223 727.57(元)。

(二)本年累计

本年累计为1~5月的数据累计,电脑自动生成有关数据。

假如滨海市盛泰实业有限公司当期增值税应纳税额为零,也必须按期进行申报,这就是通常所说的“零申报”。零申报的申报表和正常申报的申报表的填写是一样的,表上有关内容照实填写即可,有多少就写多少,没有就写零。

思考与练习

◆思考题

1. 增值税的申报时间和纳税地点是怎样规定的?

2. 增值税一般纳税人申报纳税需提供哪些资料?

◆单选题

1. 纳税人提供建筑服务采取预收款方式的,其增值税纳税义务发生时间为(　　)。

A. 收到全部款项的当天　　　　B. 收到预收款的当天

C. 产权转移的当天　　　　　　D. 交易双方协定的价款结算的当天

2. 纳税人销售不动产，应当向(　　)主管税务机关申报缴纳增值税。

A. 不动产所在地　　　　　　B. 纳税人机构所在地

C. 价款结算地　　　　　　D. 纳税人居住地

3. 增值税一般纳税人发生的下列业务中，应当开具增值税专用发票的是(　　)。

A. 向消费者销售应税货物

B. 向小规模纳税人销售应税货物

C. 将自产货物用于个人消费

D. 向一般纳税人销售应税货物

◆多选题

1. 下列(　　)结算方式，以货物发出当天作为增值税专用发票开具时限。

A. 预收货款　　　　　　B. 分期收款销售

C. 赊销　　　　　　D. 托收承付

2. 根据现行增值税有关规定，下列表述正确的是(　　)。

A. 纳税人以 1 季度为一期纳税的，自期满之日起 10 日内申报纳税

B. 固定业户持《外出经营活动税收管理证明》到外县市销售货物的，应当向其销售地或劳务发生地税务部门申报纳税

C. 纳税人进口货物，应当自海关填发税款缴纳证之日起 15 日内缴纳税款

D. 进口货物应当由进口人或代理人向报关地海关申报纳税

3. 增值税纳税义务发生的时间是(　　)。

A. 预收款发生的，为收取预收货款的当天

B. 分期收款发生的，为收到货款的当天

C. 托承或委托收款，为发出货物并办妥托收手续当天

D. 代销的，为收到代销清单的当天

4. 某工厂为一般纳税人，4 月发出一批材料委托甲企业加工，5 月加工完毕收回并验收入库，取得增值税专用发票上注明税额 5.1 万元，6 月将加工收回货物制成的产品用于集体福利，账面成本 60 万元(无同类产品售价，平均成本利润率为 10%)，7 月支付加工费及税款。该企业下列税务处理正确的有(　　)。

A. 5 月进项税额 5.1 万元　　　　　　B. 6 月销项税额 7.8 万元

C. 6 月销项税额 8.58 万元　　　　　　D. 7 月进项税额 5.1 万元

模拟操作

企业基本信息

企业名称：滨海市天宇电缆有限公司

企业类型：有限责任公司(增值税一般纳税人)

经营地址：滨海市天马路226号

法人代表：王军

身份证号码：37080219600812 ****

联系电话：2330557

经营范围：各类电缆研发、生产、销售

纳税人识别号：320201202343 ***

开户银行：中国工商银行滨海市天马路支行

银行账号：32000020000135794 ****

1. 实训目标

(1)能计算应纳增值税税额。

(2)会填制《增值税纳税申报表》及相关附表资料。

(3)能独立办理增值税纳税申报手续。

2. 实训任务

(1)根据滨海市天宇电缆有限公司有关经济业务，计算应纳增值税税额。

(2)填写《增值税纳税申报表》，完成增值税纳税申报工作。

3. 操作准备

(1)《中华人民共和国增值税暂行条例》《中华人民共和国增值税暂行条例实施细则》和增值税其他相关法规政策等。

(2)在税务实训室进行，具备企业基本情况、经济业务资料、增值税纳税申报表等。

4. 实训资料

该公司2019年4月发生如下经济业务：

(1)购买原材料，取得防伪税控系统开具的增值税专用发票情况见表2-12。

表 2-12　4 月取得防伪税控系统开具的增值税专用发票及认证情况表　　单位：元

发票代码	发票号码	开票日期	金额	税额	客户识别码	认证日期
1300031212	1320340	20140403	23 548.81	3 061.35	120304376210412	20140429
1011321421	1000320	20140408	1 701.50	221.20	110304376260421	20140429
1500431241	1530324	20140410	1 461 893.06	190 046.10	130344376570111	20140429
1050005002	1003202	20140413	2 733.43	355.35	100330437621476	20140429
1340142403	1200431	20140416	29 634.88	3 853.70	123562276238003	20140429
1211413512	1320633	20140423	94 360.56	12 266.87	116530437656721	20140429
1321003007	1260313	20140424	9 864.62	1 282.40	120004376213085	20140429
1233362223	1300320	20140426	89 992.33	11 699.00	111204376220342	20140429

(2)购买一台生产用设备，取得防伪税控系统开具的增值税专用发票上注明的金额为 222 300 元，税额为 28 899 元。

(3)取得运输费用结算单据 12 份，注明的金额为 34 500 元。

上述增值税抵扣联凭证均在法定期限内通过认证，并在本期全部申报抵扣进行税额。

前期取得但尚未申报抵扣的防伪税控系统开具的增值税专用发票情况见表 2-13。

表 2-13　前期取得防伪税控系统开具的增值税专用发票及认证情况表　　单位：元

发票代码	发票号码	开票日期	金额	税额	客户识别码	认证日期
1102471203	1320561	20140318	3 056.55	397.35	10030430010412	20140429
1322308802	1038120	20140322	35 761.27	4 648.97	14030621062604	20140429

(4)本期有 691 930.67 元的外购原料用于非应税项目，其所负担的增值税税款为 89 950.99 元；19 400 元的外购原料发生非正常损失，其所负担的增值税税款为 2 522 元。

(5)本期销售产品并开具取得防伪税控系统开具的增值税专用发票情况见表 2-14。

表 2-14　4 月防伪税控系统开具的增值税专用发票情况表　　单位：元

发票代码	发票号码	开票日期	购货方纳税人识别号	金额	税额	备注
1003450221	1120521	20140403	131504376210453	87 234.56	11 340.49	
1003450221	1120522	20140406	100421576260402	93 480.35	12 152.45	
1003450221	1120523	20140409	130724676570151	67 802.54	8 814.33	作废
1003450221	1120524	20140412	103220437621404	11 643.67	1 513.68	
1003450221	1120525	20140414	123000076238052	25 860.11	3 361.81	
1003450221	1120526	20140416	125570437656701	−2 310.76	300.40	红字
1003450221	1120527	20140421	120376676214271	589.37	76.62	

续表

发票代码	发票号码	开票日期	购货方纳税人识别号	金额	税额	备注
1003450221	1120528	20140425	112044436225802	234 601.78	30 498.23	
1003450221	1120529	20140426	116534376210431	113 642.08	14 773.47	
1003450221	1120530	20140427	116543376265321	179 431.90	23 326.15	
1003450221	1120531	20140427	130000376577741	116 887.58	15 195.39	
1003450221	1120532	20140428	121330437621608	4 218.65	548.42	

其中号码为1120523的发票因开具发票形式不符合要求而作废，号码为1120526的发票为红字发票；销售产品开具增值税普通发票2张，注明的金额为160 100.45元，税额为20 813.06元；销售产品但未开具发票的金额为3 400元；因销售产品提供运输劳务开具普通发票15份，收取运费50 500元。

(6)2019年初未缴税额为683 651.35元；1～3月应税货物销售额为3 875 368.75元，应税劳务销售额为127 285.54元，销项税额为680 451.23元，进项税额为334 056.35元；3月末未缴税额为54 340.00元，于4月缴纳。

5. 操作过程

(1)计算《增值税纳税申报表附列资料(一)》中的数据。

①开具的增值税专用发票。

应税货物销售额＝

应税货物销项税额＝

②开具普通发票。

应税货物销售额＝

应税货物销项税额＝

应税劳务销售额＝

应税劳务销项税额＝

③未开具发票。

应税货物销售额＝

应税货物销项税额＝

④小计。

应税货物销售额小计＝

应税货物销项税额小计＝

⑤按适用税率征收增值税货物及劳务销售额和销项税额合计。

应税货物及劳务销售额合计＝

应税货物及劳务销项税额合计＝

(2)计算《增值税纳税申报表附列资料(二)》中的数据。

申报抵扣的进项税额：

①认证相符的增值税专用发票。

本期认证相符且本期申报抵扣的金额＝

本期认证相符且本期申报抵扣的进项税额＝

前期认证相符且本期申报抵扣的金额＝

前期认证相符且本期申报抵扣的进项税额＝

增值税专用发票申报抵扣的金额＝

增值税专用发票申报抵扣的进项税额＝

②非防伪税控增值税专用发票及其他扣税凭证。

运输费用结算单据抵扣的金额＝

运输费用结算单据抵扣的进项税额＝

非防伪税控增值税专用发票及其他扣税凭证抵扣的金额＝

非防伪税控增值税专用发票及其他扣税凭证抵扣的进项税额＝

③当期申报抵扣合计。

当期申报抵扣的金额合计＝

当期申报抵扣的进项税额合计＝

④进项税额转出额。

非应税项目、集体福利、个人消费用原材料的金额＝

非应税项目、集体福利、个人消费用原材料负担的进项税额＝

非正常损失原材料的金额＝

非正常损失原材料负担的进项税额＝

需转出进项税额的材料金额＝

⑤其他。

本期认证相符的全部防伪税控增值税专用发票金额＝

本期认证相符的全部防伪税控增值税专用发票税额＝

(3)计算增值税纳税申报表主表中的数据。

一般货物及劳务的本月数：

①销售额。

应税货物销售额＝

应税劳务销售额＝

按照适用税率征税货物及劳务销售额＝

②税款计算。

销项税额＝

进项税额＝

进项税额转出＝

应抵扣税额合计＝

实际抵扣税额＝

应纳税额＝

③税款缴纳。

期初未缴税额＝

本期已缴税额＝本期缴纳上期应纳税额＝

期末未缴税额＝

本期应补(退)税额＝

一般货物及劳务的本年累计：

①销售额。

应税货物销售额＝

应税劳务销售额＝

按照适用税率征税货物及劳务销售额＝

②税款计算。

销项税额＝

进项税额＝

进项税额转出＝

实际抵扣税额＝

应纳税额＝

③税款缴纳。

期初未缴税额＝

本期已缴税额＝

期末未缴税额＝

(4)根据计算结果填写《增值税纳税申报表附列资料(一)》。

(5)根据计算结果填写《增值税纳税申报表附列资料(二)》。

(6)根据计算结果填写《增值税纳税申报表》主表。

(7)根据计算结果填写《固定资产(不含不动产)进项税额抵扣情况表》。

社会视角

一个馒头"税案"引发的增值税改革热

当你吃馒头的时候，可曾想过，在这小小的馒头身上，也有一道税？如果不是潘耀民的一份提案，很多人可能都没听说过"馒头税"一说，根据当时规定，以粮食为原料加工的速冻食品、方便面、副食品和各种熟食品，增值税税率高达17%。

2011年2月，在济南市的"两会"上，济南民天面粉有限责任公司的副总经理兼总工程师、济南市政协委员潘耀民上交提案，呼吁为馒头"减税"，建议政府对"馒头"实行13%的增值税税率。他认为，在消费者物价指数(CPI)居高不下和北方大旱的背景下，减税意味着将缓解企业成本，减轻百姓吃饭负担。这份关于为馒头减税的提案，也掀起了2011年全国"两会"讨论的重要内容之一：税费改革。

1. 究竟有没有"馒头税"？

所谓"馒头税"，这是潘耀民的一种形象说法，其实现行税制中并未设置这一税种。所谓馒头税不是仅针对馒头的税，而是面向所有消费品的增值税，即以商品在流转过程中产生的增值额，作为计税依据而征收的一种流转税，其基本税率一般为17%，而并非是专门开征的"馒头税"。

2. 买馒头要交多少税？

从生产馒头到吃进肚里，交税并不止17%。17%的税负只是发生在生产环节，这道税是针对馒头生产所征收的第一项税收，即馒头的增值税。馒头从工厂进入超市、卖场或食品零售摊点等，还得向零售店家征收馒头的增值税。由此所见，一个馒头，从工厂到餐桌，17%的税绝对不是消费者买馒头所承担的全部税负，消费者所承担的税费总量肯定要突破17%的底线。

3."馒头税"引发降低民生税负的思考

"馒头不是海参，不吃海参可以，但不吃馒头很难"、"不能让馒头已经到老百姓嘴边了，却还要再加一道税。"潘耀民委员的说法很形象，也很深入人心。政府为增益民生除了提供更多的种粮补贴、降低流通环节的税费等措施之外，也应重视民生领域尤其是农业产品的税负问题，适时清理不合理的税费。"馒头税"虽不是一个正确、科学的叫法，但热议"馒头税"的背后却是民生税负的真实感受。除了个税的减免之外，我国还要积极推进结构性减税。以人为本，从实际出发，进一步调整国家税收政策，大幅降低和食品相关农副产品企业的税负，也是非常有效地增益民生之举。2019年中国政府实施了深化增值税改革，将制造业等行业的税率降至13%。

项目三　消费税的计算与缴纳

项目介绍

按照我国消费税暂行条例及实施细则的规定，在我国境内生产、委托加工和进口应税消费品的单位和个人，以及国务院确定的销售应税消费品的其他单位和个人，应申报缴纳消费税。

消费税是世界各国广泛实行的税种。我国现行的消费税是由原产品税演变而来的，与实行普遍调节的增值税配套，是对增值税的补充，即在增值税对货物征税的基础上，有选择地对一部分特殊消费品征收消费税，是国家对某些产品进行特殊调节而设立的税种。消费税和增值税同为流转税，凡征收消费税的物品，也要征收增值税。增值税属于价外税，消费税属于价内税，二者计税依据相同，但征税环节不一样。消费税主要是对部分应税消费品在生产、委托加工和进口环节计征，采用单一环节征税。我国消费税的主要收入来自烟酒车油四大商品，因此，消费税具有体现国家消费政策、正确引导消费、调节产业结构、增加财政收入等作用。当前，我国居民消费正在进行新一轮的转型升级，消费结构正从数量型向质量型转变，从物质消费向服务消费转变，如何适应这一新趋势，将是新一轮消费税改革的焦点。

本项目以滨海市红星酒业有限公司 2019 年的相关纳税资料为案例，提炼出三大任务：①全面认识消费税；②准确计算应纳消费税税额；③办理消费税纳税申报表。为了完成上述 3 个任务，在知识准备方面，介绍了消费税的基本构成要素，包括消费税纳税人、征税范围、税目税率等；消费税应纳税额的计算，包括生产销售应税消费品应纳税额的计算、委托加工应税消费品应纳税额的计算、进口应税消费品应纳税额的计算、应税消费品已纳税款的扣除等；消费税的纳税申报，包括纳税义务发生时间、纳税期限、纳税地点和填写纳税申报表等。其中消费税应纳税额的计算，应税消费品已纳税额的扣除是本项目的重点和难点。

计算并缴纳消费税流程：企业发生应税业务→确定计税依据→计算应纳消费税税

额→计算本期准予扣除的已纳消费税→计算本期应纳消费税额→填制消费税纳税申报表→办理本期消费税纳税申报手续→缴纳消费税税款。

秒懂消费税

知识链接

以绿色税收引导绿色消费

从 2006 年 4 月 1 日起，我国对现行消费税的税目、税率及相关政策进行调整，这是 1994 年税制改革以来消费税最大规模的一次调整。此次消费税调整中，最为引人注目的是扩大石油制品征税范围和对木制一次性筷子、实木地板征收 5%的消费税，这对进一步增强消费税调节功能，促进环境保护和资源节约，更好地引导有关产品的生产和消费，全面落实科学发展观和构建节约型社会具有重要意义。新消费税的实施，徐徐拉开了绿色税收引导绿色消费的大幕。

消费税的调整代表我国税制改革的进程已经提速，税收政策正朝绿色税收方面发展。生产和使用木制一次性筷子客观上消耗了大量木材资源，还给环境带来了污染。为了增强人们的环境意识、引导消费和节约木材资源，这次将木制一次性筷子纳入了消费税征税范围，税率为 5%。据统计，我国每年木制一次性筷子内销约 1 000 万箱，出口约 600 万箱。每年仅生产木制一次性筷子就要消耗木材 130 万立方米，减少森林蓄积 200 万立方米。

近年来，许多人认为木制一次性筷子来自森林，每天大量生产和消耗筷子就等于破坏森林生态环境。更有舆论呼吁废除木制一次性筷子的使用，研发其他材料产品替代。专家认为，此项政策将会对相关产业形成直接影响，促使它们节约资源，开发环保型的新产品。以一次性筷子为例，如果市场上出现成本相同且安全可靠可循环使用的筷子，因为这种新产品没有 5%的消费税负担，必然有很强的价格竞争力，而生产一次性筷子的厂商在成本提高、利润减少的情形下，只能转移资本选择退出。

对实木地板征收 5%的消费税，将给实木地板市场的消费带来一定的波动。实木地板是指天然木材经烘干、加工后形成的具有天然原木纹理色彩图案的地面装饰材料。为了鼓励节约使用木材资源，保护生态环境，此次消费税调整将其作为一个税目，按照 5%的税率征收消费税。市场上，实木地板的取材非常多，珍贵的有花梨木、柚木，较普通的有槭木、柞木、水曲柳，价廉的有杉木、松木等。此次向企业开征消费税，将给实木地板市场的消费带来一定的波动，总体销量将会因此而下滑。

案例背景

企业基本信息

统一社会信用代码：370220530 **** JF41W

企业名称：滨海市红星酒业有限公司

住　　所：滨海市红星路56号

注册资本：3 000万元

企业类型：有限责任公司(增值税一般纳税人)

联系电话：256408

经营范围：白酒生产销售

成立时间：2008年7月18日

营业期限：2008年7月18日至2028年7月17日

纳税人识别号：37020003213601358 ***

开户银行：滨海银行海关支行

银行账号：3702067012346448 ****

法人代表：陈少杰

身份证号码：26010219810815 ****

会计负责人：童飞翔

出纳员：李巧巧

报税员：赵乐

职工人数：528人(含残疾人员2人)

增值税发票管理：专门配置保险箱一个，开具专用发票的办公室一间

任务一　走进消费税

任务目标

知识目标：

1. 了解消费税的概念。

2. 掌握消费税的征税范围、纳税人及税目税率等。

能力目标：

1. 能够准确判断消费税纳税人和征税范围。

2. 能够正确确定消费税适用税率。

素养目标：

培养积极主动学习并认真遵守消费税法规政策的良好习惯。

任务导出

情境描述

刘萍和滨海市红星酒业有限公司的办税员赵乐是好朋友。某天，两人约好去逛街。在一家化妆品商店她们看上了一款国产的化妆品，但感觉价格太高，赵乐便对店员说："这款化妆品我以前买过，怎么到了你们店里贵了这么多?"店员解释说："这个牌子属于高档消费品，又是名牌，我们店交的消费税高得吓人，当然要贵多了。"赵乐听了接着说："按你这样说，在我国销售衣服要交很高的消费税啦?"店员说："那当然啦，所以生意难做啊！"刘萍笑着摇了摇头，拉着她的好友走出了这家化妆品商店。

讨论：什么是消费税？消费税的征税范围、纳税人、税率是怎样规定的？

任务：判断这家化妆品商店是否要缴纳消费税；在我国销售衣服是否也要缴纳消费税。

知识准备

消费税是指对我国境内从事生产、委托加工和进口应税消费品的单位和个人，就其销售额或销售数量，在特定环节征收的一种税。

消费税具有征税对象的选择性、征收环节的单一性、征收方法的多样性、适用税率的差别性以及税收负担的转嫁性等特点。

1. 消费税的纳税人

消费税的纳税人为在我国境内生产、委托加工和进口应税消费品的单位和个人。

“在我国境内”是指生产、委托加工和进口属于应当缴纳消费税的消费品的起运地或者所在地在境内。“单位”是指企业、行政单位、事业单位、军事单位、社会团体及其他单位；“个人”是指个体工商户及其他个人。

2. 消费税的征税范围

我国现行消费税的征税范围主要包括：生产、委托加工和进口的应税消费品，大体归为五类(表 3-1)。

表 3-1　消费税征税范围

类　别	征税范围	具体内容
第 1 类	一些过度消费会对人身健康、社会秩序、生态环境等方面造成危害的特殊消费品	烟、酒、鞭炮、焰火等
第 2 类	奢侈品或非生活必需品	化妆品、贵重首饰和珠宝玉石、高档手表、高尔夫球及球具等
第 3 类	高能耗及高档消费品	摩托车、小汽车、游艇等
第 4 类	不可再生和替代的稀缺资源消费品	成品油等
第 5 类	不利于可持续发展和环保，或具有一定财政意义的消费品	木制一次性筷子、实木地板、电池、涂料等

消费税的征税范围不是一成不变的，随着经济的发展，我国今后还会根据国家的政策和经济情况及消费结构的变化进行适当调整。

2022 年我国就增加征收电子烟消费税。财政部、海关总署、税务总局联合发布《关于对电子烟征收消费税的公告》(2022 年第 33 号)。公告规定：从 2022 年 11 月 1 日起，对电子烟征收消费税。在中华人民共和国境内生产(进口)、批发电子烟的单位和个人为消费税纳税人。电子烟实行从价定率的办法计算纳税。生产(进口)环节的税率为 36%，批发环节的税率为 11%。

3. 消费税的税目

我国现行消费税税目共有 15 个，部分税目又细分为若干个子目，具体如下。

(1)烟。凡是以烟叶为原料加工生产的产品，不论使用何种辅料，均属于本税目的征收范围，包括卷烟、雪茄烟和烟丝 4 个子目。

①卷烟。卷烟是指将各种烟叶切成烟丝，按照配方要求均匀混合，加入糖、酒、香料等辅料，用白色盘纸、棕色盘纸、涂布纸或烟草薄片经机器或手工卷制的普通卷烟和雪茄型卷烟。

②雪茄烟。雪茄烟是指以晾晒烟为原料或者以晾晒烟和烤烟为原料，用烟叶或卷烟纸、烟草薄片作为烟支内包皮，再用烟叶作为烟支外包皮，经机器或手工卷制而成

的烟草制品。按内包皮所用材料的不同可分为全叶卷雪茄烟和半叶卷雪茄烟。

③烟丝。烟丝是指将烟叶切成丝状、粒状、片状、末状或其他形状，再加入辅料，经过发酵、储存，不经卷制即可供销售吸用的烟草制品。烟丝的征收范围包括以烟叶为原料加工生产的不经卷制的散装烟，如斗烟、莫合烟、烟末、水烟、黄红烟丝等。

④电子烟。电子烟是指用于产生气溶胶供人抽吸等的电子传输系统，包括烟弹、烟具以及烟弹与烟具组合销售的电子烟产品。烟弹是指含有雾化物的电子烟组件。烟具是指将雾化物雾化为可吸入气溶胶的电子装置。

(2)酒。本税目下设白酒(粮食白酒、薯类白酒)、黄酒、啤酒和其他酒 4 个子目。

①白酒。

粮食白酒。粮食白酒是指以高粱、玉米、大米、糯米、大麦、小麦、小米、青稞等各种粮食为原料，经过糖化、发酵后，采用蒸馏方法酿制的白酒。

薯类白酒。薯类白酒是指以白薯、木薯、马铃薯等各种干鲜薯类为原料，经过糖化、发酵后，采用蒸馏方法酿制的白酒。用甜菜酿制的白酒，比照薯类白酒征税。

②黄酒。黄酒是指以糯米、粳米、籼米、大米、黄米、玉米、小麦、薯类等为原料，经加温、糖化、发酵、压榨酿制的酒。由于工艺、配料和含糖量的不同，黄酒分为干黄酒、半干黄酒、半甜黄酒、甜黄酒 4 类。征税的黄酒包括各种原料酿制的黄酒和酒度超过 12 度(含 12 度)的土甜酒。

③啤酒。啤酒是指以大麦或其他粮食为原料，加入啤酒花，经糖化、发酵、过滤酿制的含有二氧化碳的酒。啤酒按照杀菌方法的不同，可分为熟啤酒和生啤酒或鲜啤酒。啤酒的征收范围包括各种包装和散装的啤酒。无醇啤酒比照啤酒征税。果啤是一种口味介于啤酒和饮料之间的低度酒精饮料，主要成分为啤酒和果汁，应按啤酒征收消费税。

④其他酒。其他酒是指除粮食白酒、薯类白酒、黄酒、啤酒以外，酒度在 1 度以上的各种酒。其征收范围包括糠麸白酒、其他原料白酒、土甜酒、复制酒、果木酒、汽酒、药酒等。

(3)高档化妆品。本税目的征收范围为高档美容、修饰类化妆品，高档护肤类化妆品和成套化妆品。高档美容、修饰类化妆品和高档护肤类化妆品是指生产(进口)环节销售(完税)价格(不含增值税)在 10 元毫升(克)或 15 元/片(张)及以上的美容、修饰类化妆品和护肤类化妆品。

(4)贵重首饰及珠宝玉石。本税目包括：凡以金、银、白金、宝石、珍珠、钻石、翡翠、珊瑚、玛瑙等高贵稀有物质及其他金属、人造宝石等制作的各种纯金银首饰及镶嵌首饰和经采掘、打磨、加工的各种珠宝玉石。

(5)鞭炮、焰火。本税目包括各种鞭炮、焰火。体育上用的发令纸、鞭炮药引线，不按本税目征收。

(6)成品油。本税目包括汽油、柴油、石脑油、溶剂油、润滑油、燃料油、航空煤油 7 个子目。

(7)摩托车。本税目包括气缸容量 250 毫升和 250 毫升以上的摩托车，不包括气缸容量 250 毫升(不含)以下的小排量摩托车。

(8)小汽车。汽车是指由动力驱动，具有 4 个或 4 个以上车轮的非轨道承载的车辆。本税目征收范围包括含驾驶员座位在内最多不超过 9 个座位(含)的在设计和技术特性上用于载运乘客和货物的各类乘用车，含驾驶员座位在内的座位数在 10～23 座(含 23 座)的在设计和技术特性上用于载运乘客和货物的各类中轻型商用客车。

用排气量小于 1.5 升(含)的乘用车底盘(车架)改装、改制的车辆属于乘用车征收范围。用排气量大于 1.5 升的乘用车底盘(车架)或用中轻型商用客车底盘(车架)改装、改制的车辆属于中轻型商用客车征收范围。

含驾驶员人数(额定载客)为区间值的(如 8～10 人、17～26 人)小汽车，按其区间值下限人数确定征收范围。

电动汽车不属于本税目的征收范围。

“小汽车”税目下增设“超豪华小汽车”子税目，在生产(进口)环节按现行税率征收消费税的基础上，在零售环节加征消费税。征收范围为每辆零售价格为 130 万元(不含增值税)及以上的乘用车和中轻型商用客车，即乘用车和中轻型商用客车子税目中的超豪华小汽车。

(9)高尔夫球及球具。本税目的征收范围包括高尔夫球、高尔夫球杆及高尔夫球包(袋)。高尔夫球杆的杆头、杆身和握把属于本税目的征收范围。

(10)高档手表。高档手表是指销售价格(不含增值税)每只在 10 000 元(含)以上的各类手表。本税目的征收范围包括符合以上标准的各类手表。

(11)游艇。游艇是指长度大于 8 米小于 90 米，船体由玻璃钢、钢、铝合金、塑料等多种材料制作，可以在水上移动的水上浮载体。按照动力划分，游艇分为无动力艇、帆艇和机动艇。本税目的征收范围包括艇身长度大于 8 米(含)小于 90 米(含)，内置发动机，可以在水上移动，一般为私人或团体购置，主要用于水上运动和休闲娱乐等非牟利活动的各类机动艇。

(12)木制一次性筷子。木制一次性筷子又称卫生筷子。它是指以木材为原料经过锯段、浸泡、旋切、刨切、烘干、筛选、打磨、倒角、包装等环节加工而成的各类一次性使用的筷子。本税目的征收范围包括各种规格的木制一次性筷子。未经打磨、倒角的木制一次性筷子属于本税目的征税范围。

(13)实木地板。本税目的征收范围包括各类规格的实木地板、实木指接地板、实木复合地板及用于装饰墙壁、天棚的侧端面为榫、槽的实木装饰板。未经涂饰的素板属于本税目的征税范围。

(14)电池。电池是一种将化学能、光能等直接转换为电能的装置，一般由电极、电解质、容器、极端组成，通常还有隔离层组成的基本功能单元，以及用一个或多个基本功能单元装配成的电池组。电池包括原电池、蓄电池、燃料电池、太阳能电池和其他电池。

(15)涂料。涂料是指涂于物体表面能形成具有保护、装饰或特殊性能的固态涂膜的一类液体或固体材料的总称。按主要成膜物质，涂料可分为油脂类、天然树脂类、酚醛树脂类、沥青类、醇酸树脂类、氨基树脂类、硝基类、过滤乙烯树脂类、烯类树脂类、丙烯酸酯类树脂类、聚酯树脂类、环氧树脂类、聚氨酯树脂类、元素有机类、橡胶类、纤维素类、其他成膜物类等。

4. 消费税的税率

针对上述税目，我国现行的消费税税率有比例税率、定额税率和复合计税 3 种形式。具体税率如表 3-2 所示。

表 3-2　消费税税率

税　　目	税　　率
一、烟	
1. 卷烟	
工业：(1)甲类卷烟	56%加 0.003 元/支
(2)乙类卷烟	36%加 0.003 元/支
商业批发	11%加 0.005 元/支
2. 雪茄烟	36%
3. 烟丝	30%
二、酒	
1. 白酒(包括粮食白酒和薯类白酒)	20%加 0.5 元/500 克
2. 黄酒	240 元/吨
3. 啤酒	
(1)甲类啤酒	250 元/吨
(2)乙类啤酒	220 元/吨
4. 其他酒	10%
三、高档化妆品	15%
四、贵重首饰及珠宝玉石	
1. 金银首饰、铂金首饰和钻石及钻石饰品	5%
2. 其他贵重首饰和珠宝玉石	10%

续表

税　目	税　率
五、鞭炮、焰火	15%
六、成品油	
1. 汽油(无铅汽油)	1.52元/升
2. 柴油	1.20元/升
3. 航空煤油	1.20元/升
4. 石脑油	1.52元/升
5. 溶剂油	1.52元/升
6. 润滑油	1.52元/升
7. 燃料油	1.20元/升
七、摩托车	
1. 气缸容量(排气量，下同)为250毫升的	3%
2. 气缸容量在250毫升以上的	10%
八、小汽车	
1. 乘用车	
(1)气缸容量(排气量，下同)在1.0升(含1.0升)以下的	1%
(2)气缸容量在1.0升以上至1.5升(含1.5升)的	3%
(3)气缸容量在1.5升以上至2.0升(含2.0升)的	5%
(4)气缸容量在2.0升以上至2.5升(含2.5升)的	9%
(5)气缸容量在2.5升以上至3.0升(含3.0升)的	12%
(6)气缸容量在3.0升以上至4.0升(含4.0升)的	25%
(7)气缸容量在4.0升以上的	40%
2. 中轻型商用客车	5%
3. 超豪华小汽车(零售环节加征)	10%
九、高尔夫球及球具	10%
十、高档手表	20%
十一、游艇	10%
十二、木制一次性筷子	5%
十三、实木地板	5%
十四、电池	4%
十五、涂料	4%

说明：

①对航空煤油暂缓征收消费税。

②甲类啤酒是指每吨啤酒出厂价格(含包装物及包装物押金)在3 000元(含3 000

元，不含增值税)以上的及娱乐业、饮食业自制的啤酒；乙类啤酒是指每吨啤酒出厂价格在 3 000 元(不含 3 000 元，不含增值税)以下的。

③甲类卷烟是指每标准条卷烟(200 支)对外调拨价格高于 70 元的；乙类卷烟是指每标准条卷烟(200 支)对外调拨价格低于 70 元的。

④自 2015 年 5 月 10 日起，将卷烟批发环节从价税税率由 5%提高至 11%，并按 0.005 元/支加征从量税(财税〔2015〕60 号)。

⑤对无汞原电池、金属氢化物镍蓄电池(又称“氢镍蓄电池”或“镍氢蓄电池”)、锂原电池、锂离子蓄电池、太阳能电池、燃料电池和全钒液流电池免征消费税；对施工状态下挥发性有机物(Volatile Organic Compounds，VOC)含量低于 420 克/升(含)的涂料免征消费税。

⑥自 2016 年 10 月 1 日起，“化妆品”税目名称更名为“高档化妆品”，税率由 30%调整为 15%(财税〔2016〕103 号)。

知识拓展

消费税税率运用规定

纳税人兼营多种不同税率的应税消费品，应当分别核算不同税率应税消费品的销售额、销售数量；未分别核算销售额、销售数量，或者将不同税率的应税消费品组成成套消费品销售的，从高适用税率。

纳税人将自产的应税消费品与外购或自产的非应税消费品以及适用不同税率的应税消费品组成成套消费品出售，应根据成套消费品的销售金额按应税消费品中适用最高税率的消费品税率征税。

解决任务

根据我国消费税条例及实施细致：消费税的征税对象是税法规定的应税消费品，征收环节主要在生产销售、委托加工和进口环节上，唯金银首饰及珠宝玉石在零售环节计征消费税。所以，前面的化妆品商店不是消费税纳税人，不缴纳消费税。

在我国，衣服不属于应税消费品，生产销售衣服也不需要缴纳消费税。

该化妆品商店的店员并不了解消费税知识。消费税与我们的生活密切相关，希望大家多了解一些消费税税法知识。

思考与练习

◆思考题

1. 消费税的征税范围是如何规定的?

2. 消费税和增值税在纳税环节方面有何不同?

◆单选题

1. 消费税属于(　　)。

A. 流转税　　B. 所得税　　C. 资源税　　D. 行为税

2. 下列有关消费税的表述中，正确的是(　　)。

A. 消费税是对所有消费品征收的一个税种

B. 消费税在特定环节实行多次征收

C. 征收方法有从价计征、从量计征和复合计征多种形式

D. 消费税属于价内税，不具有转嫁性

3. 实行复合税率计算应纳税额的应税消费品是(　　)。

A. 成品油　　B. 卷烟

C. 木制一次性筷子　　D. 涂料

4. 下列项目中，应当征收消费税的是(　　)。

A. 木制筷子　　B. 电动汽车　　C. 普通手表　　D. 电池

5. 下列项目中，应当征收消费税的是(　　)。

A. 挖土机　　B. 小汽车　　C. 拖拉机　　D. 电动汽车

◆多选题

1. 消费税具有(　　)等特点。

A. 征税对象的选择性　　B. 征收环节的单一性

C. 征收方法的多样性　　D. 适用税率的差别性

2. 消费税主要在(　　)环节征税。

A. 生产销售　　B. 委托加工　　C. 进口　　D. 出口

3. 消费税属于(　　)。

A. 价内税　　B. 价外税　　C. 流转税　　D. 行为税

4. 纳税人自产自用的应税消费品，用于(　　)方面的，应该缴纳消费税。

A. 在建工程　　B. 连续生产应税消费品

C. 直接出售　　D. 对外赞助

5. 消费税税率有(　　)。

A. 比例税率　　B. 定额税率　　C. 超额累进税率　D. 超率累进税率

税务微观

包公也当过税官

一代名臣包拯断奇案、伸冤屈、匡正义的传奇故事千百年来广为流传，但他不当县官当税官的故事则鲜为人知。据《宋史》记载，包拯中进士后不久，朝廷委派他到和州(今安徽和县)去管理钱粮税收。后来，包拯又担任陕西等路转运使、三司户部副使、三司使等主管财政、税收的官职。包拯当专职税务官员的时间虽然不长，但他一生都在关注税收，做了不少举荐财经人才、减轻税收负担、改进税收制度的事，其杰出的政治才能在税收方面多有体现。

任务二　消费税的计算

任务目标

知识目标：

1. 熟悉消费税的计税法。

2. 掌握消费税应纳税额的计算。

能力目标：

1. 能够正确确定消费税的应纳税所得额。

2. 能够准确计算应纳消费税税额。

素养目标：

培养爱岗敬业的精神和严谨细致的工作作风。

任务导出

情境描述

滨海市红星酒业有限公司 2019 年 9 月销售浓香型粮食白酒 100 吨，不含税单价为 360 000 元/吨，取得销售收入 36 000 000 元。为了保持与客户的良好合作关系，中秋节前夕，公司赠送老客户浓香型粮食白酒 1 吨；还将一批新研制的清香型薯类白酒 0.5 吨用作福利分配给职工，该种白酒无同类售价，已知生产成本为 250 000 元，成本利润率为 10%。该公司报税员赵乐按时到税务机关申报缴纳了 7 250 000 万元(36 000 000×20%+100×1 000×0.5)的消费税。可是，税务机关稽查人员进公司查账时却认为：用于赠送和职工福利的白酒也要申报缴纳消费税，而公司未进行申报，应给予惩罚。

讨论：用于赠送和职工福利，没有取得销售收入的应税消费品是否还要缴纳消费税？

任务：计算该公司 9 月应缴纳的消费税税额。

知识准备

消费税的计税依据是应税消费品的应税销售额或应税销售数量。

1. 应税销售额的确定

(1)销售额的组成。

应税消费品的销售额包括从购买方收取的全部价款和价外费用，但不包括向购货方收取的增值税税款。其计算公式为：

应税销售额＝应税消费品不含税销售额＋不含税价外收费

“价外费用”是指价外向购买方收取的手续费、补贴、基金、集资费、返还利润、奖励费、违约金、滞纳金、延期付款利息、赔偿金、代收款项、代垫款项、包装费、包装物租金、储备费、优质费、运输装卸费及其他各种性质的价外费用。

知识拓展

包装物与包装物押金的规定

应税消费品连同包装物销售的，无论包装物是否单独计价及在会计上如何核算，均应并入应税消费品的销售额中缴纳消费税。

如果包装物不作价随同产品销售，而是以押金形式出借，此项押金则不应并入应税消费品的销售额中征税。但对因逾期未收回的包装物不再退还的或者已收取的时间超过 12 个月的押金，应并入应税消费品的销售额，按照应税消费品的适用税率缴纳消费税。

对既作价随同应税消费品销售，又另外收取押金的包装物的押金，凡纳税人在规定的期限内没有退还的，均应并入应税消费品的销售额，按照应税消费品的适用税率缴纳消费税。

对酒类产品生产企业销售酒类产品(黄酒、啤酒除外)而收取的包装物押金，无论押金是否返还、会计上如何核算，均须并入酒类产品销售额中，依酒类产品的适用税率征收消费税。

(2)不含税销售额的计算。

如果纳税人应税消费品的销售额中未扣除增值税税款或者因不得开具增值税专用发票而发生价款和增值税税款合并收取的，在计算消费税时，应当换算为不含增值税税款的销售额。其计算公式如下。

应税销售额＝含增值税的销售额÷(1＋增值税税率或征收率)

(3)批发卷烟的销售额。

卷烟批发环节征收消费税的计税依据为纳税人批发卷烟的销售额(不含增值税)，是指纳税人按卷烟销售数量和批发价格计算的销售额(不含增值税)，不包括卷烟批发环节消费税纳税人直营店零售业务批零差价收入。

纳税人应税消费品的计税价格明显偏低并无正当理由的，由主管税务机关核定其计税价格。卷烟、白酒和小汽车的计税价格由国家税务总局核定，送财政部备案；其他应税消费品的计税价格由省、自治区和直辖市税务局核定；进口的应税消费品的计税价格由海关核定。

2. 应税销售数量的确定

我国消费税对啤酒、黄酒、成品油等应税消费品采用从量定额征税，其应纳税额的计算取决于应税消费品的销售数量和单位税额两个因素。

销售数量是指纳税人生产、加工和进口应税消费品的数量，具体规定如下。

(1)销售应税消费品的，为应税消费品的销售数量。

(2)自产自用应税消费品用于其他方面的，为应税消费品的移送使用数量。

(3)委托加工应税消费品的，为纳税人收回的应税消费品数量。

(4)进口的应税消费品，为海关核定的应税消费品进口征税数量。

3. 计税方法

消费税的计税方法有：从价定率、从量定额和复合计税三种。不同的计税方法的计税依据也不相同。

(1)从价定率计税法。我国大多数应税消费品采用这种计税法。实行从价定率计税法，其消费税计税依据和增值税计税依据是一致的，即都是以含消费税不含增值税的销售额作为计税依据。

从价计征消费税应纳税额的多少取决于应税销售额和消费税比例税率两个因素。其计算公式为：

应纳税额＝应税销售额×比例税率

(2)从量定额计税法。从量定额计税法适用于啤酒、黄酒、成品油等应税消费品。从量定额计税在生产销售、自产自用、委托加工、进口应税消费品等方面的应税规定与从价定率计征办法相同，只是计税依据和适用税率不同。

从量计征消费税应纳税额的多少取决于应税消费品的应税销售数量和定额税率(或单位税额)两个因素。其计算公式为：

应纳税额＝应税销售数量×定额税率

(3)复合计税法。复合计税法适用于卷烟、粮食白酒、薯类白酒应税消费品，即对于这三类应税消费品实行从价定率和从量定额相结合的计税方法。

在这种从价从量复合计征下，消费税应纳税额的多少则取决于应税销售额、比例税率、应税消费品数量和定额税率等因素。其计算公式为：

应纳税额＝应税销售额×比例税率＋应税消费品数量×定额税率

知识拓展

卷烟、粮食白酒、薯类白酒应税消费品数量的确定方法

(1)生产销售卷烟、粮食白酒、薯类白酒从量定额计税依据为实际销售数量；

(2)自产自用卷烟、粮食白酒、薯类白酒从量定额计税依据为移送使用数量；

(3)委托加工卷烟、粮食白酒、薯类白酒从量定额计税依据为委托方收回数量；

(4)进口卷烟、粮食白酒、薯类白酒从量定额计税依据为海关核定的进口应税数量。

任务实施

这里主要介绍生产销售、委托加工应税消费品应纳税额的计算以及应税消费品已纳消费税扣除额的计算。企业消费税内部核算工作流程如图 3-1 所示。

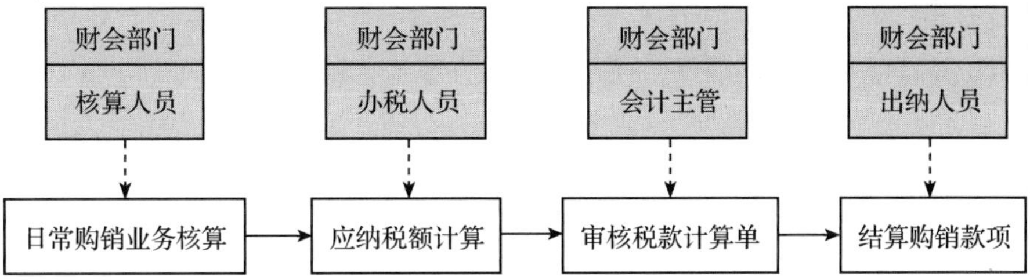

图 3-1　企业消费税内部核算工作流程图

活动一　生产销售应税消费品消费税的计算

生产销售应税消费品是指有偿转让应税消费品所有权的行为，包括生产后直接对外销售和自产自用两部分。

1. 自产对外销售应税消费品应纳消费税的计算

企业自产应税消费品对外销售后，采用从价定率、从量定额和复合计税方法计算应纳消费税税额。

【任务案例 3-1】某化妆品生产企业为增值税一般纳税人，7 月向一大型商场销售高档化妆品一批，增值税发票上注明价款为 400 000 元，增值税税款为 52 000 元；向某单位销售化妆品一批，开具普通发票，列明金额为 33 900 元。计算该化妆品生产企业 7 月应缴纳的消费税税额。

解析：

化妆品的消费税税率为 15%，增值税税率为 13%，则：

应税销售额=400 000+(33 900÷1.13)=430 000(元)；

应纳消费税税额=430 100×15%=64 500(元)。

练一练

某化妆品厂既生产化妆品，又生产护肤护发品。为了促销，该厂将化妆品和护肤护发品组成成套销售，2019 年 9 月销售成套件 2 500 盒，每盒(不含增值税)单价为 998 元。化妆品消费税税率为 15%，护肤护发品免征消费税。试计算该厂当月应纳消费税税额。

2. 自产自用应税消费品应纳消费税的计算

自产自用应税消费品是指纳税人生产应税消费品后，不是直接用于对外销售，而是用于自己连续生产应税消费品，或用于其他方面的应税消费品。

“用于连续生产应税消费品”是指纳税人将自产自用的应税消费品作为直接材料生产最终应税消费品，自产自用应税消费品构成最终应税消费品的实体。

“用于其他方面”是指纳税人将自产自用的应税消费品用于生产非应税消费品、在建工程、管理部门、非生产机构、提供劳务、馈赠、赞助、集资、广告、样品、职工福利、奖励等方面(表 3-3)。

表 3-3　自产自用应税消费品的税务处理

自产自用的情形	税务处理
用于连续生产其他应税消费品	不缴纳消费税
用于生产非应税消费品	于移送使用时计算缴纳消费税
备注：有同类消费品销售价格的，按照同类消费品的价格计税。没有同类消费品销售价格的，按照组成计税价格计算纳税。	

自产自用应税消费品用于其他方面的，按以下顺序确定计税依据。

(1)按照同类消费品的销售价格计税。

纳税人自产自用的应税消费品，按照纳税人生产的同类消费品的销售价格计算纳税。如果当月同类消费品各期销售价格高低不同，应按销售数量加权平均计算。但销售的应税消费品有下列情况之一的，不得列入加权平均计算。

①销售价格明显偏低并无正当理由的。

②无销售价格的；如果当月无销售或者当月未完结，应按照同类消费品上月或者最近月份的销售价格计算纳税。

(2)按照组成计税价格计税。

没有同类消费品销售价格的，按照组成计税价格计算纳税。组成计税价格的计算公式如下。

①实行从价定率办法计算应纳消费税的计算公式为

组成计税价格=(成本+利润)÷(1-比例税率)

应纳税额=组成计税价格×比例税率

②实行复合计征办法计算应纳消费税的计算公式为

组成计税价格=(成本+利润+自产自用数量×定额税率)÷(1-比例税率)

应纳税额=组成计税价格×比例税率+自产自用数量×定额税率

公式中的“成本”是指应税消费品的生产成本；“利润”是指根据应税消费品的全国平均成本利润率计算的利润。全国平均成本利润率由国家税务总局确定。

【任务案例 3-2】某化妆品生产厂将自产的一批成套化妆品赠送给老客户，该产品无同类销售价格。已知该化妆品的生产成本为 10 000 元，成本利润率为 5%，消费税税率为 15%。计算该批化妆品应纳消费税税额。

解析：

组成计税价格=10 000×(1+5%)÷(1-15%)=12 352.94(元)；

应纳消费税税额=12 352.94×15%=1 852.94(元)。

练一练

某白酒酿造厂 8 月将自己新研发生产的 2 吨粮食白酒，以福利形式发给职工。该厂无同类白酒的销售价格，已知其生产成本为 35 000 元，该产品的成本利润率为 10%，比例税率为 20%，定额税率为 0.5 元/500 克。试计算其应纳消费税税额。

活动二　委托加工应税消费品应纳消费税的计算

委托加工的应税消费品是指由委托方提供原料和主要材料，受托方只收取加工费和代垫部分辅助材料加工的应税消费品。

委托加工的应税消费品，由受托方代扣代缴消费税。按照受托方同类消费品的销售价格计算纳税；没有同类消费品销售价格的，按照组成计税价格计算纳税。

1. 按照同类消费品的销售价格计算纳税

其计算方法与受托方自产自用应税消费品销售价格的方法相同。

2. 按照组成计税价格计算纳税

纳税人委托加工的应税消费品，在没有同类消费品销售价格的情况下，按照组成计税价格计税。

(1)实行从价定率办法计算应纳消费税的计算公式为

组成计税价格=(材料成本+加工费)÷(1-比例税率)

应纳税额=组成计税价格×比例税率

这里的"材料成本"是指委托方所提供的加工材料的实际成本。"加工费"是指受托方加工应税消费品向委托方所收取的全部费用(包括代垫辅助材料的实际成本，但不包括增值税税金)。

(2)实行复合计征办法计算应纳消费税的计算公式为

组成计税价格=(材料成本+加工费+委托加工数量×定额税率)÷(1-比例税率)

应纳税额=组成计税价格×比例税率+委托加工数量×定额税率

【任务案例 3-3】某卷烟厂委托某烟丝加工厂加工一批烟丝，卷烟厂提供的烟叶在委托加工合同上注明的成本金额为 60 000 元。烟丝加工完成，卷烟厂提货时支付加工费 3 700 元，烟丝消费税税率为 30%。试计算烟丝加工厂代扣代缴的消费税税额。

解析：

烟丝的组成计税价格=(60 000+3 700)÷(1-30%)=91 000(元)；

烟丝的消费税税额=91 000 ×30% =27 300(元)。

活动三　进口应税消费品应纳消费税的计算

进口的应税消费品，按照组成计税价格计算纳税。

1. 从价定率计征消费税

采用从价定率计征进口的应税消费品的应纳税额，其计算公式如下。

应纳税额=组成计税价格×适用税率

组成计税价格=(关税完税价格+关税)÷(1-消费税税率)

公式中的"关税完税价格"是指海关核定的关税计税价格。

2. 从量定额计征消费税

采用从量定额计征进口的应税消费品的应纳税额，其计算公式如下。

应纳税额=进口数量×定额税率

公式中的"进口数量"为海关核定的进口征税数量。

3. 复合计税计征消费税

采用从量定额计征进口的应税消费品的应纳税额，其计算公式如下。

应纳税额=组成计税价格×比例税率+进口数量×定额税率

组成计税价格=(关税完税价格+关税+进口数量×定额税率)/(1-比例税率)

【任务案例 3-4】某公司从境外进口一批高档化妆品，经海关核定，关税的完税价格为 500 000 元，进口关税税率为 25%，消费税税率为 15%。试计算进口化妆品应纳消费税税额。

解析：

(1)组成计税价格＝500 000×(1＋25%) ×(1－15%)＝531 250(元)。

(2)应纳消费税税额＝531 250×15%＝79 687.50(元)。

活动四　应税消费品已纳税额的扣除

外购和委托加工收回的下列已税消费品(表 3-4)，用于连续生产应税消费品的，准予从应纳税额中扣除外购已税消费品和委托加工收回的已税消费品的已纳消费税税额。

表 3-4　已纳消费税扣除范围

外购消费品已纳消费税税额扣除范围	委托加工消费品已纳消费税税额扣除范围
外购已税烟丝生产的卷烟	委托加工收回的已税烟丝为原料生产的卷烟
外购已税化妆品生产的化妆品	委托加工收回的已税化妆品为原料生产的化妆品
外购已税珠宝玉石生产的贵重首饰及珠宝玉石	委托加工收回的已税珠宝玉石为原料生产的贵重首饰及珠宝玉石
外购已税鞭炮焰火生产的鞭炮焰火	委托加工收回的已税鞭炮焰火为原料生产的鞭炮焰火
外购已税汽车轮胎(内胎或外胎)生产的汽车轮胎	委托加工收回的已税汽车轮胎生产的汽车轮胎
外购已税摩托车生产的摩托车	委托加工收回的已税摩托车生产的摩托车
外购已税杆头、杆身和握把为原料生产的高尔夫球杆	委托加工收回的已税杆头、杆身和握把为原料生产的高尔夫球杆
外购已税木制一次性筷子为原料生产的木制一次性筷子	委托加工收回的已税木制一次性筷子为原料生产的木制一次性筷子
外购已税实木地板为原料生产的实木地板	委托加工收回的已税实木地板为原料生产的实木地板
外购已税石脑油为原料生产的应税消费品	委托加工收回的已税石脑油为原料生产的应税消费品
外购已税润滑油为原料生产的润滑油	委托加工收回的已税润滑油为原料生产的润滑油

1. 外购应税消费品已纳消费税税额的扣除

对于用外购已纳消费税的消费品继续加工生产应税消费品的，国家在计算征收消费税时，为避免重复征税，准予按当期生产领用数量扣除外购应税消费品已缴纳的消费税税款。其计算公式如下。

当期准予抵扣的外购应税消费品已纳税款＝当期准予扣除的外购应税消费品的买价×外购应税消费品的适用税率

当期准予扣除的外购应税消费品买价＝期初库存的外购应税消费品买价＋本期购进的应税消费品买价－期末库存的外购应税消费品买价

【任务案例3-5】某日化厂8月购进甲种化妆品用来生产乙种高档化妆品。当期购进的甲种化妆品专用发票上列明价款为20万元，期初库存的外购甲化妆品为2万元，期末库存的外购甲化妆品为5万元。当月销售乙种化妆品为113万元(含增值税)，增值税税率为13％，消费税税率为15％，试计算当月应纳消费税税额。

解析：

当月准予扣除的购进甲种化妆品的买价＝20＋2－5＝17(万元)。

当月准予扣除的外购甲种化妆品的已纳税额＝17×15％＝2.55(万元)。

当期应纳消费税税额＝113/(1＋13％)×15％－2.55＝12.45(万元)。

2. 委托加工收回的应税消费品已纳消费税税额的扣除

委托方在委托加工应税消费品收回后，如果直接对外销售，根据消费税“税不重征”原则，不再征收消费税；如果用于连续生产应税消费品的，其加工环节的已纳消费税额可以从应纳税额的总额中扣除。扣除标准按当期领用委托加工已税消费品的数量计算，其计算公式如下。

当期准予扣除的委托加工应税消费品已纳税款＝期初库存的委托加工应税消费品已纳税款＋当期收回的委托加工应税消费品已纳税款－期末库存的委托加工应税消费品已纳税款

【任务案例3-6】某卷烟厂委托加工厂加工一批烟丝，加工合同中注明卷烟厂提供的烟叶价值为100 000元，加工费为8 000元，代垫辅料价值为12 000元(加工费和辅料费均为不含税价格)。烟丝加工完毕，加工厂于交货时向卷烟厂代收代缴消费税(烟丝的消费税税率为30％)，受托方无同类产品的销售价格。卷烟厂将委托加工收回的烟丝20％直接对外销售；其余80％全部用于生产卷烟，当月销售卷烟100箱，开具的增值税专用发票上注明的销售额为350 000元(假设卷烟的消费税定额税率为150元/箱，比例税率为36％)。试计算卷烟厂应缴的消费税税额。

解析：

组成计税价格＝(100 000＋8 000＋12 000)÷(1－30％) ＝171 428.57(元)。

加工厂代收代缴的消费税税额＝171 428.57×30％＝51 428.57(元)。

当期准予扣除烟丝已纳消费税税额＝51 428.57×80％＝41 142.86(元)。

卷烟厂销售卷烟应纳消费税税额＝100×150＋350 000×36％＝141 000(元)。

卷烟厂应纳消费税税额＝141 000－41 142.86＝99 857.14(元)。

解决任务

根据消费税条例规定：滨海市红星酒业有限公司9月赠送给老客户的浓香型粮食白酒以及用作福利分配给职工的清香型薯类白酒，都应缴纳消费税。因而，该公司只申报缴纳了销售的100吨浓香型粮食白酒的消费税，是不完整的。

1. 酒厂对外销售。

粮食白酒：

销售额＝36 000 000元。

销售数量＝100吨＝100 000千克。

应纳税额＝36 000 000×20％＋100 000×0.5＝7 250 000(元)。

2. 赠送给老客户的浓香型粮食白酒，应按同类白酒的销售价格(不含税单价36万元/吨)计税。

粮食白酒：

销售额＝1×360 000＝360 000(元)。

销售数量＝1吨＝1 000千克。

应纳税额＝360 000×20％＋1 000×0.5＝72 500(元)。

3. 分配给职工的清香型薯类白酒，无同类白酒售价，应按组成计税价格计税。

组成计税价格＝(250 000＋250 000×10％＋0.5×1 000×0.5)÷(1－20％)＝344 062.5(元)。

销售数量＝1 000×0.5＝500(千克)。

应纳税额＝344 375×20％＋500×0.5＝69 062.5(元)。

4. 酒厂9月应缴的消费税税额＝7 250 000＋72 500＋69 062.5＝7 391 562.5(元)。

5. 酒厂9月预缴税额＝7 250 000元。

6. 酒厂9月应补税额＝7 391 562.5－7 250 000＝141 562.5(元)。

该酒厂9月少申报缴纳消费税141 562.5元，应及时补缴。

思考与练习

◆单选题

1. 应税消费品的销售额不包括(　　)。

A. 从购买方收取的全部价款　　B. 收取的价外费用

C. 向购货方收取的增值税税款　　　　D. 向购货方收取的消费税税款

2. 不适合采用复合计税法计算应交消费税的是(　　)。

A. 卷烟　　B. 粮食白酒　　C. 薯类白酒　　D. 啤酒

3. 下列消费品中，属于应税消费品的是(　　)。

A. 电机　　B. 服装　　C. 酱油　　D. 白酒

4. 某酒厂 2019 年 6 月销售自制粮食白酒 10 吨，取得不含税价款 2.5 万元。已知白酒消费税比例税率为 20%，定额税率为 0.5 元/500 克，则该酒厂应缴纳的消费税税额是(　　)万元。

A. 0.24　　B. 0.625　　C. 1.5　　D. 1.65

5. 对于自产自用应税消费品的税务处理不正确的是(　　)。

A. 用于连续生产其他应税消费品，于销售时计算缴纳消费税

B. 用于生产非应税消费品，于移送使用时计算缴纳消费税

C. 用于其他方面的，按照同类消费品的销售价格计算纳税

D. 没有同类消费品销售价格的，按照组成计税价格计算纳税

◆多选题

1. 我国消费税的计税方法有(　　)。

A. 从价定率　　B. 从量定额　　C. 复合计税　　D. 累进税率

2. 在从价从量复合计征下，应税消费品应纳税额的多少取决于(　　)等因素。

A. 应税销售额　　B. 应税消费品数量　　C. 比例税率　　D. 定额税率

3. 下列应税消费品中采用从量定额征税的是(　　)。

A. 白酒　　B. 啤酒　　C. 黄酒　　D. 成品油

4. 下列应税消费品中采用从价定率征税的是(　　)。

A. 涂料　　B. 卷烟　　C. 小汽车　　D. 电动汽车

5. 我国消费税对某些应税消费品采用从量定额征税，其应税销售数量的规定是(　　)。

A. 销售应税消费品的，为应税消费品的销售数量

B. 自产自用应税消费品用于其他方面的，为应税消费品的移送使用数量

C. 委托加工应税消费品的，为纳税人收回的应税消费品数量

D. 进口的应税消费品，为海关核定的应税消费品进口征税数量

◆计算题

1. 某生产企业将本厂生产的化妆品，作为福利发给本厂职工。该产品没有同类消费品的销售价格。生产成本为 10 000 元，成本利润率为 5%，消费税税率为 15%，增

值税税率为13%。试计算其组成计税价格、应纳消费税税额、应纳增值税税额。

2. 某装修公司委托一涂料生产厂加工一批特种涂料，向受托方提供原材料实际成本为50 000元，支付加工费用4 000元。受托方无此类消费品销售价格。已知委托加工的涂料适用税率为4%。试计算受托企业应代扣代缴的消费税税额。

3. 某酒厂是增值税一般纳税人，7月销售粮食白酒4吨，取得不含增值税销售额186 000元。为某公司制定纪念活动用粮食白酒1 000瓶(500克/瓶)，单价180元/瓶(含增值税)，并每瓶加收包装设计费10元，款项收讫。试计算该酒厂7月应纳的消费税税额。

4. 某卷烟厂为增值税一般纳税人，10月有关生产经营情况如下。

从某烟丝厂购进已税烟丝200吨，不含税单价3万元，取得烟丝厂开具的增值税专用发票，注明的价款600万元，增值税78万元，烟丝已验收入库。

向生产者收购烟叶30吨，收购凭证上注明支付收购货款96万元；另支付运输费用3.51万元，取得运输公司开具的增值税专用发票，注明的价款3万元，增值税0.27万元。烟叶验收入库后，又将其运往烟丝厂加工成烟丝，取得烟丝厂开具的增值税专用发票，注明支付加工费8万元，增值税1.04万元；卷烟厂收回烟丝时，烟丝厂未代收代缴消费税，烟丝尚未出售。

卷烟厂生产领用外购已税烟丝150吨，生产甲类卷烟20 000标准箱(每标准箱卷烟250条，每标准条卷烟200只)，当月销售给卷烟专卖商18 000箱，取得不含税销售额72 000万元。(提示：烟丝消费税率30%；甲类卷烟消费税比例税率56%，定额税率0.003元/支)

要求：计算纳税人当月应纳消费税税额和增值税税额。

任务三　消费税的缴纳

任务目标

知识目标：

1. 了解消费税的纳税时间、纳税地点。

2. 熟悉消费税的纳税申报流程。

能力目标：

1. 会填写消费税纳税申报表。

2. 能独立完成消费税纳税申报工作。

素养目标：

树立依法纳税的意识和培养良好的职业沟通能力。

任务导出

情境描述

根据任务二情境描述的任务实例及公司基本信息资料，填报滨海市红星酒业有限公司 2019 年 9 月的消费税申报表及其附表，办理消费税纳税申报手续。

讨论：消费税的申报时间、纳税地点是如何规定的？

任务：办理消费税纳税申报手续。

知识准备

1. 纳税义务发生时间

消费税纳税义务发生时间的确定方法如下。

(1)纳税人销售应税消费品的，按不同的销售结算方式分为以下几种。

①采取赊销和分期收款结算方式的，为书面合同约定的收款日期的当天，书面合同没有约定收款日期或者无书面合同的，为发出应税消费品的当天。

②采取预收货款结算方式的，为发出应税消费品的当天。

③采取托收承付和委托银行收款方式的，为发出应税消费品并办妥托收手续的当天。

④采取其他结算方式的，为收讫销售款或者取得索取销售款凭据的当天。

(2)纳税人自产自用应税消费品的，为移送使用的当天。

(3)纳税人委托加工应税消费品的，为纳税人提货的当天。

(4)纳税人进口应税消费品的，为报关进口的当天。

2. 纳税期限

消费税的纳税期限分别为 1 日、3 日、5 日、10 日、15 日、1 个月或者 1 个季度。纳税人的具体纳税期限，由主管税务机关根据纳税人应纳税额的大小分别核定。不能按照固定期限纳税的，可以按次纳税。

纳税人以 1 个月或者 1 个季度为 1 个纳税期的，自期满之日起 15 日内申报纳税；以 1 日、3 日、5 日、10 日或者 15 日为 1 个纳税期的，自期满之日起 5 日内预缴税款，于次月 1 日起 15 日内申报纳税并结清上月应纳税款。

3. 纳税地点

(1)纳税人销售的应税消费品，以及自产自用的应税消费品，除另有规定外，应当向纳税人机构所在地或者居住地的主管税务机关申报纳税。

(2)委托加工的应税消费品，除受托方为个人外，由受托方向机构所在地或者居住地的主管税务机关解缴消费税税款。

(3)委托个人加工的应税消费品，由委托方向其机构所在地或者居住地主管税务机关申报纳税。

(4)进口的应税消费品，应当向报关地海关申报纳税。

(5)纳税人到外县(市)销售或者委托外县(市)代销自产应税消费品的，于应税消费品销售后，向机构所在地或者居住地主管税务机关申报纳税。

(6)纳税人的总机构与分支机构不在同一县(市)的，应当分别向各自机构所在地的主管税务机关申报纳税；经财政部、国家税务总局或者其授权的财政、税务机关批准，可以由总机构汇总向总机构所在地的主管税务机关申报纳税。

4. 纳税环节

我国消费税属于价内税，实行单环节一次征收，除金银首饰、钻石及钻石饰品改在零售环节征税外，一般应税消费品只在生产销售环节、委托加工环节和进口环节征收，在以后的批发、零售等环节不再征收消费税，如表 3-5 所示。

表 3-5　消费税的征税环节

<table>
<tr><th colspan="2">征税对象</th><th>征税环节</th></tr>
<tr><td rowspan="3">1. 生产的应税消费品</td><td>自产销售的应税消费品</td><td>由生产者于销售时纳税</td></tr>
<tr><td rowspan="2">自产自用的应税消费品</td><td>用于本企业连续生产应税消费品的，不纳税</td></tr>
<tr><td>用于其他方面视同销售的，于移送使用时纳税</td></tr>
</table>

续表

征税对象	征税环节
2. 委托加工的应税消费品	由受托方在向委托方交货时代收代缴
3. 进口的应税消费品	于报关进口时纳税，由海关征收
4. 金银首饰及钻石、钻石饰品消费品	金银首饰消费品由生产销售环节征收改在零售环节征税
	钻石、钻石饰品消费品由生产、进口环节征收改在零售环节征税
5. 卷烟消费品	在卷烟批发环节加征一道从价税

任务实施

纳税人应按期向税务机关填报消费税纳税申报表，由主管税务机关审核后，填发缴款书，向其所在地代理金库的银行缴纳税款。其申报流程如图 3-2 所示。

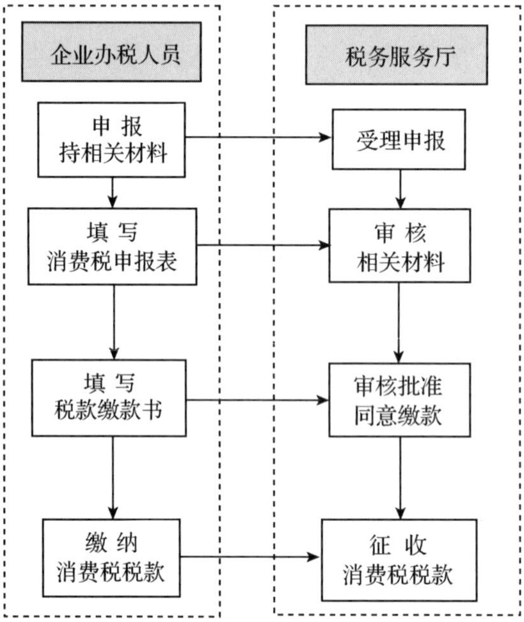

图 3-2 消费税纳税申报流程图

活动一 填写消费税申报表

消费税纳税人应依照规定的申报期限，及时向主管税务机关报送消费税纳税申报表及其他资料，办理消费税纳税申报手续。为了规范消费税纳税申报资料，国家税务总局制定了《烟类应税消费品消费税纳税申报表》《酒类应税消费品消费税纳税申报表》《小汽车消费税纳税申报表》《成品油消费税纳税申报表》(略)《其他应税消费品消费税纳税申报表》《电池消费税纳税申报表》(略)《涂料消费税纳税申报表》(略)等。

1. 填写《烟类应税消费品消费税纳税申报表》

烟类应税消费品消费税纳税申报需领取《烟类应税消费品消费税纳税申报表》(表 3-6，填表说明略)。

表 3-6　烟类应税消费品消费税纳税申报表

税款所属期：　年　月　日至　　年　月　日

纳税人名称(公章)：　　　　　　纳税人识别号：□□□□□□□□□□□□□□□□□□□□

填表日期：　年　月　日　　　　单位：卷烟(万支)、雪茄烟(支)、烟丝(千克)；金额单位：元(列至角分)

项目 应税消费品名称	适用税率		销售数量	销售额	应纳税额
	定额税率	比例税率			
卷烟	30 元	56%			
卷烟	30 元	36%			
雪茄烟	—	36%			
烟丝	—	30%			
合计	—	—	—	—	

<table>
<tr><td>本期准予扣除税额：</td><td rowspan="3">声明
此纳税申报表是根据国家税收法律的规定填报的，我确定它是真实的、可靠的、完整的。
经办人(签章)：
财务负责人(签章)：
联系电话：</td></tr>
<tr><td>本期减(免)税额：</td></tr>
<tr><td>期初未缴税额：</td></tr>
<tr><td>本期缴纳前期应纳税额：</td><td rowspan="4">(如果你已委托代理人申报，请填写)
授权声明
为代理一切税务事宜，现授权______(地址)______________为本纳税人的代理申报人，任何与本申报表有关的往来文件，都可寄予此人。
授权人签章：</td></tr>
<tr><td>本期预缴税额：</td></tr>
<tr><td>本期应补(退)税额：</td></tr>
<tr><td>期末未缴税额：</td></tr>
</table>

以下由税务机关填写

受理人(签章)：　　　　受理日期：　　年　月　日　　　　受理税务机关(章)

2. 填写《酒类应税消费品消费税纳税申报表》

酒类应税消费品消费税纳税申报，需向主管税务部门报送《酒类应税消费品消费税纳税申报表》(表 3-7)。

表 3-7　酒类应税消费品消费税纳税申报表

税款所属期：2019 年 9 月 1 日至 2019 年 9 月 30 日

纳税人名称(公章)：　　　　纳税人识别号：37020003213601358 ***

填表日期　2019 年 10 月 5 日　　　　金额单位：元(列至角分)

项目 应税消费品名称	适用税率		销售数量	销售额	应纳税额
	定额税率	比例税率			
粮食白酒	0.5 元/500 克	20%	202 000	36 360 000.00	7 373 000.00
薯类白酒	0.5 元/500 克	20%	1 000	344 375.00	69 375.00
啤酒	250 元/吨	—			
啤酒	220 元/吨	—			
黄酒	240 元/吨	—			
其他酒	—	10%			
酒精	—	5%			
合计	—	—	—	—	7 442 375.00

本期准予抵减税额：0.00

本期减(免)税额：0.00

期初未缴税额：0.00

本期缴纳前期应纳税额：0.00

本期预缴税额：7 300 000.00

本期应补(退)税额：142 375.00

期末未缴税额：142 375.00

声明

此纳税申报表是根据国家税收法律的规定填报的，我确定它是真实的、可靠的、完整的。

经办人(签章)：赵乐

财务负责人(签章)：童飞翔

联系电话：256408

(如果你已委托代理人申报，请填写)

授权声明

为代理一切税务事宜，现授权________(地址)________________为本纳税人的代理申报人，任何与本申报表有关的往来文件，都可寄予此人。

授权人签章：

以下由税务机关填写

受理人(签章)：　　　　受理日期：　年　月　日　　　　受理税务机关(章)

3. 填写《小汽车消费税纳税申报表》

小汽车应税消费品纳税申报需填报《小汽车消费税纳税申报表》(表 3-8)。

表 3-8　**小汽车消费税纳税申报表**

税款所属期：　年　月　日至　　年　月　日

纳税人名称(公章)：　　　　　　　　　　纳税人识别号：□□□□□□□□□□□□□□□□□□□

填表日期：　年　月　日　　　　　　　　单位：辆、元(列至角分)

<table>
<tr><td colspan="2">项目
应税
消费品名称</td><td>适用税率</td><td>销售数量</td><td>销售额</td><td>应纳税额</td></tr>
<tr><td rowspan="7">乘用车</td><td>气缸容量≤1.0 升</td><td>1%</td><td></td><td></td><td></td></tr>
<tr><td>1.0 升＜气缸容量≤1.5 升</td><td>3%</td><td></td><td></td><td></td></tr>
<tr><td>1.5 升＜气缸容量≤2.0 升</td><td>5%</td><td></td><td></td><td></td></tr>
<tr><td>2.0 升＜气缸容量≤2.5 升</td><td>9%</td><td></td><td></td><td></td></tr>
<tr><td>2.5 升＜气缸容量≤3.0 升</td><td>12%</td><td></td><td></td><td></td></tr>
<tr><td>3.0 升＜气缸容量≤4.0 升</td><td>25%</td><td></td><td></td><td></td></tr>
<tr><td>气缸容量＞4.0 升</td><td>40%</td><td></td><td></td><td></td></tr>
<tr><td colspan="2">中轻型商用客车</td><td>5%</td><td></td><td></td><td></td></tr>
<tr><td colspan="2">合计</td><td>—</td><td>—</td><td>—</td><td></td></tr>
<tr><td colspan="3">本期准予扣除税额：</td><td colspan="3" rowspan="3">声明
此纳税申报表是根据国家税收法律的规定填报的，我确定它是真实的、可靠的、完整的。
经办人(签章)：
财务负责人(签章)：
联系电话：</td></tr>
<tr><td colspan="3">本期减(免)税额：</td></tr>
<tr><td colspan="3">期初未缴税额：</td></tr>
<tr><td colspan="3">本期缴纳前期应纳税额：</td><td colspan="3" rowspan="4">(如果你已委托代理人申报，请填写)
授权声明
为代理一切税务事宜，现授权________
____(地址)________________________
____________________为本纳税人的代理申报人，任何与本申报表有关的往来文件，都可寄予此人。
授权人签章：</td></tr>
<tr><td colspan="3">本期预缴税额：</td></tr>
<tr><td colspan="3">本期应补(退)税额：</td></tr>
<tr><td colspan="3">期末未缴税额：</td></tr>
</table>

以下由税务机关填写

受理人(签章)：　　　　　受理日期：　年　月　日　　　　　受理税务机关(章)

4. 填写《其他应税消费品消费税纳税申报表》

化妆品、贵重首饰及珠宝玉石、鞭炮烟火、摩托车、高尔夫球及球具、高档手表、游艇、木制一次性筷子、实木地板等应税消费品消费税纳税申报需填报《其他应税消费品消费税纳税申报表》(表 3-9)。

表 3-9　**其他应税消费品消费税纳税申报表**

(本表限化妆品、贵重首饰及珠宝玉石、鞭炮烟火、摩托车、高尔夫球及球具、高档手表、游艇、木制一次性筷子、实木地板等消费税纳税人使用)

税款所属期：　　年　月　日至　　年　月　日

纳税人名称(公章)：　　　　　　纳税人识别号：□□□□□□□□□□□□□□□

填表日期：　年　月　日　　　　　　金额单位：元(列至角分)

项目 应税 消费品名称	适用税率	销售数量	计量单位	销售额	应纳税额
合计					

<table>
<tr><td>本期准予抵减税额：</td><td rowspan="3">声明
此纳税申报表是根据国家税收法律的规定填报的，我确定它是真实的、可靠的、完整的。
经办人(签章)：
财务负责人(签章)：
联系电话：</td></tr>
<tr><td>本期减(免)税额：</td></tr>
<tr><td>期初未缴税额：</td></tr>
<tr><td>本期缴纳前期应纳税额：</td><td rowspan="4">(如果你已委托代理人申报，请填写)
授权声明
为代理一切税务事宜，现授权________(地址)__________为本纳税人的代理申报人，任何与本申报表有关的往来文件，都可寄予此人。
授权人签章：</td></tr>
<tr><td>本期预缴税额：</td></tr>
<tr><td>本期应补(退)税额：</td></tr>
<tr><td>期末未缴税额：</td></tr>
</table>

以下由税务机关填写

受理人(签章)：　　　　受理日期：　年　月　日　　　　受理税务机关(章)：

活动二　填写《中华人民共和国税收通用缴款书》

当期申报有税款的，纳税人应根据消费税纳税申报表资料，填写《中华人民共和国税收通用缴款书》(表 3-10)，在规定的期限内向税务机关指定为代理金库的银行缴纳税款。纳税人缴纳税款后，以税务机关和银行签章后的《中华人民共和国税收通用缴款书》的“收据联”作为完税凭证，证明纳税义务完成，并据此作为会计核算的依据。

表 3-10　中华人民共和国税收通用缴款书

隶属关系：

注册类型：　　　　填发日期：2019 年 10 月 5 日　　　　征收机关：

无银行收讫章无效

<table>
<tr><td rowspan="4">缴款单位（人）</td><td>代　码</td><td colspan="2">370220530 **** JF41W</td><td rowspan="3" colspan="2">预算科目</td><td>编码</td><td>*******</td></tr>
<tr><td>全　称</td><td colspan="2">滨海市红星酒业有限公司</td><td>名称</td><td>消费税</td></tr>
<tr><td>开户银行</td><td colspan="2">滨海银行海关支行</td><td>级次</td><td>国家 100%</td></tr>
<tr><td>账　号</td><td colspan="2">3702 0670 1234 6448 ***</td><td colspan="3">收款国库</td><td>中央金库</td></tr>
<tr><td colspan="4">税款所属时期 2019 年 9 月 1 日至 2019 年 9 月 30 日</td><td colspan="4">税款限缴日期</td></tr>
<tr><td colspan="2">品目名称</td><td>计税依据</td><td>税率或单位税额</td><td>应纳税额</td><td colspan="2">已缴或扣除额</td><td>实缴金额</td></tr>
<tr><td colspan="2">消费税</td><td></td><td></td><td></td><td colspan="2"></td><td>142 375.00</td></tr>
<tr><td colspan="2">金额合计</td><td colspan="6">人民币（大写）壹拾肆万贰仟叁佰柒拾伍元整</td></tr>
<tr><td colspan="3">缴款单位（人）（盖章）
经办人（盖章）赵乐</td><td colspan="2">税务机关（盖章）
征税专用章
填票人：李芳</td><td colspan="3">上列款项已收妥并划转收款单位账户
国库（银行）盖章
2019 年 10 月 5 日</td></tr>
</table>

逾期不缴按税法规定加收滞纳金

解决任务

1. 根据计算结果，填报《酒类应税消费品消费税纳税申报表》。
2. 填写税收缴款书。

思考与练习

◆思考题

1. 消费税的申报时间是怎样规定的？
2. 如何填写《消费税纳税申报表》？

◆单选题

1. 纳税人以 1 个月或者 1 个季度为 1 个纳税期的，自期满之日起(　　)内申报纳税。

A. 5 日　　B. 10 日　　C. 15 日　　D. 30 日

2. 对消费税纳税义务发生时间表述不正确的是(　　)。

A. 采取预收货款结算方式的，为收到货款的当天

B. 纳税人自产自用应税消费品的，为移送使用的当天

C. 纳税人委托加工应税消费品的，为纳税人提货的当天

D. 纳税人进口应税消费品的，为报关进口的当天

3. 下列说法正确的是(　　)。

A. 我国消费税属于价外税，实行单环节一次征收

B. 我国消费税属于价内税，实行单环节一次征收

C. 我国消费税属于价外税，实行多环节多次征收

D. 我国消费税属于价内税，实行多环节多次征收

◆多选题

1. 我国的应税消费品一般只在(　　)环节征收消费税。

A. 生产销售　　B. 委托加工　　C. 进口　　D. 批发、零售

2. 下列应税消费品中，在申报缴纳消费税时需要填报《其他应税消费品消费税纳税申报表》的有(　　)。

A. 游艇　　B. 鞭炮烟火　　C. 小汽车　　D. 摩托车

3. 下列对消费税的纳税地点表述正确的是(　　)。

A. 纳税人销售应税消费品，应向纳税人机构所在地的主管税务机关申报纳税

B. 委托加工的应税消费品，由受托方向机构所在地的主管税务机关代扣代缴消费税

C. 进口的应税消费品，应向报关地海关申报纳税

D. 纳税人到外县(市)销售应税消费品的，应向外地的主管税务机关申报纳税

模拟操作

企业基本信息

企业名称：滨海市百创化妆品有限公司

经营地址：滨海市春风路10号

法人代表：李瑞华

身份证号码：33012019660825 ****

注册资金：200万元

企业类型：有限责任公司(增值税一般纳税人)

联系电话：232323

经营范围：护肤品、护发品、美容化妆品的生产、销售

纳税人登记证号：37020000234 ****

统一社会信用代码：370203060 **** JF86W

开户银行：中国工商银行济宁市春风路支行

银行账号：3702002005214570 ****

会计主管：刘春

会计员：李艳

出纳员：王琳

报税员：赵芳

1. 实训目标

(1)会计算应纳消费税税额。

(2)会填写消费税纳税申报表。

(3)能独立办理消费税纳税申报手续。

2. 实训任务

(1)计算公司3月应纳的消费税税额。

(2)填写消费税纳税申报表，完成消费税纳税申报工作。

(3)填写消费税税收缴款书。

3. 操作准备

(1)《中华人民共和国消费税暂行条例》《中华人民共和国消费税暂行条例实施细则》和消费税其他相关法规、政策资料。

(2)在税务实训室进行，具备企业基本情况、经济业务的原始凭证、《消费税纳税申报表》、《中华人民共和国税收通用缴款书》等资料。

4. 实训资料

滨海市百创化妆品有限责任公司2019年3月发生下列消费税涉税业务(原始凭证略)。

2日，向某化妆品专卖店销售自产A牌化妆品300盒，不含税单价为620元，价款未收。

4日，向某百货公司销售自产B牌化妆品1 000盒，增值税发票上列明的价款是500 000元，增值税税款是65 000元，款已收。

7日，厂部决定在“三八”节前发给全厂40名女职工每人一盒A牌化妆品。

15日，购进甲种化妆品用来生产C牌高档化妆品。当期购进的甲种化妆品专用发票上列明价款80 000元，期初库存的外购甲化妆品20 000元，期末库存的外购甲化妆品40 000元。当月销售C牌化妆品113万元(含增值税)。

20日，将新研制的一批D牌化妆品赠送给老客户，该产品无同类销售价格。已知这批化妆品的生产成本为12 000元，成本利润率为10%。

22日，销售自产E牌化妆品5 000瓶，含税单价为450元。

5. 操作过程

(1)应纳消费税额计算。

(2)根据计算结果填写消费税应纳税额汇总计算表(表3-11)。

表3-11　消费税应纳税额汇总计算表

时间：　年　月　日　　　　　　　　　　　　单位：元

	应税消费品名称	应税销售额/应税数量	适用税率/单位税额	本期消费税
本期消费税计算				
	小　计			
	应税消费品名称	代扣代缴	适用税率/单位税额	本期扣除税额
可扣除税额				
	小　计			

续表

本期应纳税额	税　额	本月数	本年累计数	
	应纳税额			
	可扣除数额			
	应纳消费税税额			

(3)根据计算结果填写《其他应税消费品消费税纳税申报表》。

(4)填写《消费税税收缴款书》。

社会视角

10 000亿税收与100万人死亡

2020年，中国烟草行业上缴财政的总额为12 803亿元，税收再次超过1万亿元大关，日均纳税32亿。烟草行业所产生的税收，约占我国总税收的9%，财政贡献率达到了7%。烟草税收已经成为财政收入的一大项，对经济的增长起到了一定的促进作用。但是毕竟是建立在烟民资金成本和身体健康之上得来的，随之带来的人民群众生命健康与社会经济发展的问题矛盾日益深重。

数据显示，中国每年与烟草相关疾病的死亡人数超过100万。中国每年有100万人因为吸烟导致的相关疾病死亡，如果现阶段的吸烟率不能得到有效的控制，预计到2050年，这一死亡数据将上升到300万人左右。

中国是世界上最大的烟草生产国和消费国，现有吸烟人群逾3亿，另有约7.4亿不吸烟人群遭受二手烟的危害。吸烟几乎可损伤人体所有器官，吸烟者在吸烟过程中产生的二手烟同样会对周围的不吸烟者产生巨大危害。烟草危害是当今世界最严重的公共卫生问题之一，全球每年因吸烟导致的死亡人数高达600万，超过因艾滋病、结核、疟疾导致的死亡人数之和。

控制烟草的理由是健康。提高烟草税是控制烟草使用最为经济有效的手段。但很多国家的政府都担心烟草控制措施会造成不利的经济后果，如由于需求减少和非法活动增加导致税收降低，减少生产、种植和零售部门的就业机会等。事实上，提高烟草税和烟草价格可以给政府带来更多的财政收入用于医保一类的公共支出。对政府来说，烟草税是一种简单且有效的增收工具，同时又不至于对经济产生负面影响。根据世界卫生组织的估算，在中低收入国家，烟草制品价格提高10%可使烟草使用减少5%。这种效果在对价格敏感的未成年人群中尤其明显：烟草价格提高后，他们减少的消费是成人的2—3倍。在中国，如将每包卷烟的价格提高1元，就可将卷烟年消费量从1250亿包减少至约1000亿包(减少约20%)，增加税收超过2 000亿元人民币，并将挽救许许多多的生命。

2003年11月中国签署《烟草控制框架公约》，2006年1月正式生效。2009年5月，将甲类卷烟的消费税税率由原来的45%调整为56%；乙类卷烟由原来的30%调整为36%。另外，在卷烟批发环节加征一道从价税，税率为批发价的5%。

2014年5月31日是第27个世界无烟日，主题是“提高烟草税”。增加烟草税、提高卷烟价格是一项双赢的控烟措施，即能增加国家财政收入，又可控制烟草流行，降低烟民健康损害。2022年世界无烟日的活动主题为：“烟草威胁环境”。为了自己和家人的健康，为了更好的生存环境，请勿吸烟。

项目四　关税的计算与缴纳

项目介绍

关税是海关依法对进出境货物、物品征收的一种税。它是目前世界各国(地区)普遍征收的一种税，是国际通行的税种。关税在各国一般属于国家最高行政单位指定税率的高级税种。关税和非关税措施是衡量一个国家市场开放度的主要标志。进口货物的收货人、出口货物的发货人和进出境物品的所有人都是关税的纳税人。征收对象是进出境的货物和物品，具有强制性、无偿性和预定性等特点。关税按征税对象可分为进口关税、出口关税和过境关税。目前，许多国家已不使用过境关税和出口关税，通常所称的关税主要指进口关税。世界各国都以征收进口关税作为限制外国货物进口的一种手段，适当地使用进口关税，可以保护本国工农业生产，也可以作为调节本国生产和经济发展的杠杆。关税是单一环节的价外税(间接税)，属于流转税，由政府设置的海关征收。现行关税法律规范以全国人民代表大会于2017年11月修正颁布的《中华人民共和国海关法》为法律依据，以国务院于2017年3月修正发布的《中华人民共和国进出口关税条例》，以及由国务院关税税则委员会审定并报国务院作为条例组成部分的《中华人民共和国进出口税则》和《中华人民共和国海关入境旅客行李物品和个人邮递物品税收进口税办法》为基本法规，以负责关税政策制定和征收管理的主管部门依据基本法规拟定的管理办法和实施细则为主要内容。

本项目以滨海市兴隆进出口公司的相关资料为案例，提炼出三大工作任务：①全面认识关税；②准确计算进出口关税税额；③办理关税纳税申报。为了完成这三个任务，在知识准备方面，介绍了关税的构成要素，包括关税的纳税人、征税对象、税则税率等；关税的计算，包括进口关税的计算和出口关税的计算；关税的纳税申报，包括纳税义务发生时间、纳税期限、纳税地点等。关税的税率、关税完税价格的确定、关税应纳税额的计算是本项目的重点和难点。关税完税价格的确定，特别是进口关税完税价格的调整是我们学习关税的关键内容。

计算并缴纳关税业务流程：进出口业务发生→确定商品税则号→界定原产地→确定关税税率→计算关税完税价格→计算应纳关税→缴纳关税→通关→办理出口退税。

知识链接

秒懂关税

我国关税的由来及发展

我国关税，源远流长。作为我国现行主要税种之一的关税，从奴隶社会的“关市之征”，到我国现行的关税制度，经历了一个曲折漫长的发展历程。

一、关税的产生与发展时期

中国“关税之征”的记载起源于西周。西周时期就在边境设立关卡。《周礼·地官》中有“关市之征”的记载，就是国家规定货物通过边境的“关”和国内的“市”，要进行检查和征收赋税。关税是对进出关卡的物品征税；市税是在领地内商品聚散集市上对进出集市的商品征税。据《周礼·天官》记载，周朝中央征收九种赋税，“关市税”是其中一种。“关市之征”是我国关税雏形，我国的“关税”的名称也是由此演进而来的。

唐朝是我国封建社会发展的鼎盛时期，对外贸易有了很大发展，在重要的沿海港口，设市舶使，征收市舶税，市舶税成为唐朝重要的财政收入之一。宋承唐制，继续扩大海外贸易，对来往船只征收市舶税。元朝的市舶课税制度沿袭了宋朝的抽分法，对进出口货物抽取定量实物，经过多次改良，元朝的市舶课制度较前代复杂而更日趋完备。明朝的市舶与宋、元不同。宋、元对进行海上贸易的中外船只，均称市舶，明朝市舶则专指在中国近海停泊的外国商船。明朝对海外诸国来华贸易的货物，不征市舶税，而是实行贡舶制度。这种制度，既无财政目的，又无互通货物的意义。直到明朝后期，政府才以船税充饷，进行关税的征收。

清朝前期实行海禁政策，对外通商只限澳门一地。直到康熙二十八年(1689 年)，才开始征收国境税，海船征收吨税。清朝康熙年间，在沿海设立粤、闽、浙、江四个“海关”，对进出口的货物征收船钞和货税，这时的关税概念仍包括内地关税和边境关税。到了清朝后期，当时的海关税主要包括进口税、出口税、子口税、复进口税、船钞洋药厘金、机器制造货出厂税等七项内容。

二、协定关税时期

鸦片战争爆发后，清政府被迫实行“门户开放”，外国列强控制了中国的海关大权。中英《南京条约》与《虎门条约》中的海关税则载明于条约，非经两国同意不能修改，即所谓协定关税，至此中国经历了长达 90 多年的协定关税时期。在这一时期，国境关税和内地关税逐渐有所区别。到 1931 年取消了常关税、子口税、厘金税等国内税，转口税不久也取消了。此后，我国的关税就只指进口税和出口税。对进出国境的货物只在进出境时征收关税。

三、自主关税时期

新中国成立后，废除了一切不平等条约，取缔了帝国主义列强在关税方面的特权，我国才真正取得了关税自主权。

1.1949—1979年是关税保护阶段

新中国成立伊始，经济贫穷落后，民族工业弱小，国外对我国实行封锁政策。为了保护我国的社会主义建设，发展经济，于1951年对外公布实施了我国第一部独立自主的《海关进出口税则》和《海关进出口税则暂行实施条例》，这部税则及其实施条例已具有现代关税的雏形，一直实行到改革开放初期。这一阶段，我国实行的是保护性关税政策，每年的对外贸易进出口额不大，关税收入很少。

2.1979—1994年是关税保护与促进发展阶段

经过新中国成立以来30年的经济建设，国民经济已具备了一定的实力。但旧有的高度集中的计划经济体制和半封闭式的发展方式已不适应现代市场经济的发展。自20世纪80年代实施对外开放政策后，国际经济贸易往来大量增多，关税制度不断改革和完善。1985年，我国海关采用布鲁塞尔税则目录，并且对税率进行了重大调整，形成我国第二部税则，使平均关税水平大大低于第一部税则的。1987年1月22日第六届全国人民代表大会常务委员会修订通过了《中华人民共和国海关法》，自1987年7月1日起施行，标志着在改革开放中实现了由内向型向开放型适度保护性关税政策的转变。

3.1995年至今是关税的重大调整和改革阶段

针对我国的国情和与国际惯例接轨的趋势，关税制度需要进行调整和改革。加入WTO后，对大部分商品做出了关税减让，大幅度地降低进口关税税率，关税的保护功能降低，财政职能弱化。2000年7月全国人民代表大会修订正颁布了《中华人民共和国海关法》；尔后又分别于2000年7月8日、2013年6月29日、2013年12月28日和2017年11月4日进行了四次修改。为了贯彻对外开放政策，促进经济贸易和国民经济的发展，根据《中华人民共和国海关法》的有关规定，2003年11月国务院发布了《中华人民共和国进出口关税条例》以及由国务院关税税则委员会审定并报国务院的作为条例组成部分的《中华人民共和国进出口税则》和《中华人民共和国海关入境旅客行李物品和个人邮递物品税收进口税办法》等。2011年1月8日、2013年12月7日、2016年2月6日和2017年3月1日又分别对《中华人民共和国进出口关税条例》进行了修改。

案例背景

企业基本信息

统一社会信用代码：814710410 *** JF36W

企业名称：滨海市兴隆进出口公司

纳税人识别号：370210000234763

进出口货物许可证：3500023042

住　　所：滨海市高新区嘉达路102号

电　　话：2336777

法人代表：刘涛

注册资本：5 000万元

经营范围：产品进、出口

开户银行：中国银行海滨市高新区分行

银行账号：3702067012346328 ****

会计负责人：冯美凯

报税员：李梅

报关员：李梅

税务微观

最早征收关税的诸侯国

宋国商丘是中国征收关税最早的地方。杨伯竣所著的《春秋左传注》记载，公元前61年，宋武公根据当时宋国国都睢阳城商业发展情况，即颁布法令让一些守卫城门及管理商业的人员“以门(即现在所称谓的关)赏而班，使食其征。”由此可见，宋国向商人征收关税在春秋诸侯国中是最早的，也可以说商丘是中国海关税的发祥地。宋国征收关税，与宋国商业的繁荣与各诸侯国的商贾频繁往来是分不开的。

任务一　走进关税

任务目标

知识目标：

1. 掌握关税的构成要素。

2. 熟悉关税的优惠政策。

能力目标：

1. 能界定入境货物的原产地。

2. 能运用关税的优惠政策。

3. 能够判断哪些货物、哪些单位或个人应缴纳关税。

素养目标：

培养经济全球化意识与国家主权意识，激发爱国主义情怀。

任务导出

情境描述

为了迎接全国税法知识大赛，滨海市税务局在本市举办了一场税法知识选拔赛。李梅作为公司的报税员和报关员，很荣幸地被选拔为参赛选手，全程参加了这次选拔赛，并取得了很好的成绩。在参赛过程中，她遇到了这样一道抢答题：我国关税中提到的“关境”和“国境”二者的关系是否相等？

讨论：“国境”与“关境”有何区别？

任务：正确理解“国境”与“关境”的关系。

知识准备

关税是海关依法对进出境的货物、物品征收的一种税。“境”是指关境，又称“海关境域”或“关税领域”，是国家海关法全面实施的领域。

关税作为国家财政的主要来源，是由国家对进出国境或关境的特定货物和物品途径海关通道进出口而课征的。关税具有涉外统一性，执行统一的对外经济政策；关税对货物或物品在进出境时实行一次课征制；关税由海关代表国家征收。

我国目前对进出境货物征收的关税分为进口关税和出口关税两类。

1. 关税的征税对象

关税的征税对象是准许进出境的货物和物品。

“货物”是指贸易性商品；“物品”包括入境旅客随身携带的行李物品、各种运输工具上服务人员携带的自用物品、个人邮递物品、馈赠物品及以其他方式入境的个人物品。

2. 关税的纳税人

进口货物的收货人、出口货物的发货人、进境物品的所有人，是关税的纳税人。

“进出口货物的收发货人”是指依法取得对外贸易经营权并发生进出口业务的法人或其他社会团体，包括外贸进出口公司、工贸或农贸结合的进出口公司、其他经批准经营进出口商品的企业。“进境物品的所有人”包括入境旅客随身携带的行李物品的持有人，各种运输工具上服务人员入境时携带的自用物品的持有人，馈赠物品及以其他方式入境的个人物品的所有人，个人邮递物品的收件人。

3. 关税税则

关税税则又称海关税则，是一国政府对进出口商品计征关税的规章和对进出口的应税与免税商品加以系统分类的一览表。海关凭以征收关税，是关税政策的具体体现。关税税则一般包括两部分：一部分是海关课征关税的规章条例及说明；另一部分是关税税目税率表。进出口税则以税率表为主。

知识拓展

国务院关税税则委员会职权

国务院关税税则委员会由国务院设立，主要负责：进出口税则和进境物品进口税税率表的税目、税则号列和税率的调整和解释，报国务院批准以后执行；决定实行暂定税率的货物、税率和期限；决定关税配额税率；决定征收反倾销税、反补贴税、保障措施关税、报复性关税和实施其他关税措施；决定特殊情况下税率的适用；履行国务院规定的其他职责。

4. 关税税率

关税税率是关税法的核心，分为进口税率和出口税率。进出口货物应当按照税则规定的归类原则归入合适的税号，并按照适用的税率征税。

(1)进口关税税率。进口关税一般采用比例税率，实行从价计征的办法，但对啤酒、原油等少数货物实行从量计征。对广播用录像机、放像机、摄像机等实行从价加从量的复合税率。

进口关税设最惠国税率、协定税率、特惠税率、普通税率、暂定税率、关税配额税率等多种税率。

最惠国税率。它适用原产于与我国共同适用最惠国待遇条款的世界贸易组织成员的进口货物，或原产于与我国签订有相互给予最惠国待遇条款的双边贸易协定的国家(或地区)的进口货物，以及原产于我国境内的进口货物。

协定税率。它适用原产于我国参加的含有关税优惠条款的区域性贸易协定的有关缔约方的进口货物。

特惠税率。它适用原产于与我国签订有特殊关税优惠条款的国家(或地区)的进口货物。

普通税率。它适用原产于上述3条所列以外国家或者地区的进口货物，以及原产地不明的进口货物。

暂定税率。适用最惠国税率的进口货物有暂定税率的，应当适用暂定税率；适用协定税率、特惠税率的进口货物有暂定税率的，应当从低适用税率；适用普通税率的进口货物，不适用暂定税率。适用出口税率的出口货物有暂定税率的，应当适用暂定税率。

关税配额税率。实行关税配额管理的进口货物，在关税配额以内，适用关税配额税率。

(2)出口关税税率。我国对绝大部分出口货物不征收出口关税，只对少数产品征收出口关税。设置出口税率主要是为了限制出口的不可再生的资源类产品和国内紧缺的原材料。现行税则对100余种商品征收出口关税，主要是鳗鱼苗、部分有色金属矿砂及其精矿、生锑、氟钽酸钾、苯、山羊板皮、部分铁合金、钢铁废弃碎料、铜和铝原料及其制品、镍锭、锌锭、锑锭。对于出口货物在一定时期内也实行暂定税率。

6. 原产地的规定

为了便于正确运用进口税则的各种税率，对产自不同国家(或地区)的进口货物适用不同的关税税率，必须确定进境货物的原产地。我国采用了“全部产地生产标准”和“实质性加工标准”两种国际上通用的原产地标准。

(1)全部产地生产标准。是指进口货物“完全在一个国家内生产或制造”，生产或制造国即为该货物的原产国。

(2)实质性加工标准。是适用于确定有两个或两个以上国家参与生产的产品的原产国的标准。其基本含义是：经过几个国家加工、制造的进口货物，以最后一个对货物进行经济上可以视为实质性加工的国家作为有关货物的原产国。“实质性加工”是指产品加工后，在进出口税则中四位数税号一级的税则归类已经有了改变，或者加工增值部分所占新产品总值的比例已超过30%。

7. 关税减免

关税减免是对某些纳税人和征税对象给予鼓励和照顾的一种特殊调节手段。关税减免分为法定减免、特定减免和临时减免。

(1)法定减免税。法定减免税是税法中明确列出的减税或免税。我国海关法和进出口关税条例明确规定了下列进口货物，免征关税。

①关税税额在人民币50元以下的一票货物。

②无商业价值的广告品和货样。

③外国政府、国际组织无偿赠送的物资。

④海关放行前损失的货物。

⑤进出境运输工具装载的途中必需的燃料、物料和饮食用品。

经海关核准暂时进境或者暂时出境，并在6个月内复运出境或者复运进境的以下进口货物，可以暂不缴纳关税。

①在展览会、交易会、会议及类似活动中展示或者使用的货物。

②文化、体育交流活动中使用的表演、比赛用品。

③进行新闻报道或者摄制电影、电视节目使用的仪器、设备及用品。

④开展科研、教学、医疗活动使用的仪器、设备及用品。

⑤在第①～④项所列活动中使用的交通工具及特种车辆。

⑥货样。

⑦供安装、调试、检测设备时使用的仪器、工具。

⑧盛装货物的容器。

⑨其他用于非商业目的的货物。

下列企业(项目)进口的规定的自用设备和按照合同随同设备进口的配套技术、配件和备件，可以免征关税。

①国家鼓励、支持发展的外商投资项目和国内投资项目在投资总额内进口的。

②企业为生产《中国高新技术产品目录》中所列的产品而进口的。

③软件企业进口的。

(2)特定减免税。特定减免税也称政策性减免税，是指在法定减免税之外，国家按照国际通行规则和我国实际情况，制定发布的有关进出口货物减免关税的政策。特定减免税货物一般有地区、企业或用途的限制，海关需要进行后续管理，也需要进行减免税统计。主要包括科教用品，残疾人专用品，扶贫、慈善性捐赠物资，加工贸易产品(加工装配和补偿贸易、进料加工)，边境贸易进口物资，保税区进出口货物，出口加工区进出口货物，进口设备等货物和特定行业或用途的减免税政策、特定地区的减免税政策。

(3)临时减免税。临时减免税是指以上法定和特定减免税以外的其他减免税，即由国务院根据海关法对某个单位、某类商品、某个项目或某批进出口货物的特殊情况，给予特别照顾、一案一批、专文下达的减免政策。

解决任务

关境是指一国海关法规可以全面实施的领域。国境是指一个国家行使全部主权的国家空间，包括领陆、领海、领空。关境与国境的关系分为三种。

关境等于国境。一般而言，一国的关境与其国境的范围是一致的，关境即国境。

关境大于国境。结成关税同盟的国家，其成员国之间，货物进出国境不征收关税，只对来自和运往非同盟成员国的货物在进出共同关境时征收关税，此时每个成员国的关境大于国境，如欧盟。

关境小于国境。在设有保税区、保税仓库、自由港、自由区等区域的国家，这些区域不属于该国的关境范围之内，被称为“关境以外的本国领土”，此时，关境小于国境。

思考与练习

◆思考题

1. 我国关税的纳税人有哪些？

2. 我国的关税税率包括哪些类别？

◆单选题

1. 我国的关税是由(　　)代表国家征收。

A. 税务机关　　B. 海关　　C. 财政机关　　D. 司法机关

2. 下列不属于关税纳税人的是(　　)。

A. 进口货物的收货人

B. 出口货物的发货人

C. 邮递出口物品的寄件人

D. 进境物品的所有人

3. 关税属于(　　)，是一种间接税。

A. 流转税　　B. 财产税　　C. 资源税　　D. 行为税

4. 进口关税一般采用(　　)。

A. 比例税率　　B. 定额税率　　C. 复合税率　　D. 优惠税率

5. 经海关核准暂时进境或者暂时出境，并在 6 个月内复运出境或者复运进境的进口货物，可以暂不缴纳关税，但不包括(　　)。

A. 货样

B. 用于商业目的的货物

C. 盛装货物的容器

D. 供安装、调试、检测设备时使用的仪器、工具

◆多选题

1. 下列属于关税纳税人的有(　　)。

A. 进口货物的收货人　　B. 出口货物的发货人

C. 进口货物的发货人　　D. 进口货物的运输人

2. 下列物品中，应当征收关税的有(　　)。

A. 入境旅客随身携带的行李物品

B. 邮递入境的物品

C. 运输工具上服务人员入境时携带自用物品

D. 出境旅客随身携带的行李物

3. 目前，我国对(　　)等货物的进口关税实行从价加从量的复合税率。

A. 广播用录像机　　B. 放像机

C. 照相机　　D. 摄像机

4. 我国对(　　)等少数进口货物的关税采用从量计征。

A. 啤酒　　B. 木材　　C. 钢材　　D. 原油

5. 下列进口货物中免征关税的有(　　)。

A. 关税税额在人民币 100 元以下的一票货物

B. 广告品和货样

C. 外国政府、国际组织无偿赠送的物资

D. 进出境运输工具装载的途中必需的燃料、物料和饮食用品

任务二　关税的计算

任务目标

知识目标：

1. 掌握进出口关税完税价格的确定。

2. 掌握我国进出口关税的计征方式。

能力目标：

1. 能够准确计算进口关税。

2. 能够准确计算出口关税。

素养目标：

培养爱岗敬业精神和严谨细致的工作作风。

任务导出

情境描述

滨海市兴隆进出口公司是增值税一般纳税人，2019 年 6 月 1 日，发生两笔进出口业务(征税日人民币与美元的外汇折算率为 6.75∶1)：

(1)从日本进口一批小汽车，批准文号为 632100451，数量为 60 辆，单价为 32 000 美元，运抵青岛港的运费为 55 000 美元，保险费为 58 000 美元(消费税税率为 9%、增值税税率为 13%、进口关税税率为 5%)。

(2)出口美国合金生铁 5 000 千克，以到岸价格 326 000 美元成交，其中境外运费为 4 800 美元，保险费为 3 200 美元，出口关税税率为 20%。

讨论：该公司需要缴纳哪些税种?

任务：计算该公司应纳的各类税额。

知识准备

1. 计税依据

关税的计税依据是关税的完税价格或者货物数量。

完税价格是由海关确定或估计的纳税人用以缴纳关税税款的进出口货物的价格。进出口货物关税，以从价计征、从量计征或者国家规定的其他方式征收。

2. 计征方式

(1)从价计征关税。海关对进出口货物按照从价计征方式征收关税的，应当根据进出口货物的税则号列、完税价格、适用税率计算应纳税额，其计算公式为：

应纳税额＝应税进(出)口货物完税价格×税率

(2)从量计征关税。海关对进出口货物按照从量计征方式征收关税的，应根据进(出)口货物数量、单位税额计算应纳税额，其计算公式为：

应纳税额＝应税进(出)口货物数量×单位税额

(3)复合计征关税。我国目前实行的复合税都是先计征从量税，再计征从价税，其计算公式为：

应纳税额＝应税进(出)口货物数量×单位税额＋应税进(出)口货物完税价格×税率

任务实施

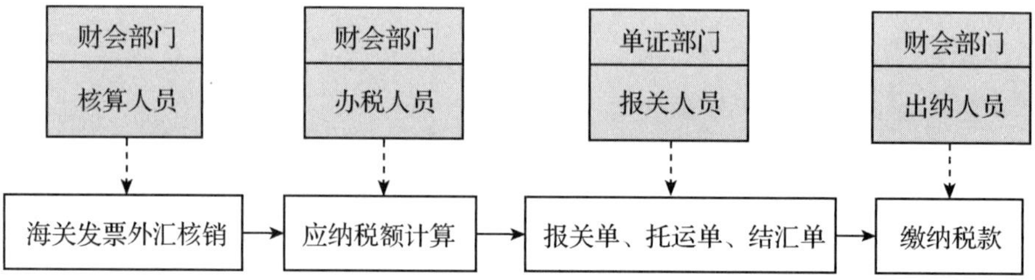

图 4-1　企业关税内部核算工作流程图

活动一　进口关税的计算

1. 进口货物完税价格的确定

进口关税的计税依据是进口货物的完税价格。进口货物的完税价格，由海关以该货物的成交价格为基础审查确定；成交价格不能确定时，完税价格由海关依法估定。

(1)以成交价格为基础的完税价格。进口货物的完税价格包括进口货物的成交价格以及该货物运抵我国境内输入地点起卸前的运输及其相关费用、保险费。

“进口货物的成交价格”是指买方为购买该货物，并按《中华人民共和国海关审定进出口货物完税价格办法》的有关规定调整后的实付或应付价格。

“实付或应付价格”是指买方为购买进口货物直接或间接支付的总额，即作为卖方销售进口货物的条件，由买方向卖方或为履行卖方义务向第三方已经支付或将要支付的全部款项。

如果下列费用或者价值未包括在进口货物的实付或者应付价格中，则应当计入完税价格。

①由买方负担的除购货佣金以外的佣金和经纪费。“购货佣金”是指买方为购买进

口货物向自己的采购代理人支付的劳务费用。“经纪费”是指买方为购买进口货物向代表买卖双方利益的经纪人支付的劳务费用。

②由买方负担的与该货物视为一体的容器费用。

③由买方负担的包装材料和包装劳务费用。

④与该货物的生产和向我国境内销售有关的，由买方以免费或者以低于成本的方式提供并可以按适当比例分摊的料件、工具、模具、消耗材料及类似货物的价款，以及在境外开发、设计等相关服务的费用。

⑤与该货物有关并作为卖方向我国销售该货物的一项条件，应当由买方直接或间接支付的特许权使用费。“特许权使用费”是指买方为获得与进口货物相关的、受著作权保护的作品、专利、商标、专有技术和其他权利的使用许可而支付的费用。但是在估定完税价格时，进口货物在境内的复制权费不得计入该货物的实付或应付价格之中。

⑥卖方直接或间接从买方对该货物进口后转售、处置或使用所得中获得的收益。

下列费用，如果能与该货物实付或者应付价格区分，则不得计入完税价格。

①厂房、机械、设备等货物进口后的基建、安装、装配、维修和技术服务的费用。

②货物运抵境内输入地点之后的运输费用、保险费和其他相关费用。

③进口关税及其他国内税收。

(2)进口货物海关估价方法。进口货物的价格不符合成交价格条件或者成交价格不能确定的，由海关估价确定。海关估价依次使用的方法包括：

①相同或类似货物成交价格方法，即以与被估的进口货物同时或大约同时(在海关接受申报进口之日的前后各 45 日以内)进口的相同或类似货物的成交价格为基础，估定完税价格。

②倒扣价格方法，即以被估的进口货物、相同或类似进口货物在境内销售的价格为基础估定完税价格。

③估定完税价格。按倒扣价格销售的货物应当同时符合 5 个条件，即在被估货物进口时或大约同时销售；按照进口时的状态销售；在境内第一环节销售；合计的货物销售总量最大；向境内无特殊关系方销售。以该方法估定完税价格时，下列各项应当扣除：该货物的同等级或同种类货物，在境内销售时的利润和一般费用及通常支付的佣金；货物运抵境内输入地点之后的运费、保险费、装卸费及其他相关费用；进口关税、进口环节税和其他与进口或销售上述货物有关的国内税。

④计算价格方法，即按下列各项的总和计算出的价格估定完税价格。有关项目为：生产该货物所使用的原材料价值和进行装配或其他加工的费用；与向境内出口销售同等级或同种类货物的利润、一般费用相符的利润和一般费用；货物运抵境内输入地点

起卸前的运输及相关费用、保险费。

⑤其他合理方法，即根据《中华人民共和国海关审定进出口货物完税价格办法》规定的估价原则，以在境内获得的数据资料为基础估定完税价格。

2. 进口货物关税完税价格中运输费、保险费及相关费用的计算

(1)以一般陆运、海运、空运方式进口的货物。陆运进口货物时，进口货物的运输及相关费用、保险费应计算至该货物运抵境内的第一口岸，如果运输及其相关费用、保险费支付至目的地口岸，则应计算至目的地口岸；海运进口货物时，应计算至该货物运抵境内的卸货口岸，如果该货物的卸货口岸是内河(江)口岸，则应计算至内河(江)口岸；空运进口货物时，应计算至该货物运抵境内的第一口岸，如果该货物的目的地为境内的第一口岸外的其他口岸，则计算至目的地口岸。

陆运、海运和空运进口货物的运费和保险费，应当按照实际支付的费用计算。如果进口货物的运费无法确定或未实际发生，海关应当按照该货物进口同期运输行业公布的运费率(额)计算运费；按照“货价加运费”两者总额的0.3%计算保险费。

(2)以其他方式进口的货物。邮运进口的货物，应当以邮费作为运输及其相关费用、保险费；以境外边境口岸价格条件成交的铁路或公路运输进口货物，海关应当按照货价的1%计算运输及其相关费用、保险费；作为进口货物的自驾进口的运输工具，海关在审定关税价格时，可以不另行计入运费。

3. 应纳税额的计算

进口货物的应纳关税税额是由进口货物的完税价格和进口关税税率确定的，即

进口货物的应纳关税税额＝进口货物的完税价格×进口关税税率

【任务案例4-1】某企业进口商品一批，支付境外的买价为200万元，支付境外的经纪费为3万元，支付运抵我国海关前的运输费为12万元，保险费和装卸费为8万元，支付海关再运往该企业的运输费用为2万元，装卸费和保险费共计2万元，关税税率为10%，计算该企业在进口环节应缴纳的关税。

解析：

进口货物的完税价格由成交价格以及该货物运抵我国境内输入地点起卸前的运费及其相关费用、保险费等组成。海关再运往该企业的各项费用不得计算在内。

应纳关税税额＝进口货物的完税价格×税率＝(200＋3＋12＋8)×10%＝22.3(万元)。

【任务案例4-2】某公司进口美国产某种啤酒1 000箱，每箱24瓶，每瓶为500毫升，价格CIF[①]2 880美元，适用关税税率为3元/升。征税日人民币与美元的外汇折算

① CIF(Cost Insurance and Freight)，国际贸易术语，指成本、保险费加运费。

率为 6.88∶1。

解析：

应纳关税税额＝1 000×24×500÷1 000×3＝36 000(元)。

练一练

某公司进口 5 台日本产摄像机，每台价格为 CIF7 000 美元，征税日人民币与美元的外汇折算率为 6.84∶1，适用优惠税率为每台完税价格高于 5 000 美元的，从量税额为每台 13 200 元，从价税为 3%。计算该公司的应纳关税税额。

活动二　出口关税的计算

1. 出口关税完税价格的确定

出口关税完税价格是出口关税的计税依据。出口货物的完税价格，由海关以该货物的成交价格为基础审查确定。成交价格不能确定时，完税价格由海关依法估定。

(1)以成交价格为基础的完税价格。出口货物的完税价格包括向境外销售货物的成交价格以及该货物运至境内输出地点装载前的运输费、保险费及其相关费用。但出口关税不计入完税价格。出口货物的成交价格，是指该货物出口销售时卖方为出口该货物应当向买方直接和间接收取的价款总额。其计算公式为

出口货物的完税价格＝离岸价格÷(1＋出口关税税率)

离岸价格不包含离境口岸至境外口岸之间的运输费、保险费。

(2)出口货物海关估价方法。出口货物的成交价格不能确定时，完税价格由海关依次使用下列方法估定。

①与该货物同时或者大约同时向同一国家或地区销售出口的相同商品的成交价格；

②与该货物同时或者大约同时向同一国家或地区销售出口的类似商品的成交价格；

③根据境内生产相同或类似商品的成本、储运和保险费、利润及其他杂费计算所得的价格；

④按照合理方法估定的价格。

2. 出口货物关税完税价格中运输费、保险费及相关费用的计算

出口货物的销售价格若包含离境口岸至境外口岸之间的运输费、保险费，该运输费、保险费应当予以扣除。

3. 应纳税额的计算

出口货物关税税额是由出口货物的完税价格和出口关税税率确定的，即

出口货物的关税税额＝出口货物的完税价格×出口关税税率

【任务案例4-3】某外贸企业出口产品一批，离岸价格为1 000万元，关税税率为10％，请计算出口关税。

解析：

完税价格＝1 000×(1＋10％)＝1 100(万元)；

应纳关税税额＝1 100×10％＝110(万元)。

解决任务

滨海市兴隆进出口公司应该缴纳进口关税、进口环节的增值税、消费税和出口关税。

1. 计算应纳进口关税税额。

关税完税价格＝(60×32 000＋55 000＋58 000)×6.75＝13 722 750(元)；

应纳进口关税税额＝13 722 750×5％＝ 686 137.50(元)。

2. 计算应缴消费税税额。

组成计税价格＝(13 722 750＋686 137.5)÷(1－9％)＝15 833 942.31(元)；

应纳消费税税额＝15 833 942.31×9％＝1 425 054.81(元)。

3. 计算应缴增值税税额。

应纳增值税税额＝15 833 942.31×13％＝2 058 412.50(元)。

4. 计算应纳出口关税税额。

关税完税价格＝(326 000－4 800－3 200)×6.75＝2 146 500 (元)；

应纳出口关税税额＝2 146 500×20％＝429 300(元)。

思考与练习

◆单选题

1. 出口关税的计税依据是(　　)。

A. 出口货物成交价　　B. 出口关税完税价格

C. 进口货物成交价　　D. 进口关税完税价格

2. 下列关于进口关税完税价格的表述中，正确的是(　　)。

A. 进口货物以成交价格为完税价格

B. 完税价格不包括在境外运输途中发生的运费和保险费

C. 完税价格不包括进口关税

D. 完税价格包括进口货物在境内运输途中发生的运费和保险费

3. 某外贸企业出口一批货物，离岸价为 5 万美元(征税日人民币与美元的外汇折算率为 8.4∶1)，该批出口货物应纳的关税为(　　)万元(出口关税税率为 20%)。

A. 7　　B. 8.33　　C. 8.4　　D. 10.5

4. 陆运、海运和空运进口货物的运费和保险费，应当按照(　　)的费用计算。

A. 实际支付　　B. 海关规定　　C. 合同规定　　D. 合理估定

◆多选题

1. 关税的计税依据是关税的(　　)。

A. 完税价格　　B. 应税货物数量　　C. 成交价格　　D. 到岸价格

2. 下列各项中，应计入出口货物的完税价格的有(　　)。

A. 出口关税税额

B. 货物运至我国境内输出地点装载前的保险费用

C. 该货物向境外销售的成交价格

D. 货物运至我国境内输出地点装载前的运输费用

3. 出口货物关税税额是由(　　)确定的。

A. 出口货物的完税价格　　B. 出口关税税率

C. 出口货物的成交价格　　D. 出口货物的离岸价格

4. 出口货物的销售价格若包含离境口岸至境外口岸之间的(　　)，应当予以扣除。

A. 离境口岸前的运输费　　B. 离境口岸前的保险费

C. 离境口岸后的运输费　　D. 离境口岸后的保险费

◆计算题

1. 某外贸进出口公司是增值税一般纳税人，5 月从韩国进口一批化妆品，支付境外的买价折合人民币为 260 万元，支付境外的经纪费 5 万元，支付货物运抵中国海关境内输入地起卸前的运输费、保险费和装卸费等共计 32 万元，关税税率为 10%；另出口美国一批商品，海关核定的离岸价格为 1 100 万元，关税税率为 10%。试计算该公司应纳的进口关税和出口关税。

2. 某外贸进出口公司 7 月发生下列业务。

(1)3 日，从加拿大进口一批化工原料，货物以境外口岸离岸价格成交，折合人民币为 200 万元，买方承担包装费 5 万元，支付佣金 10 万元，支付货物运抵中国海关境内输入地起卸前的运输、保险和其他费用为 20 万元，进口后又发生运输和装卸费用 3 万元，关税税率为 10%。

(2)2 年前公司由于承担国家重要工程项目，经批准进口了一套电子设备。使用 2

年后，项目完工，公司又将该设备出售给了国内另一家企业，并向海关办理申报补税手续。该电子设备的到岸价格为 60 万元，进口时该设备关税税率为 13%，转售时该设备关税税率为 7%，海关规定的监管年限为 5 年。

(3)15 日，公司出口产品一批，离岸价格为 1 200 万元，支付境内佣金比例为 3%，运费和商检等其他杂费为 130 万元，产品出口关税税率为 20%。

(4)25 日，公司从瑞士进口一批高档手表，以离岸价格成交，折合人民币为 2 000 万元，支付佣金 30 万元，另支付货物运抵我国港口的运费、保险费 70 万元。适用关税税率为 11%、增值税税率为 13%、消费税税率为 20%。

要求：

(1)计算各项进出口业务应纳的关税税额。

(2)计算进口高档手表应纳的消费税、增值税。

任务三　关税的缴纳

任务目标

知识目标：

1. 了解关税的纳税时间、纳税地点。

2. 掌握进出口报关单的填制方法及报关流程。

能力目标：

1. 能正确填报进出口报关单、出口收汇核销单、开具海关发票。

2. 能办理企业的进出口报关业务。

素养目标：

树立依法纳税的意识和培养良好的职业沟通、协调能力。

任务导出

情境描述

接任务二的情境描述，李梅接到通知，公司从日本进口的60辆小汽车已经到达青岛港口，需要办理入关手续；同时，出口到美国的合金生铁，也需要办理出关手续。于是，李梅携带着相关票据资料，前去海关办理报关手续。

讨论：办理通关手续，通常要做好哪些工作？

任务：办理这批进出口货物的报关手续。

知识准备

1. 关税的申报

(1)纳税时间。进口货物应自运输工具申报进境之日起14日内，由收货人或其代理人向海关申报；出口货物应自货物运抵海关监管区后装货的24小时以前，向海关申报。

(2)纳税期限。纳税人应当自海关填发税款缴款书之日起15日内向指定银行缴纳税款。纳税人未按期缴纳税款的，相关部门从滞纳税款之日起，按日加收滞纳税款万分之五的滞纳金。纳税人因不可抗力或者在国家税收政策调整的情形下，不能按期缴纳税款的，经海关总署批准，可以延期缴纳税款，但是最长不得超过6个月。

(3)纳税地点。为方便纳税人，经申请和海关同意，进(出)口货物的纳税人可以在设有海关的指定地(启运地)办理海关申报、纳税手续。

(4)纳税环节。我国进出口货物关税的征收，在报关环节由海关代征，报关环节即关税的纳税申报环节。

2. 关税的缴纳

海关在接受纳税人的申报之后，即可对实际货物和物品进行查验，然后根据货物的税则归类和完税价格计算应缴纳关税和进口环节代征税，并填发缴款书，由纳税人持缴款书到指定银行办理税款交付或转账手续。

3. 关税的强制执行

关税纳税人未在关税缴纳期限内缴纳税款，即构成关税滞纳。对此，海关可以采取下列强制措施：

(1)征收滞纳金。滞纳金自关税缴纳期限届满之日起，至纳税人缴纳关税之日止，按滞纳税款万分之五的比例按日征收，周末或法定节假日不予扣除。

(2)强制征收。如果纳税人自海关填发缴款书之日起 3 个月仍未缴纳税款，经海关关长批准，可以采取强制扣缴、变价抵缴等强制措施。

4. 关税退还

海关多征的税款，海关发现后应当立即退还；纳税人自缴纳税款之日起 1 年内，可以要求海关退还。有下列情形之一的，进出口货物的收发货人或者他们的代理人，可以自缴纳税款之日起 1 年内，书面声明理由，连同原纳税收据向海关申请退税，逾期不予受理。

(1)因海关原因误征，多纳税款的。

(2)海关核准免验进口的货物，在完税后，发现有短卸情形，经海关审查认可的。

(3)已征出口关税的货物，因故未装运出口，申报退关，经海关查验属实的。

海关应自受理退税申请之日 30 日内做出书面答复，并通知退税申请人。

5. 关税补征和追征

补征和追征是海关在关税纳税人按海关核定的税额缴纳关税后，发现实际征收的税额少于应当征收的税额时，责令纳税人补缴所差税款的一种行政行为。

进出口货物、进出境物品放行后，海关发现少征或者漏征税款，应当自缴纳税款或者货物、物品放行之日起 1 年内向纳税人补征。因纳税人违反规定而造成的少征或者漏征的税款，自纳税人应缴纳税款之日起 3 年内予以追征，并从缴纳税款之日起按日加收少征或者漏征税款万分之五的滞纳金。

任务实施

进出口货物收发货人或其代理人向海关办理进出口手续时，填写进口货物报关单或出口货物报关单，同时提供批准货物进出口的许可证和有关的货运商业票据，海关凭此审查货物进出口的合法性，确定关税的征收或减免，编制海关统计。我国进口货物入关一般要经过申报、审单、审价、缴税、查验、放行等环节，其申报流程如图 4-2 所示。

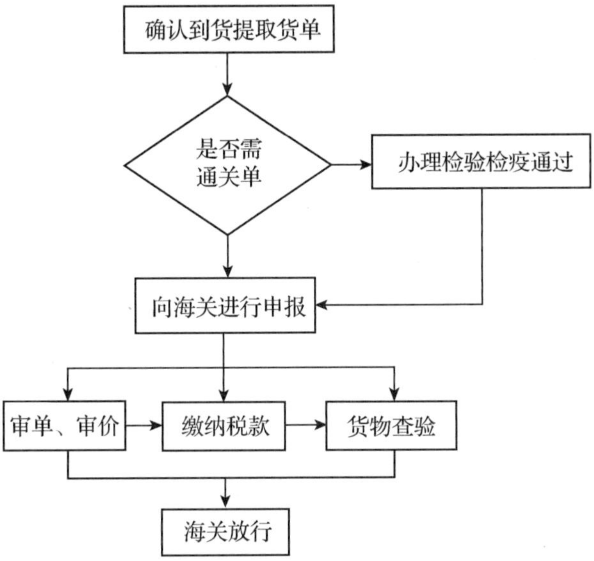

图 4-2　进口货物关税申报流程图

1. 填报进出口货物报关单

进出口货物报关单是指进出口货物收发货人或其代理人，按照海关规定的格式对进出口货物的实际情况做出书面申明，以此要求海关对其货物按适用的海关制度办理通关手续的法律文书。它既是海关监管、征税、统计以及开展稽查和调查的重要依据，又是出口退税和外汇管理的重要凭证。

报关单分为进口货物报关单和出口货物报关单；若按表现形式又可分为纸质报关单与电子数据报关单。在实际操作中，多数的企业都采用通过计算机系统先提交电子数据报关单，再打印纸质报关单提交给海关的形式申报。提交电子数据报关单多采用委托预录入申报的形式，由报关单位的报关员手工填写报关单预录入凭单的各个栏目，然后交给预录入单位，预录入单位凭以预录入。预录入单位预录入后打印一份，由委托预录入的报关员审核，确认无误后提交，向海关申报(传输电子数据进入海关的报关自动化系统)。这个经确认无误录入并提交到海关计算机系统中的报关单就是预录入报关单。海关计算机系统对报关单进行审核，通过审核的计算机自动接受申报，并记录接受申报的时间，发出接受申报的信息。海关接受申报的报关单称为电子数据报关单，报关员凭此打印纸质报关单，签名盖章，连同随附单证向现场海关递交。进出口货物报关单如表 4-1、表 4-2 所示。

表 4-1　中华人民共和国海关进口货物报关单

预录入编号：0207893 ***　　　　　　　　　　海关编号：0207000851

进口口岸 青岛海关(4200)	备案号		进口日期 20190601	申报日期
经营单位 滨海市兴隆进出口公司 814710410 *** JF36W	运输方式 海运		运输工具名称 OCCLZHOUSHAN125S	提运单号 KHLPCL23008
收货单位 滨海市兴隆进出口公司 814710410 *** JF36W	贸易方式 一般贸易(0110)		免税性质 一般征税(101)	征税比例
许可证号 341000574	起运国(地区) 日本		装货港 大阪	境内目的地 滨海市
批准文号	成交方式 FOB	运费 502/55 000/3	保费 502/58 000/ 3	杂费
合同协议号 WST52310078	件数 60	包装种类 纸箱	毛重/千克 300	净重/千克 210
集装箱号 TESU521085	随附单据			用途 01
标记唛码及备注				

项号	商品编号	商品名称	规格型号	数量及单位	原产国(地区)	单价	总价	币制	征免
01	85211011	小汽车		60 辆	日本	32 000.00	1 920 000.00	USD(502)	照章征税

税费征收情况		
录入员　　录入单位	兹声明以上申报无讹并承担法律责任	海关审单批注放行日期(签章)
报关员　　李梅 报关单位(签章) 单位地址　滨海市高新区嘉达路10[illegible]号 邮编 2 *****　　电话 2336777　填制日期 20190606 滨海市兴隆进出口公司 37021000234763 报关专用章		审单　　审价 征税　　统计 查验　　放行 中华人民共和国青岛海关 验讫章

表 4-2　中华人民共和国海关出口货物报关单

预录入编号：0207034 ***　　　　　　　　　　　　海关编号：0207000893

<table>
<tr><td>出口口岸
青岛海关(4200)</td><td colspan="2">备案号</td><td colspan="2">进口日期</td><td>申报日期
20190601</td></tr>
<tr><td>经营单位
滨海市兴隆进出口公司
814710410 *** JF36W</td><td colspan="2">运输方式
海运</td><td colspan="2">运输工具名称
OCCLZHOUSHAN125S</td><td>提运单号</td></tr>
<tr><td>发货单位
滨海市兴隆进出口公司
814710410 *** JF36W</td><td colspan="2">贸易方式
一般贸易(0110)</td><td colspan="2">免税性质
一般征税(101)</td><td>征税比例</td></tr>
<tr><td>许可证号</td><td colspan="2">起运国(地区)
中国</td><td colspan="2">装货港
青岛</td><td>境内货源地
滨海市</td></tr>
<tr><td>批准文号</td><td>成交方式
CIF</td><td colspan="2">运费
502/4 800/3</td><td>保费
502/3 200/3</td><td>杂费</td></tr>
<tr><td>合同协议号
WBI36310024D</td><td>件数</td><td colspan="2">包装种类</td><td>毛重/千克</td><td>净重/千克</td></tr>
<tr><td>集装箱号
TESU521085</td><td colspan="4">随附单据</td><td>生产厂家</td></tr>
<tr><td colspan="6">标记唛码及备注</td></tr>
</table>

项号	商品编号	商品名称	规格型号	数量及单位	原产国(地区)	单价	总价	币制	征免
01	7201500010	合金生铁		5 000 千克	中国	65.2	326 000	USD	

<table>
<tr><td colspan="3">税费征收情况</td></tr>
<tr><td>录入员　　录入单位</td><td>兹声明以上申报无讹并承担法律责任</td><td rowspan="2">海关审单批注放行日期(签章)
中华人民共和国青岛海关
验讫章
审单　　审价
征税
查验　　放行</td></tr>
<tr><td colspan="2">报关员　李梅
报关单位(签章)
单位地址　滨海市高新区嘉达路102号
滨海市兴隆进出口公司
37021000234763
报关专用章
邮编 2*****　电话 2336777　填制日期 20190606</td></tr>
</table>

2. 填制出口收汇核销单

《出口收汇核销单》是指由国家外汇管理局制发，出口单位和受托行及解付行填写，海关凭此受理报关，外汇管理部门凭此核销收汇的有顺序编号的凭证(核销单附有存根)。其格式如图 4-3 所示。

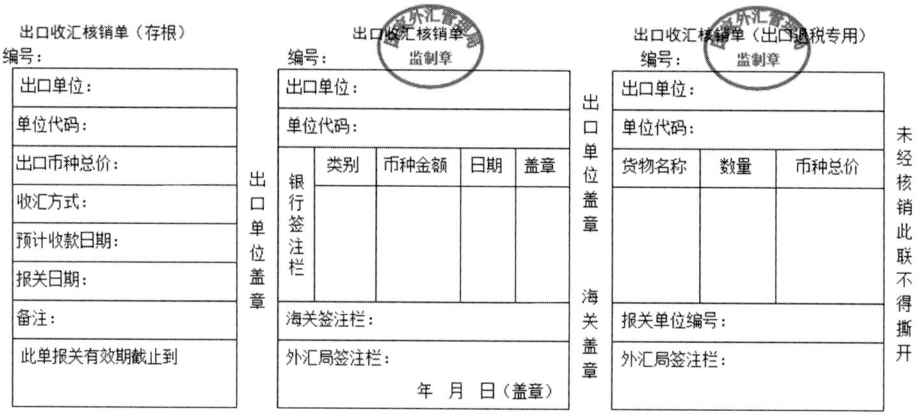

图 4-3 出口收汇核销单

(1)领单。出口单位在开展出口业务前，先用 IC 操作员卡在网上领单，3 日之后再到外汇局电子口岸凭 IC 卡领取核销单。出口单位向外汇局申领核销单后，进入电子口岸进行备案。

核销单自领单之日起 2 个月以内报关有效。出口单位应当在失效之日起 1 个月内将未用的核销单退回外汇局注销。

出口单位填写的核销单应与出口货物报关单上记载的有关内容一致。

(2)报关。出口单位持在有效期内、加盖出口单位公章的核销单和相关单据(报价单、商业发票、装箱单及海运货物保险单等各类单证)办理报关手续。

(3)送交存根。出口单位办理报关后，应当自报关之日起 60 天内，凭核销单及海关出具的贴有防伪标签、加盖海关“验讫章”的出口报关单、外贸发票到外汇局办理送交存根手续。

(4)核销。出口单位应当在收到外汇之日起 30 天内凭核销单、银行出具的“出口收汇核销专用联”到外汇局办理出口收汇核销。

(5)退税。核销之后再到税务局去办理退税。

3. 开具海关发票

海关发票是出口商应进口国海关要求出具的一种单据，基本内容同普通的商业发票类似，其格式一般由进口国海关统一制定并提供，主要是用于进口国海关统计、核实原产地、查核进口商品价格的构成等。

4. 缴纳关税

海关根据税则归类和完税价格计算应纳的关税和进口环节代征税(如消费税、增值税等)，并填发《海关进口关税专用缴款书》(表 4-3)、《海关出口关税专用缴款书》(表 4-4)、《海关进口增值税专用缴款书》(表 4-5)、《海关进口消费税专用缴款书》(表 4-6)。纳税人应当自海关填发税款缴款书之日起 15 日内，持税款缴款书向指定的银行缴纳税款。

表 4-3　海关进口关税专用缴款书(收据联)

收入系统：海关系统　　填发日期：2019 年 6 月 6 日　　号码 NO：210010031200325210

收款单位	收入机关	中央国库			缴款单位(人)	名　称	滨海市兴隆进出口公司
	科目	进口关税	预算级次	中央		账 号	3702 0670 1234 6328 ***
	收款国库	中国工商银行海关支行				开户银行	中国银行海滨市高新区分行

税　号	货物名称	数量	单位	完税价格/￥	税率	税款金额/￥
352100002347 ***	小汽车	60	辆	13 722 750	5%	686 137.50
金额人民币(大写)：陆拾捌万陆仟壹佰叁拾柒元伍角整					合计	24 428.25

申请单位编号	814710410 *** JF36W	报关单编号	0207000851	填制单位	收款国库
合同(批文)号	WST52310078	运输工具(号)	OCCLZHOU SHAN125S	制单人	(银行)
缴款期限	2019.6.19	提装货号	KHLPCL 23008	复核人	
注	一般征税、照章征税 国际代码：810002578367￥			单证专用章	业务公章

中国工商银行 海关支行 2019-06-06 转讫

表 4-4　海关出口关税专用缴款书(收据联)

收入系统：海关系统　　填发日期：2019 年 6 月 6 日　　号码 NO：23060030200424102

收款单位	收入机关	中央国库			缴款单位(人)	名　称	滨海市兴隆进出口公司
	科目	进口关税	预算级次	中央		账 号	3702 0670 1234 6328 ***
	收款国库	中国工商银行海关支行				开户银行	中国银行海滨市高新区分行

税　号	货物名称	数量	单位	完税价格/￥	税率	税款金额/￥
352100002347 ***	合金生铁	5000	千克	2 146 500.00	20%	429 300.00
金额人民币(大写)：肆拾贰万玖仟叁佰元整					合计	429 300.00

申请单位编号	814710410 *** JF36W	报关单编号	0207000893	填制单位	收款国库
合同(批文)号	WST52310078	运输工具(号)	OCCLZHOU SHAN125S	制单人	(银行)
缴款期限	2019.6.19	提装货号	KHLPCL 23008	复核人	
注	一般征税、照章征税 国际代码：810002578367￥			单证专用章	业务公章

中国工商银行 海关支行 2019-06-06 转讫

表 4-5　海关进口增值税专用缴款书(收据联)

收入系统：海关系统　　　填发日期：2019 年 6 月 6 日　　　号码 NO：22001003020042315

<table>
<tr><td rowspan="3">收款单位</td><td>收入机关</td><td colspan="3">中央国库</td><td rowspan="3">缴款单位(人)</td><td>名　称</td><td colspan="2">滨海市兴隆进出口公司</td></tr>
<tr><td>科目</td><td>进口关税</td><td>预算级次</td><td>中央</td><td>账 号</td><td colspan="2">3702 0670 1234 6328 ***</td></tr>
<tr><td>收款国库</td><td colspan="3">中国工商银行海关支行</td><td>开户银行</td><td colspan="2">中国银行海滨市高新区分行</td></tr>
<tr><td colspan="2">税 号</td><td>货物名称</td><td>数量</td><td>单位</td><td colspan="2">完税价格/¥</td><td>税率</td><td>税款金额/¥</td></tr>
<tr><td colspan="2">352100002347 ***</td><td>小汽车</td><td>60</td><td>辆</td><td colspan="2">15 833 942.31</td><td>13%</td><td>2 058 412.50</td></tr>
<tr><td colspan="2"></td><td></td><td></td><td></td><td colspan="2"></td><td></td><td></td></tr>
<tr><td colspan="2"></td><td></td><td></td><td></td><td colspan="2"></td><td></td><td></td></tr>
<tr><td colspan="7">金额人民币(大写)：贰佰零伍万捌仟肆佰壹拾贰元伍角整</td><td>合计</td><td>¥66 689.12</td></tr>
<tr><td colspan="2">申请单位编号</td><td colspan="2">814710410 *** JF36W</td><td colspan="2">报关单编号</td><td>0207000851</td><td rowspan="4">填制单位
制单人
复核人
单证专用章</td><td rowspan="4">中国工商银行
海关支行
国库
2019-06-06
(银行)
转讫
业务公章</td></tr>
<tr><td colspan="2">合同(批文)号</td><td colspan="2">WST52310078</td><td colspan="2">运输工具(号)</td><td>OCCLZHOU SHAN125S</td></tr>
<tr><td colspan="2">缴款期限</td><td colspan="2">2019.6.19</td><td colspan="2">提装货号</td><td>KHLPCL 23008</td></tr>
<tr><td>备注</td><td colspan="6">一般征税、照章征税
国际代码：810002578367¥</td></tr>
</table>

表 4-6　海关进口消费税专用缴款书(收据联)

收入系统：海关系统　　　填发日期：2019 年 6 月 6 日　　　号码 NO：22001003020042315

<table>
<tr><td rowspan="3">收款单位</td><td>收入机关</td><td colspan="3">中央国库</td><td rowspan="3">缴款单位(人)</td><td>名　称</td><td colspan="2">滨海市兴隆进出口公司</td></tr>
<tr><td>科目</td><td>进口关税</td><td>预算级次</td><td>中央</td><td>账 号</td><td colspan="2">3702 0670 1234 6328 ***</td></tr>
<tr><td>收款国库</td><td colspan="3">中国工商银行海关支行</td><td>开户银行</td><td colspan="2">中国银行海滨市高新区分行</td></tr>
<tr><td colspan="2">税 号</td><td>货物名称</td><td>数量</td><td>单位</td><td colspan="2">完税价格/¥</td><td>税率</td><td>税款金额/¥</td></tr>
<tr><td colspan="2">352100002347 ***</td><td>小汽车</td><td>60</td><td>辆</td><td colspan="2">15 833 942.31</td><td>9%</td><td>1 425 054.81</td></tr>
<tr><td colspan="2"></td><td></td><td></td><td></td><td colspan="2"></td><td></td><td></td></tr>
<tr><td colspan="2"></td><td></td><td></td><td></td><td colspan="2"></td><td></td><td></td></tr>
<tr><td colspan="7">金额人民币(大写)：壹佰肆拾贰万伍仟零伍拾肆元捌角壹分</td><td>合计</td><td>¥66 689.12</td></tr>
<tr><td colspan="2">申请单位编号</td><td colspan="2">814710410 *** JF36W</td><td colspan="2">报关单编号</td><td>0207000851</td><td rowspan="4">填制单位
制单人
复核人
单证专用章</td><td rowspan="4">中国工商银行
海关支行
国库
2019-06-06
(银行)
转讫
业务公章</td></tr>
<tr><td colspan="2">合同(批文)号</td><td colspan="2">WST52310078</td><td colspan="2">运输工具(号)</td><td>OCCLZHOU SHAN125S</td></tr>
<tr><td colspan="2">缴款期限</td><td colspan="2">2019.6.19</td><td colspan="2">提装货号</td><td>KHLPCL 23008</td></tr>
<tr><td>备注</td><td colspan="6">一般征税、照章征税
国际代码：810002578367¥</td></tr>
</table>

解决任务

1. 公司报关员李梅在进口的小汽车自运输工具申报进境之日起 14 日内，出口的合金生铁运抵海关监管区后装货的 24 小时以前，填写进出口货物报关单，向海关申报。

2. 李梅需同时提交报价单、商业发票、装箱单及海运货物保险单等各类单证。

3. 李梅应当自海关填发税款缴款书之日起 15 日内，持税款缴款书向指定的中国工商银行海关支行缴纳税款。

思考与练习

◆思考题

1. 如何确定关税的纳税时间和纳税地点？

2. 我国进口货物一般要经过哪些环节？

◆单选题

1. 关税纳税人应当自海关填发税款缴款书之日起(　　)日内，向指定银行缴纳税款。

A. 7　　B. 15　　C. 30　　D. 90

2. 纳税人因不可抗力或者在国家税收政策调整的情形下，不能按期缴纳税款的，经海关总署批准，可以延期缴纳税款，但是最长不得超过(　　)。

A. 1 个月　　B. 3 个月　　C. 6 个月　　D. 12 个月

3. 我国进出口货物关税的征收，一般在(　　)由海关代征。

A. 出口环节　　B. 进口环节　　C. 报关环节　　D. 运输环节

◆多选题

1. 在我国货物的进口环节，由海关代征的税种有(　　)。

A. 消费税　　B. 增值税　　C. 资源税　　D. 关税

2. 关税纳税人在提交进出口货物报关单的同时，还需向海关提交(　　)等各类单证。

A. 报价单　　B. 商业发票　　C. 装箱单　　D. 海运货物保险单

3. 报关单按表现形式可分为(　　)。

A. 纸质报关单　　B. 电子数据报关单

C. 进口报关单　　D. 出口报关单

模拟操作

企业基本信息

统一社会信用代码：370265031 *** JF26W

企业名称：滨海市宏达商贸公司

经营地址：滨海市高新区春风路10号

法人代表：谢勇华

身份证号码：430120196711205 ***

注册资金：100万元

企业类型：有限责任公司(增值税一般纳税人)

联系电话：236365

经营范围：轿车、卷烟等销售

主管税务机关：滨海市税务局高新区分局

开户银行：中国银行滨海市分行

银行账号：3702046005014570 ****

会计主管：张海涛

报税员：李红艳

报关员：赵翠翠

1. 实训目标

(1)会计算进口货物的应纳关税和进口环节应纳的消费税、增值税。

(2)能够独立完成进(出)口货物的关税纳税申报工作。

2. 实训任务

(1)计算该公司应纳的关税税额、消费税额和增值税额。

(2)正确填写进出口货物报关单。

3. 操作准备

(1)《中华人民共和国海关法》《中华人民共和国进出口关税条例》《中华人民共和国进出口税则(2020)》《中华人民共和国海关入境旅客行李物品和个人邮递物品征收进口关税办法》等相关法规资料。

(2)在税务实训室进行，具备企业基本情况、经济业务资料及进(出)口货物报关单等。

4. 实训资料

滨海市宏达商贸公司具有进出口经营权。2019 年 5 月 25 日发生下列两笔经营业务：

(1)从美国进口小轿车一辆，支付 6 400 美元，支付到达我国青岛海关前的运输费用 640 美元、保险费用 3 200 美元。

(2)从美国进口甲类卷烟 80 000 条(每条 200 支)，FOB[1]320 000 美元，支付到达我国青岛海关前的运输费用 19 200 美元、保险费用 12 800 美元。

两项货物均从美国休斯敦港口装船，进口关税税率均为 20%，增值税税率为 13%，小轿车消费税税率为 8%，卷烟消费税税率为 56%加 0.003 元/支，当日人民币与美元的外汇折算率为 6.25∶1。

5. 操作过程

(1)计算应纳的出口关税：

应纳出口关税税额＝

(2)计算应纳的消费税：

应纳消费税额＝

(3)计算应纳的增值税：

应纳增值税额＝

(4)根据计算结果填制进口货物报关单。

社会视角

追寻“红色海关”精神

江西赣南，一片充满红色记忆的土地。1931 年 11 月在瑞金成立的中华苏维埃共和国，是中国共产党治国理政的伟大预演。新生的苏维埃政权孕育了苏区关税处，人民海关事业从此走上历史舞台。

为了紧密配合反击敌人军事围攻和经济封锁，1933 年 2 月 26 日，中央人民委员会决定“设立边境税关”；3 月 17 日，召开 37 次常会，决定通过《关税条例》，审查并批准财政人民委员部《建立关税制度》的训令、《关税征收细则》和《关税处组织与工作纲要》。《财政人民委员训令第 15 号——建立关税制度》规定在中央苏区 15 个县的边境水陆要冲设置筠门岭、龙安区、茅店、直下、王陂、白水、石圳潭等 24 个关税处，主要

---

① FOB(Free on Board)，也称“离岸价格”，是国际贸易中的一个术语。

职责是检查来往船只、货物、人员，征收关税，查缉走私。关税处征收的关税是苏区和白区之间商品货物流通之税，是同一国境两个关境之间的贸易往来税，是中央苏区政府财政收入的主要来源之一。

茅店关税处是苏区时期最早设立、规模最大、收益最丰、对革命贡献最大的一个关税处，其与苏区最大的地方外贸机构江口贸易分局、苏区最大的外贸港口江口港，构成了苏区时期赣县“红色经济特区”和“红色外贸”的完整格局和特殊地位。史料记载，中华苏维埃共和国成立后，赣县茅店成为了苏区与白区交界的前沿分界线。赣县苏维埃政府为增加财政收入，利用地处三江交汇口的有利地形，于 1931 年 12 月设立了茅店关税处，办公地点在三江交汇处岸边的一座小关帝庙内。当时工作环境恶劣，生活条件艰苦，人们要一边收关税，一边查走私，还要防备白区国民党军队的偷袭。茅店关税处配备有主任、核算员、会计员、出纳员、检查员等，还有一个武装班，总共 20 多人。平均每月征收关税 10000 银元，一天收过 2000 银元，最少也能收 100 银元，为苏区政府作出了巨大贡献

筠门岭关税处则设在赣、粤、闽三省交界处的筠门岭镇。关税处有近 30 人，在寨脑岽、筠岭圩中桥头、坝笃下、上圩口、关税处门口设立进出口关卡岗哨，负责检查市场商品、水陆运输、客商货品，市场保卫治安，检查账目收入支付等。关税处队员生活很艰苦，没有工资，每天每人一稀两干(共 0.75 市斤大米)，一小碗青菜。平时大家除努力做好征税查验业务、宣传关税政策外，还要协助分田、扩红，帮群众耕田收割。闲余时他们上山开荒种地、捡柴烧炭，下河捞虾捉鱼。筠门岭关税处还设有山梓脑关税、高排关税等分处。1934 年 4 月筠门岭阵地失守，5 月高排关税分处遭敌偷袭，多人被捕、被杀。10 月红军长征，关税处部分人员随队出发，有的编入难民团，有的经培训后编入挺进队，坚持打游击。

中央苏区关税处地处边境，是对敌人斗争的最前哨，广大关税工作者坚持艰苦卓绝的斗争，一手拿枪，一手收税，一分一文地为革命战争筹措经费。许多关税工作者配合政治、军事斗争，查特务、查违禁品作出了卓越的成绩，不少关税工作者献出了宝贵的生命，用鲜血书写了光荣的关税史篇。

项目五　企业所得税的计算与缴纳

项目介绍

企业所得税属于收益税，是以企业的生产经营所得和其他所得为征税对象的一种税。计税依据是应纳税所得额，是在企业会计利润的基础上按税法进行纳税调整计算得到的。企业所得税一般采用按年计征，分月或分季预缴，年终汇算清缴。企业所得税是我国现行税法体系中具有极其重要地位的税种，它是国家参与企业分配的重要手段，是国家调控经济发展的重要方式，是强化经济监督的重要工具，也是筹集财政收入的重要渠道。企业所得税与其他税种相比，具有实行法人所得税制、符合税收中性原则、税基约束力强及税负不易转嫁的特点。

本项目以滨海市盛泰实业有限公司2019年度的相关纳税资料为案例，提炼出三大工作任务：①全面认识企业所得税；②准确计算应纳企业所得税额；③办理企业所得税纳税申报。为了完成这三个任务，在知识准备方面，介绍了企业所得税的基本构成要素，包括企业所得税纳税人、征税对象、税率、税收优惠等；企业所得税应纳税额的计算，包括应纳税所得额的确定，居民企业和设有机构、场所的非居民企业应纳税额的计算，未设有机构、场所的非居民企业应纳税额的计算等；企业所得税的纳税申报，包括纳税义务发生时间、纳税期限、纳税地点和填写纳税申报表等。居民企业应纳税额的计算是本项目的重点和难点。对于居民企业，应准确判断企业所得税的征税对象、适用税率，确定企业所得税的应税收入、允许扣除以及不得扣除的费用内容和标准，熟悉各项减免税的规定，能够采用间接计算法计算居民企业当期应纳税额并进行纳税申报。

企业所得税平时预缴流程：企业发生经济业务→计算月(季)度会计利润(核定应税所得额)→确定适用税率→计算月(季)度应纳所得税额→填写所得税月(季)度预缴纳税申报表→办理月(季)度预缴所得税手续→预缴税款。

企业所得税年度汇算清缴流程：计算会计利润总额→计算应纳税所得额→确定适

用税率→计算年度应纳所得税额→填制所得税年度纳税申报表及明细表→办理年度所得税汇算清缴手续→补缴所得税税款(或退还多缴的税款)。

知识链接

秒懂企业所得税

我国企业所得税的发展历程

一、我国所得税制度的创建

我国所得税制度的创建受欧美国家和日本的影响，始于20世纪初。清末宣统年间(大约为1910年)，曾起草过《所得税章程》，其中既包括对企业所得征税的内容，也包括对个人所得征税的内容，但是未能公布施行。

1936年7月21日，国民政府公布《所得税暂行条例》，中国历史上第一次开征了所得税。1943年，国民政府公布《所得税法》，这是中国历史上第一部所得税法。

1949年10月1日新中国成立以后，在全国统一的新税收制度建立以前，为了保证财政收入和稳定经济，根据中共中央的指示，老解放区的人民政府暂时可以继续按照自己制定的税法征税，来不及制定新税法的新解放区则可以暂时沿用原国民党政府实行过的一些可以利用的税法征税，其中包括所得税方面的法规。至此，新中国历史上第一次开征了所得税。

二、内外资企业所得税制度的分设

从1949年新中国成立到1978年实行改革开放以前的30年间，我国所得税制度经历了一段曲折的发展过程，对外资企业采取了有别于内资企业的税收政策，形成内外资企业所得税制度分设的局面。

1. 内资企业所得税制度的发展

在1949年11月底至12月初召开的首届全国税务会议上，确定了统一全国税收制度、税收政策的大政方针和拟出台的主要税法的基本方案，其中包括对企业所得(包括经营所得和利息所得等)和个人所得(包括经营所得，工资、薪金所得和利息所得等)征税的方案。

1950年1月30日，中央人民政府政务院发布了我国税制建设的纲领性文件——《全国税政实施要则》，其中规定全国共设置14种税收。在这些税种中，涉及对所得征税的有工商业税(所得税部分)、存款利息所得税和薪给报酬所得税3种。利息所得税自1950年开征，后来由于征税范围缩小、配合银行降低利息，自1959年起停征。薪给报酬所得税没有开征。

1952—1956年，我国曾多次研究开征个人所得税问题，但最终没有开征。对私营企业、集体企业和个体工商户的生产、经营所得征收的工商所得税自1950年开征后，征税办法几经修改，但始终没有形成一套独立、完整、统一的企业所得税制度。与当时的经济、计划、财政、企业财务管理体制相适应，国有企业一直实行利润上缴制度，不缴纳所得税。

1958年和1973年，我国又进行了两次重大的税制改革，其核心是简化税制，其中工商业税(所得税部分)主要还是对集体企业征收，国有企业只征一道工商税，不征所得税。

20世纪80年代中期，税制建设进入了一个新的发展时期。开征国有企业所得税，标志着我国企业所得税制度改革的全面展开。1983—1994年，我国分两步将实行了30多年的国有企业上缴利润制度改为国有企业所得税制度，即国有企业“利改税”的第一步改革和第二步改革。

1984年9月18日，国务院发布了《中华人民共和国国营企业所得税条例(草案)》和《国营企业调节税征收办法》，自同年10月1日起施行。同时，完善了集体企业所得税制度，建立了私营企业所得税制度。为了适应个体经济的发展和调节个人收入，开征了城乡个体工商业户所得税和个人收入调节税。

国有企业“利改税”推行以后，随着中国经济体制改革的发展，其不足之处也日益明显，为了深化企业改革，从1987年起，我国在国有企业中普遍推行了各种形式的承包经营责任制，确定企业向国家上缴利润的基数，从而使国有企业所得税近乎名存实亡，不可避免地出现了企业搞短期行为、国家税收收入下降和国民收入分配过分向企业和个人倾斜等弊端。为了解决上述问题，提出了“税利分流，税后还贷，税后承包”的新思路。

1992年10月召开的“十四大”提出了建立社会主义市场经济体制的战略目标，从而为中国企业所得税制度的改革提供了重要的契机。在实施步骤上，分为两步走：第一步，先将对国有企业、集体企业、私营企业等内资企业分别征收的所得税统一起来；第二步，再将对内资企业和外资企业分别征收的所得税统一起来。

1993年12月13日，国务院将国有企业所得税、国有企业调节税、集体企业所得税和私营企业所得税合并，制定了《中华人民共和国企业所得税暂行条例》，自1994年1月1日起施行。这使我国的企业所得税制向前迈进了一大步，完成了内资企业所得税的统一。

2. 外资企业所得税制度的发展

20世纪70年代末，中国开始改革开放。为了鼓励、吸引外资，初步建立了涉外所得税法律制度并给予了较多的优惠政策。

1980 年 9 月 10 日，第五届全国人民代表大会第三次会议通过了《中华人民共和国中外合资经营企业所得税法》，这是新中国成立以后制定的第一部企业所得税法。1981 年 12 月 13 日，第五届全国人民代表大会第四次会议通过了《中华人民共和国外国企业所得税法》，自 1982 年 1 月 1 日起施行，这标志着中国所得税制度改革的起步。

1991 年 4 月 9 日，第七届全国人民代表大会第四次会议将中外合资经营企业所得税法与外国企业所得税法合并，制定了《中华人民共和国外商投资企业和外国企业所得税法》，自同年 7 月 1 日起施行，完成了外资企业所得税的统一。

三、企业所得税“两税合并”改革

随着我国经济体制改革的不断深入和经济的快速发展，企业所得税内资和外资企业两套税制并行的格局带来了许多新问题，特别是 2002 年我国加入 WTO 以后，国内市场对外资企业进一步开放，内资企业面临越来越大的竞争压力，继续实行内外有别的企业所得税制，使内资企业处于不平等的竞争地位。1994 年税制改革以后，我国开始酝酿内资企业所得税制度与外资企业所得税制度的统一，几经曲折，历经 10 多年时间。

2003 年 10 月 14 日，根据党的十六届三中全会关于“统一各类企业税收制度”的精神，我国启动了企业所得税“两税合并”改革。

2007 年 3 月 16 日在第十届全国人民大会第五次会议通过了《中华人民共和国企业所得税法》，2007 年 11 月 28 日国务院通过了《中华人民共和国企业所得税实施条例》，并于 2008 年 1 月 1 日起施行。体现了统一税法、简化税制、公平税负、促进竞争的原则，从而成为中国企业所得税发展史上的一个新的、具有伟大历史意义的里程碑。

2017 年 2 月 24 日，第十二届全国人民代表大会常务委员会第二十六次会议第一次修正《中华人民共和国企业所得税法》；2018 年 12 月 29 日，第十三届全国人民代表大会常务委员会第七次会议第二次修正《中华人民共和国企业所得税法》。随后，国家财政、税务主管部门又制定了一系列部门规章和规范性文件，这些法律法规、部门规章及规范性文件构成了我国企业所得税法律制度。

纵观我国企业所得税的改革，大致分为三步走，先后完成了外资企业所得税的统一、内资企业所得税的统一、外资企业所得税与内资企业所得税的统一。这标志着中国的所得税制度改革向法治化、科学化、规范化、合理化的方向迈出了重要的步伐。

案例背景

企业基本信息

统一社会信用代码：370210000 **** JF86W

企业名称：滨海市盛泰实业有限公司

住　　所：滨海市红星路 16 号

注册资本：2 000 万元

企业类型：有限责任公司(增值税一般纳税人)

联系电话：2334335

经营范围：1#、2#、3#等多种型号产品研发、生产销售

成立时间：2018 年 7 月 18 日

营业期限：2018 年 7 月 18 日至 2038 年 7 月 17 日

纳税人识别号：370200002347 ***

开户银行：中国银行海滨市分行营业部

银行账号：3702067012346688 ***

法人代表：陈兴

身份证号码：37010219680824 ****

会计负责人：张峰

会计员：李艳

出纳员：王琳

报税员：刘萍

职工人数：256 人(含残疾人员 2 人)

增值税发票管理：专门配置保险箱一个，开具专用发票的办公室一间

税务微观

王莽：所得税的创始人

所得税远在 2000 多年前的中国西汉末期就已出现，其创始人便是王莽。

公元 8 年，王莽登上皇帝宝座。公元 9 年，王莽开始推行他的经济改革措施，设立了对工商者的纯经营利润额征收的税种“贡”。《汉书。食货志下》有详细记载。

从税收制度的构成要素来说，王莽的“贡”已具备所得税的特征，其征税对象为纯盈利额；以从事多种经营活动取得纯收入的人为纳税人；税率为 10%；纳税人自行申报，官吏核实；对违法者有处罚措施。但由于王莽的“贡”征收范围广，征收方法繁，不仅技术操作上不可行，而且引起了人们的群起反抗，到公元 22 年，王莽不得不下旨免税，但为时已晚。两年后，王莽便国破身死。不过，王莽首创的“无所得税之名，而有所得税之实”的“贡”，确实比英国 1799 年开征的所得税早 1700 多年。

任务一　走进企业所得税

任务目标

知识目标：

1. 理解居民企业与非居民企业的含义。

2. 熟悉企业所得税纳税人、征税范围、课税对象及税率等。

3. 掌握企业所得税的优惠政策。

能力目标：

1. 能够判断居民企业纳税人和非居民企业纳税人。

2. 能够正确确定纳税人的适用税率。

素养目标：

培养积极主动学习并认真遵守企业所得税法规政策的良好习惯。

任务导出

情境描述

A公司是在日本注册成立，总机构也设置在日本。该公司在上海设有一个营业机构，公司的董事会大多在上海举行，并决定A公司的所有经营事项。该公司在中国境内外的经营业务由上海的机构控制、管理与指导。

B公司是依照韩国法律在韩国注册成立的企业，该公司的实际管理机构在韩国。B公司为销售便利，在北京和深圳分别设立了办事机构。

讨论：如何区分居民企业和非居民企业？

任务：判断A、B公司是属于中国的居民企业还是非居民企业。

知识准备

企业所得税是对在我国境内企业和其他取得收入的组织，就其生产经营所得和其他所得征收的一种税。

我国自2008年1月1日起实施新的企业所得税法，结束了我国内外资企业两套税制并存的税收模式，实现了"四个统一"：统一税法并适用于所有内外资企业；统一并适当降低所得税税率；统一和规范税前扣除办法和标准；统一和规范税收优惠政策。

一、企业所得税的纳税人

企业所得税的纳税人是指在中华人民共和国境内的企业和其他取得收入的组织(以下统称企业)。除个人独资企业、合伙企业不征收企业所得税外，其他企业均为企业所得税的纳税人，分为居民企业和非居民企业(图 5-1)。

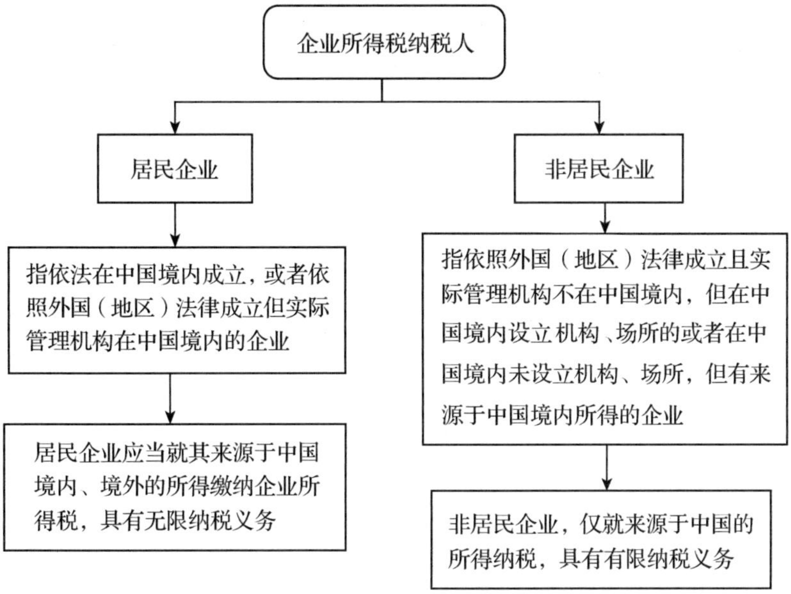

图 5-1　居民企业与非居民企业

1. 居民企业

居民企业是指依法在中国境内成立，或者依照外国(地区)法律成立但实际管理机构在中国境内的企业。

(1)依法在中国境内成立的企业。包括依照中国法律、行政法规在中国境内成立的，企业事业单位、社会团体以及其他取得收入的组织。

(2)依照外国(地区)法律成立但实际管理机构在中国境内的企业。“依照外国(地区)法律成立的企业”是指依照外国(地区)法律成立的企业和其他取得收入的组织。

“实际管理机构”是指对企业的生产经营、人员、账务、财产等实施实质性全面管理和控制的机构。

2. 非居民企业

非居民企业是指依照外国(地区)法律成立且实际管理机构不在中国境内，但在中国境内设立机构、场所的，或者在中国境内未设立机构、场所，但有来源于中国境内所得的企业。

“机构、场所”是指在中国境内从事生产经营活动的机构、场所，包括以下内容。

(1)管理机构、营业机构、办事机构。

(2)农场、工厂、开采自然资源的场所。

(3)提供劳务的场所。

(4)从事建筑、安装、装配、修理、勘探等工程作业的场所。

(5)其他从事生产经营活动的机构、场所。

非居民企业委托营业代理人在中国境内从事生产经营活动的，包括委托单位或者个人经常代其签订合同，或者储存、交付货物等，该营业代理人视为非居民企业在中国境内设立的机构、场所。但专门从事仓储、货栈的场所，多方代理，广为客户服务，并不受控于某一家外国企业或专为某一家外国企业进行营业活动的中间商和经纪人，不构成机构、场所的“营业代理人”。

温馨提示

判断居民企业和非居民企业有两个标准：一个是注册地；另一个是实际管理机构所在地。也就是说，不管是不是在中国境内注册，只要实际管理机构在中国就是居民企业。

二、企业所得税的征税对象

企业所得税的征税对象是企业取得的生产经营所得和其他所得。

1. 居民企业的征税对象

居民企业应当就其来源于中国境内、境外的所得缴纳企业所得税。

“所得”包括销售货物所得、提供劳务所得、转让财产所得、股息红利所得、利息所得、租金所得、特许权使用费所得、接受捐赠所得和其他所得。为了避免重复课税，对居民企业在境外已纳的所得税税款可以抵扣。

2. 非居民企业的征税对象

(1)非居民企业在中国境内设立机构、场所的，应当就其所设机构、场所取得的来源于中国境内的所得，以及发生在中国境外但与其所设机构、场所有实际联系的所得，缴纳企业所得税。其在境外已纳的所得税税款可以抵扣。

(2)非居民企业在中国境内未设立机构、场所的，或者虽设立机构、场所但取得的所得与其所设机构、场所没有实际联系的，应当就其来源于中国境内的所得缴纳企业所得税。

这里的“实际联系”是指非居民企业在中国境内设立的机构、场所拥有据以取得所得的股权、债权，以及拥有、管理、控制据以取得所得的财产等。

知识拓展

来源于中国境内、境外所得的确定原则

销售货物所得：按照交易活动发生地确定。

提供劳务所得：按照劳务发生地确定。

转让财产所得：不动产转让所得按照不动产所在地确定；动产转让所得按照转让动产的企业或机构、场所所在地确定；权益性投资资产转让所得按照被投资企业所在地确定。

股息红利等权益性投资所得：按照分配所得的企业所在地确定。

利息所得、租金所得、特许权使用费所得：按照负担或支付所得的企业或机构、场所所在地，负担或支付所得的个人住所所在地确定。

其他所得：由国务院财政、税务主管部门确定。

三、企业所得税的税率

根据我国现行税法，企业所得税实行比例税率(表 5-1)，包括基本税率和低税率。

表 5-1　企业所得税税率表

类　别	税　率	适用范围
基本税率	25%	居民企业； 在中国境内设立机构、场所且所得与该机构、场所有实际联系的非居民企业
低税率	20%	非居民企业在中国境内未设立机构、场所的，或者虽设立机构、场所但取得的所得与其所设机构、场所没有实际联系的，其来源于中国境内的所得

非居民企业适用税率选择方法如图 5-2 所示。

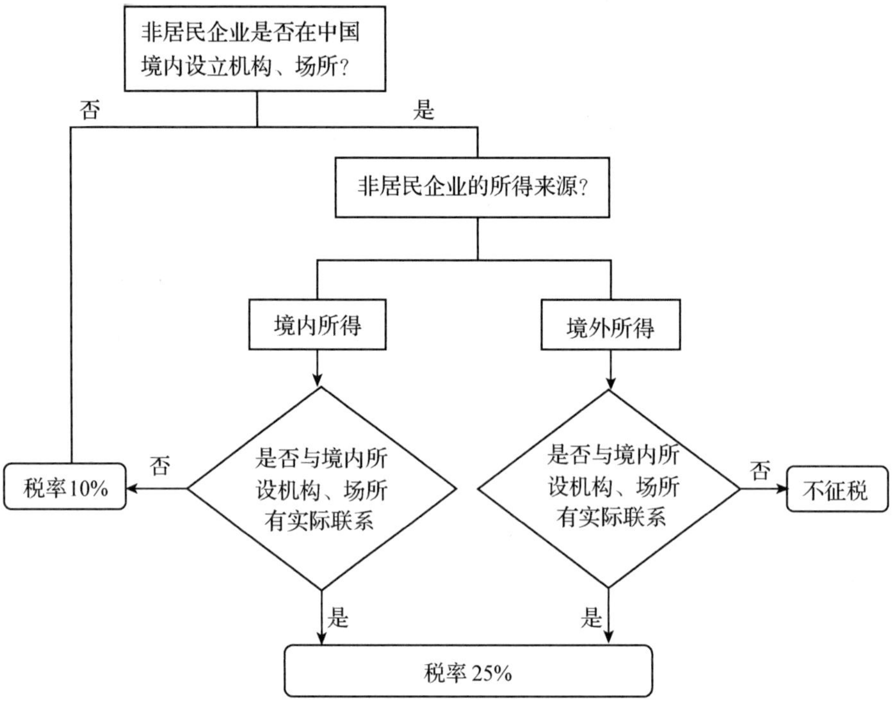

图 5-2 非居民企业适用税率选择方法示意图

四、企业所得税的税收优惠

1. 免税收入

免税收入是指企业按照税法规定免予征收企业所得税的收入。企业的免税收入包括以下收入:

(1)国债利息收入，即企业购买财政部发行的国家公债所取得的利息收入。

(2)符合条件的居民企业之间的股息、红利等权益性投资收益，即居民企业直接投资于其他居民企业所取得的投资收益。不包括连续持有居民企业公开发行并上市流通的股票不足 12 个月取得的投资收益。

(3)在中国境内设立机构、场所的非居民企业从居民企业取得与该机构、场所有实际联系的股息、红利等权益性投资收益。不包括连续持有居民企业公开发行并上市流通的股票不足 12 个月取得的投资收益。

(4)符合条件的非营利组织的收入。符合条件的非营利组织的收入，不包括从事营利性活动所取得的收入。非营利组织的下列收入为免税收入。

①接受其他单位或者个人捐赠的收入。

②除企业所得税法规定列为不征税收入的财政拨款以外的其他政府补助收入，但

不包括因政府购买服务取得的收入。

③按照省级以上民政、财政部门规定收取的会费。

④不征税收入和免税收入滋生的银行存款利息收入。

⑤财政部、国家税务总局规定的其他收入。

知识拓展

非营利组织的确认条件

(1)依法履行非营利组织登记手续。

(2)从事公益性或非营利性活动。

(3)取得的收入除用于与组织有关的、合理的支出外，全部用于登记核定或者章程规定的公益性或非营利性事业。

(4)财产及其孳息不用于分配。

(5)注销后的剩余财产按照其章程的规定用于公益性或非营利性目的；无法按照章程规定处理的，由登记管理机关转赠给同该组织性质、宗旨相同的组织，并向社会公告。

(6)创设者和主要投入人不担任该组织领取工资薪酬的管理职务，投入人对投入该组织的财产不保留或享有任何财产权利。

(7)工作人员及其高级管理人员的报酬应当控制在当地平均工资水平一定的幅度内，不变相分配组织财产。

(8)国务院财政、税务主管部门规定的其他条件。

2. 减征与免征

我国对企业的以下所得，可以免征、减征企业所得税。

(1)对从事农、林、牧、渔业项目的所得减免企业所得税。

我国对企业从事蔬菜、谷物、薯类、油料、豆类、棉花、麻类、糖料、水果、坚果的种植；农作物新品种的选育；中药材的种植；林木的培育和种植；牲畜、家禽的饲养；林产品的采集；灌溉、农产品初加工、兽医、农技推广、农机作业和维修等农、林、牧、渔服务业项目以及远洋捕捞项目取得的所得，免征企业所得税。

我国对企业从事花卉、茶及其他饮料作物和香料作物的种植；海水养殖、内陆养殖等项目取得的所得，减半征收企业所得税。

温馨提示

国家禁止和限制发展的项目，不得享受以上税收优惠。

(2)对从事国家重点扶持的公共基础设施项目投资经营的所得定期减免企业所得税。

我国对企业从事税法规定的国家重点扶持公共基础设施项目的投资经营所得，自项目取得第一笔生产经营收入所属年度起，第1～3年免征企业所得税，第4～6年减半征收企业所得税。

国家重点扶持的公共基础设施项目是指《公共基础设施项目企业所得税优惠目录》规定的港口码头、机场、铁路、公路、城市公共交通、电力、水利等项目。

温馨提示

企业承包经营、承包建设和内部自建自用以上项目，不得享受企业所得税优惠。

(3)对从事符合条件的环境保护、节能节水项目的所得定期减免企业所得税。

我国对符合条件的环境保护、节能节水项目的所得，从项目取得第一笔生产经营收入所属年度起，第1～3年免征企业所得税，第4～6年减半征收企业所得税。

符合条件的环境保护、节能节水项目包括：公共污水处理、公共垃圾处理、沼气综合开发利用、风力发电、太阳能发电、潮汐发电、海水淡化等。

(4)对符合条件的技术转让所得减免税。

我国对企业取得的税法规定的符合条件的技术转让所得500万元以内的部分免征企业所得税，500万元以上的部分减半征收企业所得税。

符合减免税条件的技术转让所得包括：居民企业转让其拥有的专利技术、计算机软件著作权、集成电路布图设计权、植物新品种、生物医药新品种、5年以上(含)非独占许可使用权，以及财政部和国家税务总局确定的其他技术的所有权取得的所得。

温馨提示

关联方之间发生技术转让所取得的技术转让所得，不适用本规定。

3. 小型微利企业税收优惠

我国对符合条件的小型微利企业，减按20%的税率征收企业所得税。

自2018年1月1日至2020年12月31日，年应纳税所得额低于100万元(含)的小型微利企业，其所得减按50%计入应纳税所得额，按20%的税率缴纳企业所得税。

“小型微利企业”是指从事国家非限制和禁止行业，并符合下列条件的企业。

(1)工业企业，年度应纳税所得额不超过50万元，从业人数不超过100人，资产总额不超过 3 000 万元。

(2)其他企业，年度应纳税所得额不超过 50 万元，从业人数不超过 80 人，资产总额不超过 1 000 万元。

4. 高新技术企业税收优惠

国家对需要重点扶持的高新技术企业，减按 15%的税率征收企业所得税。

国家需要重点扶持的高新技术企业，是指拥有核心自主知识产权，并同时符合以下条件的企业：

(1)企业申请认定时须注册成立一年以上。

(2)企业通过自主研发、受让、受赠、并购等方式，获得对其主要产品(服务)在技术上发挥核心支持作用的知识产权。

(3)企业主要产品(服务)的技术属于《国家重点支持的高新技术领域》规定的范围。

(4)企业从事研发和相关技术创新活动的科技人员占企业当年职工总数的比例不低于 10%。

(5)企业近三个会计年度(实际经营期不满三年的按实际经营时间计算，下同)的研究开发费用总额占同期销售收入总额的比例符合如下要求。

最近一年销售收入小于 5 000 万元(含)的企业，比例不低于 5%；

最近一年销售收入在 5 000 万元至 2 亿元(含)的企业，比例不低于 4%；

最近一年销售收入在 2 亿元以上的企业，比例不低于 3%。

其中，企业在中国境内发生的研究开发费用总额占全部研究开发费用总额的比例不低于 60%。

(6)近一年高新技术产品(服务)收入占企业同期总收入的比例不低于 60%。

(7)企业创新能力评价应达到相应要求。

(8)企业申请认定前一年内未发生重大安全、重大质量事故或严重环境违法行为。

5. 技术先进型服务企业税收优惠

自 2017 年 1 月 1 日起，在全国范围内对以下企业实行减征所得税。

(1)对经认定的技术先进型服务企业，减按 15%的税率征收企业所得税。

(2)经认定的技术先进型服务企业发生的职工教育经费支出，不超过工资薪金总额 8%的部分，准予在计算应纳税所得额时扣除；超过部分，准予在以后纳税年度结转扣除。

6. 未设有机构、场所的非居民企业税收优惠

(1) 我国对非居民企业在中国境内未设立机构、场所的，或者虽设立机构、场所，但取得的所得与其所设机构、场所没有实际联系的，减按 10%税率征收企业所得税。

(2)我国对该类非居民企业的下列所得可以免征所得税。

国际金融组织贷款给中国政府、中国境内银行和居民企业取得的利息所得；

外国银行以优惠利率向中国境内银行提供贷款或购买债券所取得的利息所得；

在中国境内没有设立机构、场所的非居民企业，从其直接投资的国家需要重点扶持的高新技术企业取得的股息、红利收入。

7. 民族自治地方的减免税

民族自治地方的自治机关对本民族自治地方的企业应缴纳的企业所得税中属于地方分享的部分，可以决定减征或免征，但须报省、自治区、直辖市人民政府批准。

温馨提示

民族自治地方内国家限定发展行业的企业，不得享受减征或者免征企业所得税优惠。

8. 加计扣除

企业的下列支出，可以在计算应纳税所得额时加计扣除。

(1)开发新技术、新产品、新工艺发生的研究开发费用。企业为开发新技术、新产品、新工艺发生的研究开发费用，未形成无形资产计入当期损益的，在按照规定据实扣除的基础上，按照研究开发费用的50%加计扣除；形成无形资产的，按照无形资产成本的150%摊销。

(2)企业在开展研发活动中实际发生的研发费用，未形成无形资产计入当期损益的，在按规定据实扣除的基础上，2018年1月1日至2020年12月31日，再按照实际发生额的75%在税前加计扣除；形成无形资产的，在上述期间按照无形资产成本的175%在税前推销。

(3)安置残疾人员及国家鼓励安置的其他就业人员所支付的工资。

企业安置残疾人员的，在按照支付给残疾职工工资据实扣除的基础上，按照支付给上述人员工资的100%加计扣除；

企业安置国家鼓励安置的其他就业人员所支付的工资的加计扣除办法，由国务院另行规定。

9. 创业投资企业税收优惠

创业投资企业进行国家需要重点扶持和鼓励的创业投资，可以按投资额的一定比例抵扣应纳税所得额。

创业投资企业采取股权投资方式投资于未上市的中小高新技术企业2年以上的，

可以按照其投资额的70%在股权持有满2年的当年抵扣该创业投资企业的应纳税所得额；当年不足抵扣的，可以在以后纳税年度结转抵扣。

有限合伙制创业投资企业采取股权投资方式投资于未上市的中小高新技术企业2年以上，该有限合伙制创业投资企业的法人合伙人可按照其对未上市中小高新技术企业投资额的70%抵扣该法人合伙人从该有限合伙制创业投资企业分得的应纳税所得额，当年不足抵扣的，可以在以后纳税年度结转抵扣。

10. 固定资产加速折旧

(1)可以加速折旧的固定资产。

可以采取缩短折旧年限或者采取加速折旧方法的固定资产，包括以下几项。

由于技术进步，产品更新换代较快的固定资产；

常年处于强震动、高腐蚀状态的固定资产。

采取缩短折旧年限方法的，最低折旧年限不得低于税法规定折旧年限的60%；采取加速折旧方法的，可以采取双倍余额递减法或者年数总和法。

(2)生物药品制造等6个行业加速折旧的规定。

根据财税〔2014〕75号文件规定，对生物药品制造业，专用设备制造业，铁路、船舶、航空航天和其他运输设备制造业，计算机、通信和其他电子设备制造业，仪器仪表制造业，信息传输、软件和信息技术服务业等行业企业，2014年1月1日后购进的固定资产(包括自行建造)，允许按不低于企业所得税法规定折旧年限的60%缩短折旧年限，或选择采取双倍余额递减法或年数总和法进行加速折旧。

对上述6个行业的小型微利企业2014年1月1日后新购进的研发和生产经营共用的仪器、设备，单位价值不超过100万元的，允许一次性计入当期成本费用在计算应纳税所得额时扣除，不再分年度计算折旧；单位价值超过100万元的，可缩短折旧年限或采取加速折旧的方法。

对所有行业企业新购进的专门用于研发的仪器、设备，单位价值不超过100万元的，允许一次性计入当期成本费用在计算应纳税所得额时扣除，不再分年度计算折旧；单位价值超过100万元的，可缩短折旧年限或采取加速折旧的方法。对所有行业企业持有的单位价值不超过5 000元的固定资产，允许一次性计入当期成本费用在计算应纳税所得额时扣除，不再分年度计算折旧。

(3)轻工、纺织、机械和汽车4个领域重点行业加速折旧的规定。

根据财税〔2015〕106号文件规定，对轻工、纺织、机械和汽车4个领域重点行业(以下简称4个领域重点行业)企业2015年1月1日后新购进的固定资产(包括自行建造的，下同)，允许缩短折旧年限或采取加速折旧的方法。

对4个领域重点行业小型微利企业2015年1月1日后新购进的研发和生产经营共用的仪器、设备，单位价值不超过100万元(含100万元)的，允许在计算应纳税所得额时一次性全额扣除；单位价值超过100万元的，允许缩短折旧年限或采取加速折旧的方法。

(4)集成电路生产企业生产设备折旧的规定。

集成电路生产企业的生产设备，其折旧年限可以适当缩短，最短可为3年(含3年)。企业外购的软件，凡符合固定资产或无形资产确认条件的，可以按照固定资产或无形资产进行核算，其折旧或推销年限可以适当缩短，最短可为2年(含2年)。

(5)设备、器具扣除有关企业所得税政策。

据财税〔2018〕54号文件规定，企业在2018年1月1日至2020年12月31日期间新购进的设备、器具，单位价值不超过500万元的，允许一次性计入当期成本费用在计算应纳税所得额时扣除，不再分年度计算折旧；单位价值超过500万元的，仍按《中华人民共和国企业所得税法实施条例》，财政部、国家税务总局发布的《关于完善固定资产加速折旧企业所得税政策的通知》，财政部、国家税务总局发布的《关于进一步完善固定资产加速折旧企业所得税政策的通知》等相关规定执行。

所称设备、器具，是指除房屋、建筑物以外的固定资产(以下简称固定资产)；所称购进，包括以货币形式购进或自行建造，其中以货币形式购进的固定资产包括购进的使用过的固定资产；以货币形式购进的固定资产，以购买价款和支付的相关税费以及直接归属于使该资产达到预定用途发生的其他支出确定单位价值，自行建造的固定资产，以竣工结算前发生的支出确定单位价值。固定资产在投入使用月份的次月所属年度一次性税前扣除。

11. 减计收入

企业综合利用资源，生产符合国家产业政策规定的产品所取得的收入，可以在计算应纳税所得额时减计收入。

企业以《资源综合利用企业所得税优惠目录》规定的资源为主要原材料，生产非国家限制和禁止并符合国家和行业相关标准的产品取得的收入，减按90%计入收入总额。

12. 应纳税额抵免

企业购置用于环境保护、节能节水、安全生产等专用设备的投资额，可以按一定比例实行税额抵免。

企业购置并实际使用《环境保护专用设备企业所得税优惠目录》《节能节水专用设备企业所得税优惠目录》和《安全生产专用设备企业所得税优惠目录》规定的环境保护、节能节水、安全生产等专用设备，其设备投资额的10%可以从企业当年的应纳税额中抵免；当年不足抵免的，可以在以后5个纳税年度结转抵免。

享受所得税优惠的环境保护、节能节水、安全生产等专用设备，应当是企业实际购置并自身实际投入使用的设备；企业购置上述设备在5年内转让、出租的，应当停止执行本条规定的企业所得税优惠政策，并补缴已经抵免的企业所得税税款。

13. 集成电路产业发展企业税收优惠

我国对集成电路产业发展企业定期减免企业所得税。

(1)2018年1月1日后投资新设的集成电路线宽小于130纳米，且经营期在10年以上的集成电路生产企业或项目，第1～2年免征企业所得税，第3～5年按照25%的法定税率减半征收企业所得税，并享受至期满为止。

(2)2018年1月1日后投资新设的集成电路线宽小于65纳米或投资额超过150亿元，且经营期在15年以上的集成电路生产企业或项目，第1～5年免征企业所得税，第6～10年按照25%的法定税率减半征收企业所得税，并享受至期满为止。

温馨提示

以上优惠期自企业获利年度起计算；对于按照集成电路生产项目享受上述优惠的，优惠期自项目取得第一笔生产经营收入所属纳税年度起计算。

(3)2017年12月31日前设立但未获利的集成电路线宽小于0.25微米或投资额超过80亿元，且经营期在15年以上的集成电路生产企业，自获利年度起第1～5年免征企业所得税，第6～10年按照25%的法定税率减半征收企业所得税，并享受至期满为止。

(4)2017年12月31日前设立但未获利的集成电路线宽小于0.8微米(含0.8微米)的集成电路生产企业、自获利年度起第1～2年免征企业所得，第3～5年按照25%的法定税率减半征收企业所得税，并享受至期满为止。

14.《西部地区鼓励类产业目录》企业税收优惠

设在西部地区以《西部地区鼓励类产业目录》中新增鼓励类产业项目为主营业务，且其当年度主营业务收入占企业收入总额70%以上的企业，自2014年10月1日起，可减按15%税率缴纳企业所得税(国家税务总局公告2015年第14号)。

15. 企业投入基础研究税收优惠

为鼓励企业加大创新投入，财政部、税务总局联合发布《关于企业投入基础研究税收优惠政策的公告》(2022年第32号)。公告规定：自2022年1月1日起，对企业出资给非营利性科学技术研究开发机构(科学技术研究开发机构以下简称科研机构)、高等学校和政府性自然科学基金用于基础研究的支出，在计算应纳税所得额时可按实际发生额在税前扣除，并可按100%在税前加计扣除。对非营利性科研机构、高等学校接收企业、个人和其他组织机构基础研究资金收入，免征企业所得税。

16. 其他减免税项目

(1)我国对取得的地方政府债券利息收入免征企业所得税。

(2)我国对内地居民企业连续持有H股满12个月取得的股息红利所得免征企业所得税。

(3)我国对中国清洁发展机制基金取得的收入免征企业所得税。

(4)我国对投资者从证券投资基金分配中取得的收入暂不征收企业所得税。

(5)我国对中国期货保证金监控中心有限责任公司取得的银行存款利息等收入暂免征收企业所得税。

(6)我国对中国保险保障基金有限责任公司取得的保险保障基金等收入免征企业所得税。

(7)我国对金融、保险等机构取得的涉农贷款利息收入、保费收入在计算应纳税所得额时减计收入。

对金融机构农户小额贷款的利息收入在计算应纳税所得额时，按90%计入收入总额；对保险公司为种植业、养殖业提供保险业务的保费收入，在计算应税所得额时，按90%计入收入。中和农信项目管理有限公司和中国扶贫基金会举办的农户自立服务社(中心)从事农户小额贷款取得的利息收入，按照对金融机构农户小额贷款的利息收入在计算应税所得额时按90%计入收入总额的规定执行。

(8)对企业取得的企业债券利息收入减半征收企业所得税。

我国对企业持有中国铁路建设等企业债券取得的利息收入，减半征收企业所得税。

(9)我国对实施清洁发展机制项目的所得定期减免企业所得税。

清洁发展机制项目(简称CDM项目)实施企业将温室气体减排量转让收入的65%上缴给国家的氢氟烃(HFC)和全氟碳合物(PFC)类CDM项目，以及将温室气体减排量转让收入的30%上缴给国家的一氧化二氮(N_2O)类CDM项目，其实施该类CDM项目的所得，自项目取得第一笔减排量转让收入所属纳税年度起，第1～3年免征企业所得税，第4～6年减半征收企业所得税。

(10)我国对符合条件的节能服务公司实施合同能源管理项目的所得定期减免企业所得税。

对符合条件的节能服务公司实施合同能源管理项目，符合企业所得税法有关规定的，自项目取得第一笔生产经营收入所属纳税年度起，第1～3年免征企业所得税、第4～6年按照25%的法定税率减半征收企业所得税。

(11)对在经济特区和上海浦东新区新设立的高新技术企业在区内取得的所得定期减免企业所得税。

对经济特区和上海浦东新区内，在2008年1月1日(含)之后完成记注册的国家需要重点扶持的高新技术企业，在经济特区和上海浦东新区内取得的所得，自取得第一笔生产经营收入所属纳税年度起，第1～2年免征企业所得税，第3～5年按照25%的法定税率减半征收企业所得税。

(12)对经营性文化事业单位转制为企业的免征企业所得税。

对从事新闻出版、广播影视和文化艺术的经营性文化事业单位转制为企业的，自转制注册之日起免征企业所得税。

(13)对动漫企业自主开发、生产动漫产品定期减免企业所得税。

生产动漫产品，可申请享受国家现行鼓励软件产业发展的所得税优惠政策。2017年12月31日前自获利年度起，第1～2年免征企业所得税，第3～5年按照25%的法定税率减半征收企业所得税，并享受至期满为止。

(14)对新疆困难、特殊地区新办企业定期减免企业所得税。

对在新疆困难地区新办的属于《新疆困难地区重点鼓励发展产业企业所得税优惠目录》范围内的企业，自取得第一笔生产经营收入所属纳税年度起，第1～2年免征企业所得税，第3～5年减半征收企业所得税。对在新疆喀什、霍尔果斯两个特殊经济开发区内新办的属于《新疆困难地区重点鼓励发展产业企业所得税优惠目录》范围内的企业，自取得第一笔生产经营收入所属纳税年度起，5年内免征企业所得税。

(15)对支持和促进重点群体创业就业企业限额减征企业所得税。

商贸等企业，在新增加的岗位中，当年新招用持就业创业证或就业失业登记证的人员，与其签订1年以上期限劳动合同并依法缴纳社会保险费的，在3年内按实际招用人数予以定额依次扣减城市维护建设税、教育费附加、地方教育附加和企业所得税。纳税年度终了，如果纳税人实际减免的城市维护建设税、教育费附加和地方教育附加小于核定的减免税总额，纳税人在企业所得税汇算清缴时，以差额部分扣减企业所得税。当年扣减不足的，不再结转以后年度扣减。

(16)对扶持自主就业退役士兵创业就业企业限额减征企业所得税。

商贸等企业，在新增加的岗位中，当年新招用自主就业退役士兵，与其签订1年以上期限劳动合同并依法缴纳社会保险费的，在3年内按实际招用人数予以定额依次扣减城市维护建设税、教育费附加、地方教育附加和企业所得税。纳税年度终了，如果企业实际减免的城市维护建设税、教育费附加和地方教育附加小于核定的减免税总额，企业在企业所得税汇算清缴时扣减企业所得税。当年扣减不足的，不再结转以后年度扣减。

(17)对符合条件的软件企业定期减免企业所得税。

我国境内符合条件的软件企业，经认定后，在 2017 年 12 月 31 日前自获利年度起，第 1～2 年免征企业所得税，第 3～5 年按照 25%的税率减半征收企业所得税，并享受至期满为止。国家规划布局内的重点软件企业，如当年未享受免税优惠的，可减按 10%的税率征收企业所得税。

(18)符合条件的生产和装配伤残人员专门用品企业免征企业所得税。

(19)广东横琴、福建平潭、深圳前海等地区的鼓励类产业企业减按 15%的税率征收企业所得税。

解决任务

判断居民企业和非居民企业有两个标准：一个是注册地；另一个是实际管理机构所在地。

A 公司为居民企业。A 公司虽然在日本成立，但公司位于上海的机构承担了对 A 公司的生产经营实施实质性全面管理和控制的职责，即 A 公司的实际管理机构在中国。

B 公司为非居民企业。因为 B 公司既不在中国境内成立，实际管理机构也不在中国境内。

思考与练习

◆思考题

1. 如何划分居民企业与非居民企业?

2. 企业所得税的征税范围是如何规定的？有哪些税收优惠政策?

◆单选题

1. 我国现行企业所得税适用的基本税率是(　　)。

A. 10%　　B. 15%　　C. 20%　　D. 25%

2.《中华人民共和国企业所得税法》规定，对国家需要重点扶持的高新技术企业，减按(　　)的税率征收企业所得税。

A. 10%　　B. 15%　　C. 20%　　D. 25%

3. 根据企业所得税税收优惠政策，减按 20%的税率征收企业所得税的是(　　)。

A. 符合条件的小型微利企业　　B. 国家需要重点扶持的高新技术企业

C. 国家规划布局内的重点软件企业　　D. 技术先进服务企业

4. 根据企业所得税税收优惠政策，减按10%的税率征收企业所得税的是(　　)。

A. 国家需要重点扶持的高新技术企业

B. 在中国境内未设有机构、场所的非居民企业

C. 从事国家重点扶持的公共基础设施项目的企业

D. 高新技术企业

5. 依据新的《中华人民共和国企业所得税法》的规定，企业购买专用设备的投资额可按一定比例实行税额抵免，该设备应符合的条件是(　　)。

A. 用于创业投资　　B. 用于综合利用资源

C. 用于开发新产品　　D. 用于环境保护

◆多选题

1. 企业所得税的纳税人不包括(　　)。

A. 中国境内的企业　　B. 外商投资企业和外国企业

C. 个人独资企业　　D. 合伙企业

2. 依据《中华人民共和国企业所得税法》的规定，判定居民企业的标准有(　　)。

A. 登记注册地标准　　C. 经营行为实际发生地标准

B. 所得来源地标准　　D. 实际管理机构所在地标准

3. 按照《中华人民共和国企业所得税法》的规定，下列属于居民企业的是(　　)。

A. 依法在中国境内成立的企业

B. 依照外国(地区)法律成立但实际管理机构在中国境内的企业

C. 依照外国(地区)法律成立且实际管理机构不在中国境内，但在中国境内设立机构、场所的企业

D. 在中国境内未设立机构、场所，但有来源于中国境内所得的企业

4. 纳税人取得的下列所得中，应计入应纳税所得额的有(　　)。

A. 提供劳务所得　B. 利息所得　　C. 租金所得　　D. 接受捐赠所得

5. 根据企业所得税税收优惠政策，减按15%的税率征收企业所得税的是(　　)。

A. 符合条件的小型微利企业

B. 国家需要重点扶持的高新技术企业

C. 在中国境内未设有机构、场所的非居民企业

D. 高新技术企业

税务微观

赵奢收税

据《资治通鉴》记载，公元前 271 年，赵奢担任当时赵国的税务最高长官。赵王的弟弟平原君开了 9 家大型店铺，由其 9 个管家负责。这些管家侍仗权势，偷税逃税，抗拒纳税，并将前去收税的税务官打伤。赵奢闻此事，冒着被杀、罢官的危险，依据当时的法律，果断地处死了这 9 个管家。赵奢的秉公执法，不徇私情，很快使赵国国库充实，国泰民安。赵国也由一个不太富足的国家，成为春秋战国烽火年代的七雄之一。

任务二　企业所得税的计算

任务目标

知识目标：

1. 掌握企业应纳税所得额的调整方法。

2. 掌握企业应纳所得税额的计算方法。

能力目标：

1. 能进行企业应纳税所得额的纳税调整。

2. 能计算企业应纳税额。

素养目标：

培养爱岗敬业的精神和严谨细致的工作作风。

任务导出

情境描述

滨海市盛泰实业有限公司为居民企业，正进行2019年度企业所得税年度汇算清缴工作。该公司2019年境内经营业务资料如下。

(1)2019年1～3月会计资料(表5-2)。

表5-2　滨海市盛泰实业有限公司会计资料　　单位：万元

月份	营业收入	营业成本	实际利润	累计实际利润
1月	2 110	1 980	130	130
2月	1 245	1 120	125	255
3月	1 405	1 250	155	410
合计	4 760	4 350	410	410

(2)2019年度资料。

①取得销售收入30 000万元；

②营业外收入840万元；

③销售成本13 200万元；

④发生销售费用 8 040 万元(其中广告费 5 400 万元)，管理费用 5 760 万元(其中业务招待费 180 万元、开发新产品的研究开发费用 240 万元)，财务费用 720 万元；

⑤销售税金 1 920 万元(含增值税 1 440 万元)；

⑥营业外支出 600 万元(含通过公益性社会团体向贫困山区捐款 360 万元，支付税收滞纳金 15 万元)；

⑦计入成本、费用中的实发工资总额 1 800 万元，拨缴职工工会经费 36 万元，支出职工福利费和职工教育经费 348 万元；

⑧购置并投入适用安全生产专用设备，投资额 124 万元；

⑨本年累计实际已预缴的所得税税额为 625 万元。

讨论：企业会计利润与企业应纳税所得额有何区别？

任务：计算该公司 1～3 月预缴所得税额和全年应纳税额。

知识准备

一、应纳税所得额的确定

应纳税所得额是指企业每一纳税年度的收入总额，减除不征税收入、免税收入、扣除项目及允许弥补的以前年度亏损后的余额。

1. 收入总额

企业以货币形式和非货币形式从各种来源取得的收入为收入总额。收入总额由以下项目构成：

(1)销售货物收入是指企业销售商品、产品、原材料、包装物、低值易耗品及其他存货取得的收入。

(2)提供劳务收入是指企业从事建筑安装、修理修配、交通运输、仓储租赁、金融保险、邮电通信、咨询经纪、文化体育、科学研究、技术服务、教育培训、餐饮住宿、中介代理、卫生保健、社区服务、旅游、娱乐、加工和其他劳务服务活动取得的收入。

(3)转让财产收入是指企业转让固定资产、投资性房地产、生物资产、无形资产、股权债权等所取得的收入。

(4)股息、红利等权益性投资收益是指企业的权益性投资从被投资方取得的分配收入。股息、红利等权益性投资收益，除国务院、税务主管部门另有规定外，按照被投资方做出利润分配决定的时间确认收入的实现。

(5)利息收入是指企业将资金提供给他人使用但不构成权益性投资或因他人占用本企业资金所取得的利息收入，包括存款利息、贷款利息、债券利息、欠款利息等收入。

(6)租金收入是指企业提供固定资产、包装物和其他资产的使用权取得的收入。租金收入按照合同约定的承租人应付租金的日期确认收入的实现。

(7)特许权使用费收入是指企业提供专利权、非专利技术、商标权、著作权及其他特许权的使用权而取得的收入。特许权使用费收入按照合同约定的特许权使用人应付特许权使用费的日期确认收入的实现。

(8)接受捐赠收入是指企业接受的来自其他企业、组织和个人自愿和无偿给予的货币性或非货币性资产。接受捐赠收入在实际收到捐赠资产时确认收入的实现。

(9)其他收入是指企业取得的除以上第①～③项收入以外的一切收入，包括企业资产溢余收入、逾期未退包装物没收的押金、确实无法偿付的应付款项、企业进行坏账损失处理后又收回的应收账款、债务重组收入、补贴收入、教育费附加返还款、违约金收入、汇兑收益等。

2. 不征税收入

不征税收入包括：

(1)财政拨款是指各级政府对纳入预算管理的事业单位、社会团体等组织拨付的财政资金，但国务院和国务院财政、税务主管部门另有规定的除外。

(2)依法收取并纳入财政管理的行政事业性收费、政府性基金。行政事业性收费，是指根据法律法规等有关规定，依照国务院规定程序批准，在实施社会公共管理，以及在向公民、法人或者其他组织提供特定公共服务的过程中，向特定对象收取并纳入财政管理的费用；政府性基金，是指企业根据法律、行政法规等有关规定，代政府收取的具有专项用途的财政资金。

(3)国务院规定的其他不征税收入是指企业取得的，经国务院批准的国务院财政、税务主管部门规定专项用途的财政性资金。

3. 免税收入

(1)国债利息收入。纳税人购买国债的利息收入，不计入应纳税所得额；但购买国家重点建设债券和金融债券的利息收入，应计入应纳税所得额。

(2)符合条件的居民企业之间的股息、红利等权益性投资收益。

(3)在中国境内设立机构、场所的非居民企业从居民企业取得与该机构、场所有实际联系的股息、红利等权益性投资收益。

(4)符合条件的非营利组织的收入。

温馨提示

不征税收入与免税收入的区别是：不征税收入是对非经营活动或非营利活动带来的经济利益流入从应税总收入中排除，不属于税收优惠的范围，从所得税原理上应永久不列为征税范围；免税收入是国家为了实现某些经济和社会目标，在特定时期或对特定项目取得的经济利益给予的税收优惠照顾，属于税收优惠的范围。

4. 扣除项目

(1)扣除范围。纳税年度企业实际发生的与取得收入有关的、合理的支出，包括成本、费用、税金、损失和其他支出，准予在计算应纳税所得额时扣除。不征税收入用于支出所形成的费用或财产，不得扣除或计算折旧扣除。

①成本是指企业在生产产品及提供劳务等过程中发生的直接材料、直接人工及按照合理的方法分配的制造费用。

②费用是指企业在生产产品及提供劳务等过程中发生的销售费用、管理费用和财务费用。

已计入成本的有关费用除外。

③税金是指企业实际发生的除所得税和允许抵扣的增值税以外的各项税金及附加。

温馨提示

允许在税前扣除的税种包括：销售税费中的“五税一费”(消费税、资源税、土地增值税、关税、城市维护建设税、教育费附加等产品销售税金及附加)；“费用性四税”(房产税、车船税、土地使用税、印花税)，如果四种税已经计入管理费用中扣除的，不再作为税金单独扣除；增值税属于价外税，在应纳税所得额中不得扣除。

④损失是指企业经营活动中实际发生的固定资产和存货的盘亏、毁损、报废净损失，转让财产损失，呆账损失，坏账损失，以及遭受自然灾害等不可抗力因素造成的非常损失及其他损失。企业已作为损失处理的资产，在以后年度全部或部分收回时，应计入当期收入。

⑤其他支出是指除成本、费用、税金、损失外，企业经营活动中发生的有关的、合理的支出。

(2)扣除标准。

①工资、薪金支出。企业发生的合理的工资薪金，准予扣除。工资薪金，是指企业每一纳税年度支付给在本企业任职或者受雇的员工的所有现金或者非现金形式的劳动报酬，包括基本工资、奖金、津贴、补贴、年终加薪、加班工资，以及与任职或者受雇有关的其他支出。

温馨提示

“合理的工资薪金”是指企业按照股东大会、董事会、薪酬委员会或相关管理机构制定的工资薪金制度规定实际发放给员工的工资、薪金。

②“三项”经费支出。“三项”经费支出包括职工福利费、工会经费、职工教育经费。企业发生的职工福利费支出，不超过工资薪金总额14%的部分，准予扣除。企业拨缴的职工工会经费支出，不超过工资薪金总额2%的部分，准予扣除。自2018年1月1日起，企业发生的职工教育经费支出，不超过工资薪金总额8%的部分，准予在计算企业所得税应纳税所得额时扣除；超过部分，准予在以后纳税年度结转扣除。

③社会保险费和住房公积金。企业按照国务院有关主管部门或者省级人民政府规定的范围和标准为职工缴纳的基本养老保险费、基本医疗保险费、失业保险费、工伤保险费、生育保险费等基本社会保险费和住房公积金，准予扣除。

企业为其投资者或者职工支付的补充养老保险费、补充医疗保险费．在国务院财政、税务主管部门规定的范围和标准内，准予扣除。

除企业按照国家有关规定为特殊工种职工支付的人身安全保险费和国务院财政、税务主管部门规定可以扣除的其他商业保险费外，企业为其投资者或者职工支付的商业保险费，不得扣除。

④借款费用。企业在生产经营活动中发生的合理的不需要资本化的借款费用，准予扣除。

企业为购置、建造固定资产、无形资产和经过12个月以上的建造才能达到预定可销售状态的存货发生借款的，在有关资产购置、建造期间发生的合理的借款费用，应当作为资本性支出计入有关资产的成本，并按照有关规定扣除。

⑤利息支出。企业在生产经营活动中发生的下列利息支出，准予扣除。

非金融企业向金融企业借款的利息支出、金融企业的各项存款利息支出和同业拆借利息支出、企业经批准发行债券的利息支出。

非金融企业向非金融企业借款的利息支出，不超过按照金融企业同期同类贷款利率计算的数额的部分。

⑥汇兑损失。企业在货币交易中，以及纳税年度终了将人民币以外的货币性资产、负债按照期末即期人民币汇率中间价折算为人民币时产生的汇兑损失，除已经计入有关资产成本以及与向所有者进行利润分配相关的部分外，准予扣除。

⑦业务招待费。企业发生的与生产经营活动有关的业务招待费，按照发生额的60％扣除，但最高不得超过当年销售(营业)收入的5‰。

【任务案例5-1】某公司2019年度销售收入为83 604 250.46元，全年业务招待费发生额为483 264.32元(均能提供有效凭证)，试判断该公司业务招待费是否超标。

解析：

招待费的实际发生额＝483 264.32元。

该公司业务招待费最高扣除限额＝83 604 250.46×5‰＝418 021.25(元)。

该公司业务招待费准予扣除限额＝实际发生额×60％＝483 264.32×60％＝289 958.59(元)。

该公司业务招待费的税前扣除额＝289 958.59(元)。

该公司业务招待费超标＝483 264.32－289 958.59＝193 305.73(元)。

⑧广告费和业务宣传费。企业每一纳税年度发生的符合条件的广告费和业务宣传费，除国务院财政、税务主管部门另有规定外，不超过当年销售(营业)收入15％的部分，准予扣除；超过部分，准予在以后纳税年度结转扣除。

自2016年1月1日起至2020年12月31日，对化妆品制造或销售、医药制造和饮料制造(不含酒类制造)企业发生的广告费和业务宣传费支出，不超过当年销售(营业)收入30％的部分，准予扣除；超过部分，准予在以后纳税年度结转扣除。烟草企业的烟草广告费和业务宣传费支出，一律不得在计算应纳税所得额时扣除。

⑨环保专项资金。企业依照法律、行政法规有关规定提取的用于环境保护、生态恢复等专项资金，准予扣除。上述专项资金提取后改变用途的，不得扣除。

⑩财产保险费。企业参加财产保险，按照规定缴纳的保险费，准予扣除。

⑪固定资产租赁费。企业根据生产经营活动的需要租入固定资产支付的租赁费，按照以下方法扣除。

以经营租赁方式租入固定资产发生的租赁费，按照租赁期限均匀扣除。

以融资租赁方式租入固定资产发生的租赁费，按照规定构成融资租入固定资产价值的部分应当提取折旧费用，分期扣除。

⑫劳动保护支出。企业发生的合理的劳动保护支出，准予扣除。

⑬企业之间支付的费用。

企业之间支付的管理费、企业内营业机构之间支付的租金和特许权使用费，以及非银行企业内营业机构之间支付的利息，不得扣除。

非居民企业在中国境内设立的机构、场所，就其中国境外总机构发生的与本机构、场所生产经营有关的费用，能够提供总机构出具的费用汇集范围、定额、分配依据和方法等证明文件，并合理计算分摊的，准予扣除。

⑭公益性捐赠支出。企业发生的公益性捐赠支出，在年度利润总额 12%以内的部分，准予在计算应纳税所得额时扣除。

温馨提示

公益性捐赠，是指企业通过公益性社会团体或者县级以上人民政府及其部门，用于《中华人民共和国公益事业捐赠法》规定的公益事业的捐赠。年度利润总额，是指企业按照国家统一会计制度的规定计算的年度会计利润。

自 2017 年 1 月 1 日起，企业发生的公益性捐赠支出未在当年税前扣除的部分(超过年度利润总额 12%的部分)，准予向以后年度结转扣除，但结转年限自捐赠发生年度的次年起计算，最长不得超过三年。企业在对公益性捐赠支出计算扣除时，应先扣除以前年度结转的捐赠支出，再扣除当年发生的捐赠支出。

⑮责任保险费。企业参加雇主责任险、公众责任险等责任保险，按照规定缴纳的保险费准予在企业所得税税前扣除，适用于 2018 年度及以后年度企业所得税汇算清缴。

(3)不得扣除项目。计算应纳税所得额时，下列支出不得扣除。

①向投资者支付的股息、红利等权益性投资收益款项。

②企业所得税税款。

③税收滞纳金。

④罚金、罚款和被没收财物的损失。

⑤捐赠支出(公益性捐赠支出可以按规定扣除)。

⑥赞助支出，是指企业发生的与生产经营活动无关的各种非广告性质的支出。

⑦未经核定的准备金支出，是指不符合国务院财政、税务主管部门规定的各项资产减值准备、风险准备等准备金支出。

⑧企业之间支付的管理费、企业内营业机构之间支付的租金和手续费，以及非银行企业内部营业机构之间支付的利息，不得扣除。

⑨与取得收入无关的其他支出。

5. 亏损弥补

亏损是指企业根据税法的规定将每一纳税年度的收入总额减除不征税收入、免税收入和扣除项目后小于零的数额。而非会计上的亏损。

企业所得税法规定，纳税人发生年度亏损的，可以用下一纳税年度的所得弥补；下一纳税年度的所得不足弥补的，可以逐年延续弥补，但延续弥补期最长不得超过5年。但企业境外营业机构的亏损，不得抵减境内营业机构的盈利。

温馨提示

亏损弥补有两层含义：一是自亏损年度的下一个年度起连续5年不间断地计算；二是连续发生年度亏损，也必须从每一个亏损年度算起，先亏先补，按顺序连续计算亏损弥补期，不得将每个亏损年度的连续弥补期相加，更不得断开计算。

【任务案例5-2】某企业2012—2018年度应纳税所得额如表5-3所示。

表5-3　某企业2012—2018年度应纳税所得额　　单位：万元

年　度	2012	2013	2014	2015	2016	2017	2018
应纳税所得额	－120	－40	20	25	30	30	50

解析：

2012年亏损的120万元，到2017年时仍未弥补完（－120＋20＋25＋30＋30＝－15），但达到了5年的弥补期限，2012年未弥补完的亏损15万元不再弥补。2018年所得的50万元弥补完2013年的亏损40万元后，尚余应纳税所得额10万元。

二、应纳税所得额的计算

企业所得税的计税依据是企业应纳税所得额。应纳税所得额的计算包括实行核算征收应纳税所得额的计算和实行核定征收应纳税所得额的计算。实行核算征收应纳税所得额的计算又包括直接计算法和间接计算法两种。

1. 企业应纳税所得额的直接计算法

企业应纳税所得额的直接计算法，就是将企业每一纳税年度的收入总额，减除不征税收入、免税收入、各项扣除额以及允许弥补的以前年度亏损的余额，其计算公式为：

应纳税所得额＝收入总额－不征税收入－免税收入－扣除项目－允许弥补的以前年度亏损

公式中：

“收入总额”为税法规定的计税收入。

“扣除项目”为按税法规定范围和限额标准计算的扣除金额。

【任务案例 5-3】滨海市环宇电子有限公司为居民企业，企业所得税实行按年计征、分季据实预缴、年终汇算清缴的办法，以前年度没有未弥补亏损。2019 年度损益类账户的资料如下(单位：元)。

销售收入：7 325 450.56

投资收益(国债利息收入)：45 000

营业外收入：200 000

主营业务成本：3 950 600.75

销售费用：520 000(其中广告费 115 000)

管理费用：410 000(其中招待费 60 100)

财务费用：200 560.32

营业税金及附加：30 000

资产减值损失(计提的存货跌价准备)：142 000

营业外支出 50 000(其中行政罚款 10 000，非公益性捐赠 10 000)

根据以上资料，试计算该公司 2019 年应纳税所得额是多少。

解析：

(1)收入总额＝7 325 450.56＋45 000＋200 000＝7 570 450.56(元)。

(2)不征税收入＝0(元)。

(3)免税收入＝国债利息收入＝45 000(元)。

(4)各项扣除限额计算如下。

准予扣除的广告费＝7 325 450.56×15％＝1 098 817.58(元)。

准予扣除的业务招待费＝60 100×60％＝36 060(元)。

不准扣除的存货跌价准备＝142 000(元)。

不准扣除的行政处罚和非公益性捐赠＝10 000＋10 000＝20 000(元)。

各项扣除金额合计＝3 950 600.75＋(520 000－115 000＋1 098 817.58)＋(410 000－60 100＋36 060)＋200 560.32＋30 000＋(50 000－20 000)＝6 100 938.65(元)。

(5)以前年度弥补亏损额＝0(元)。

(6)应纳税所得额＝7 570 450.56－0－45 000－6 100 938.65－0＝1 424 511.91(元)。

2. 企业应纳税所得额的间接计算法

企业应纳税所得额的间接计算法是在会计利润总额的基础上加减按照税法规定调整的项目金额后，即为应纳税所得额。计算公式为：

应纳税所得额＝会计利润＋纳税调整增加额－纳税调整减少额

其中：

会计利润总额＝营业收入－营业成本－营业税金及附加－管理费用－财务费用－销售费用－资产减值损失＋公允价值变动收益＋投资收益＋营业外收入－营业外支出

(1)计算纳税调整增加额。纳税调整增加额主要有：

①视同销售收入。企业所得税纳税人将货物、财产、劳务用于捐赠、偿债、赞助、集资、广告、样品、职工福利或者利润分配等用途，按照税收规定视同销售确认收入。

②接受捐赠收入。

③不符合税收规定销售折扣和折让。

④不允许扣除的境外投资损失。

⑤会计利润计算中已扣除，但超过税法规定扣除标准部分。

⑥会计利润计算中已扣除，但税法规定不得扣除的项目金额。

(2)计算纳税调整减少额。纳税调整减少额主要包括：

①弥补以前年度(5年内)未弥补亏损额。

②减税、免税或不征税收入。

③研发费用加计扣除额。

【任务案例5-4】2019年度滨海市前卫化工有限公司发生如下业务。

①销售产品收入2 100万元。

②接受一批捐赠的材料，取得捐赠方开具的增值税专用发票，注明价款为10万元，增值税为1.7万元。

③转让一项商标所有权，取得营业外收入55万元。

④收取当年让渡资产使用权的专利实施许可费，取得其他业务收入10万元。

⑤取得国债利息收入3万元。

⑥销售成本1 100万元，销售税金及附加110万元。

⑦销售费用515万元(含广告费385万元)；管理费用210万元(含招待费85.6万元)；财务费用55.5万元。

⑧营业外支出45万元，其中含公益性捐赠30万元，直接对私立小学捐款12万元，行政罚款3万元。

根据以上资料，试计算企业的会计利润总额、企业的纳税调整增加额、纳税调整减少额和企业应纳税所得额。

解析：

(1)会计利润总额＝2 100＋(10＋1.7)＋55＋10＋3－1 100－110－515－210－55.5－45＝144.2(万元)。

(2)计算纳税调整增加额。

①广告费。

调增应纳税所得＝385－2 100×15％＝70(万元)。

②招待费。

85.6×60％＝51.36(万元)。

扣除限额：2100×5‰＝10.50(万元)。

调增应纳税所得＝85.6－10.50＝75.10(万元)。

③对外捐赠。

公益性捐赠30万元可以扣除，直接对私立小学捐赠12万元不得扣除。

应调增应纳税所得为12万元。

④行政罚款。

行政罚款不得扣除，应调增应纳税所得为3万元。

纳税调整增加额合计＝70＋75.1＋12＋3＝160.1(万元)。

(3)计算纳税调整减少额。

国债利息收入3万元属于免税收入，应调减应纳税所得为3万元。

纳税调整减少额合计为3万元。

(4)企业应纳税所得额＝144.2＋160.1－3＝307.3(万元)。

3. 核定征收应纳税所得额的计算法

企业不提供与其关联方之间的业务往来资料，或者提供虚假、不完整资料，未能真实反映其关联业务往来情况的，税务机关有权依法核定其应纳税所得额。税务机关依照《中华人民共和国企业所得税法》规定核定企业的应纳税所得额时，可以采用以下方法。

(1)参照同类或者类似企业的利润率水平核定。

(2)按照企业成本加合理的费用和利润的方法核定。

(3)按照关联企业集团整体利润的合理比例核定。

(4)按照其他合理方法核定。

经税务机关认定后，调整核定的应纳税所得额。

三、税额抵免的计算

居民企业来源于中国境外的应税所得和非居民企业在中国境内设立机构、场所，取得发生在中国境外但与该机构、场所有实际联系的应税所得已在境外缴纳的所得税额，可以从其当期应纳税额中抵免，抵免限额为该项所得依照我国税法规定计算的应纳税额；超过抵免限额的部分，可以在以后5个年度内，用每年度抵免限额抵免当年应抵税额后的余额进行抵补。

“已在境外缴纳的所得税税额”是指企业来源于中国境外的所得按照境外税收法律及相关规定应该缴纳并已经实际缴纳的企业所得税性质的税款。

境外所得依税法规定计算的“抵免限额”是指企业来源于中国境外的所得，依照《中华人民共和国企业所得税法》和《中华人民共和国企业所得税法实施细则》的规定计算的应纳税额。该抵免限额应当分国(地区)不分项计算。

“5 个年度”是指从企业取得的来源于中国境外的所得，已经在中国境外缴纳的企业所得税性质的税额超过抵免限额的当年的次年起连续 5 个纳税年度。

税额抵免的计算公式：

某国(地区)境外所得税额的抵免限额＝中国境内、境外所得按税法计算的应纳税总额×来源于某国(地区)的应纳税所得额÷中国境内、境外应纳税所得总额

【任务案例 5-5】滨海市某服装厂 2019 年取得的境内应纳税所得额为 820 万元，适用企业所得税税率为 25％。该服装厂在 A、B 两国设有分支机构(我国与 A、B 两国均已缔结避免双重征税协定)。其在 A 国的分支机构，取得该国应纳税所得额 312 万元，并按 A 国的所得税税率 20％缴纳了企业所得税；在 B 国的分支机构，取得该国应纳税所得额 274 万元，并按 B 国的所得税税率 35％缴纳了企业所得税。计算该服装厂年终汇算清缴时应纳所得税额。

解析：

(1)计算该服装厂按我国税法计算的境内、境外所得的应纳所得税额。

应纳所得税额＝(820＋312＋274)×25％＝1 406×25％＝351.5(万元)。

(2)计算 A、B 两国的扣除限额。

A 国扣除限额＝351.5×［312÷(820＋312＋274)］＝78(万元)。

B 国扣除限额＝351.5×［274÷(820＋312＋274)］＝68.5(万元)。

(3)计算在 A、B 两国的实纳税额。

在 A 国实纳税额＝312×20％＝62.4(万元)。

在 B 国实纳税额＝274×35％＝95.5(万元)。

(4)计算该服装厂年终汇算清缴时应纳所得税额

由于：

在 A 国缴纳的所得税 62.4 万元，低于扣除限额 78 万元，可全额扣除；

在 B 国缴纳的所得税 95.5 万元，高于扣除限额 68.5 万元，其超过扣除限额的部分 27(95.5－68.5＝27)万元不能扣除。

该服装厂年终汇算清缴时应纳所得税额＝351.5－62.4－68.5＝220.6(万元)。

居民企业从其直接或者间接控制的外国企业分得的来源于中国境外的股息、红利

等权益性投资收益，外国企业在境外实际缴纳的所得税额中属于该项所得负担的部分，可以作为该居民企业的可抵免境外所得税额。

“直接控制”是指居民企业直接持有外国企业20%以上股份；“间接控制”是指居民企业以间接持股方式持有外国企业20%以上股份，具体认定办法由国务院财政、税务主管部门规定。

企业在依照税法规定抵免税款时，应当提供境外税务机关填发的税款所属年度的纳税凭证。

四、资产的税务处理

企业的各项资产，包括固定资产、生产性生物资产、无形资产、长期待摊费用、投资资产、存货等，以历史成本作为计税基础。企业持有各项资产期间产生资产增值或损失，除税收规定可以确认损益的外，不得调整有关资产的计税基础。

1. 固定资产的税务处理

固定资产是指企业为生产产品、提供劳务、出租或经营管理而持有的、使用时间超过12个月(不含12个月)的非货币性资产，包括房屋、建筑物、机器、机械、运输工具及其他与生产经营有关的设备、器具、工具等。

(1)固定资产的计税基础。企业按照下列原则确定固定资产的计税基础。

①外购的固定资产，以购买价款和相关税费作为计税基础；

②自行建造的固定资产，以竣工结算前实际发生的支出作为计税基础；

③融资租入的固定资产，以租赁开始日租赁资产的公允价值与最低租赁付款额现值中的较低者，加上承租人在签订租赁合同过程中发生的相关费用作为计税基础；

④盘盈的固定资产，以同类固定资产的重置完全价值作为计税基础；

⑤通过捐赠、投资、非货币性资产、债务重组取得的固定资产，以该资产的公允价值和应支付的相关税费作为计税基础。

改建的固定资产，除《中华人民共和国企业所得税法》规定已足额提取折旧的固定资产的改建支出和租入固定资产的改建支出外，以改建过程中发生的改建支出增加计税基础。

(2)固定资产的折旧。固定资产按照直线法计算的折旧，准予扣除。

企业应当从固定资产使用月份的次月起计算折旧；停止使用的固定资产，应当从停止使用月份的次月起停止计算折旧。

企业应当根据固定资产的性质和使用情况，合理确定固定资产的预计净残值。固定资产预计净残值一经确定，不得变更。企业不能提供上述财产取得或持有时的支出及税前扣除情况有效凭证的，税务机关有权采用合理的方法估定其财产净值。

(3)固定资产的折旧年限。除国务院财政、税务主管部门另有规定外，固定资产计算折旧的最低年限规定：房屋、建筑物为20年；飞机、火车、轮船、机器、机械和其他生产设备为10年；与生产经营活动有关的器具、工具、家具等为5年；飞机、火车、轮船以外的运输工具为4年；电子设备为3年。

2. 生产性生物资产的税务处理

生产性生物资产是指为产出农产品、提供劳务或出租等目的而持有的生物资产，包括经济林、薪炭林、产畜和役畜等。

(1)生产性生物资产的计税基础。生产性生物资产以实际发生的支出作为计税基础。

①外购生产性生物资产以购买价款和相关税费等作为计税基础；

②通过捐赠、投资、非货币性资产、债务重组取得的生产性生物资产以该资产的公允价值和应支付的相关税费作为计税基础。

(2)生产性生物资产的折旧。生产性生物资产按照直线法计算的折旧，准予扣除。

企业应当从生产性生物资产投入使用月份的次月起计算折旧；停止使用的生产性生物资产应当从停止使用月份的次月起停止计算折旧。

(3)生产性生物资产的折旧年限。企业应当根据生产性生物资产的性质和使用情况，合理确定生产性生物资产的预计净残值。生产性生物资产的预计净残值一经确定，不得随意变更。

生产性生物资产计算折旧的最低年限：林木类生产性生物资产为10年；畜类生产性生物资产为3年。

3. 无形资产的税务处理

无形资产是指企业为生产商品、提供劳务、出租给他人，或为管理目的而持有的、没有实物形态的非货币性长期资产，包括专利权、商标权、著作权、土地使用权、非专利技术、商誉等。

(1)无形资产的计税基础。无形资产以取得时的实际支出为计税基础。

①外购的无形资产以购买价款、相关税费及直接归属于使该项资产达到预定用途所发生的其他支出为计税基础；

②自行开发的无形资产以开发过程中符合资本化条件后至达到预定用途前发生的实际支出为计税基础；

③通过捐赠、投资、非货币性资产交换、债务重组取得的无形资产以该资产的公允价值和应支付的相关税费为计税基础。

(2)无形资产的摊销。无形资产按照直线法计算的摊销费用，准予扣除。

(3)无形资产的摊销年限。无形资产的摊销年限不得少于 10 年。外购商誉的支出，在企业整体转让或者清算时，准予扣除。

作为投资或者受让的无形资产，在有关法律或协议、合同中规定使用年限的，可依其规定使用年限分期计算摊销。

4. 长期待摊费用的税务处理

(1)长期待摊费用的范围。在计算应纳税所得额时，企业发生的下列支出作为长期待摊费用，按照规定摊销的，准予扣除。

已足额提取折旧的固定资产的改建支出；

租入固定资产的改建支出；

固定资产的大修理支出；

其他应当作为长期待摊费用的支出。

同时符合下列条件的大修理支出可作为长期待摊费用：

修理支出达到取得固定资产时的计税基础 50%以上；

修理后固定资产的使用年限延长 2 年以上。

(2)长期待摊费用的折日方法。

已足额提取折旧的固定资产的改建支出，按照固定资产预计尚可使用年限分期摊销；

租入固定资产的改建支出，按合同约定的剩余租赁期限分期推销；

固定资产的大修理支出，按照固定资产尚可使用年限分期摊销；

其他应当作为长期待摊费用的支出，自支出发生月份的次月起，分期摊销，摊销年限不得低于 3 年。

5. 投资资产的税务处理

投资资产是指企业对外进行权益性投资和债权性投资形成的资产。

(1)投资资产的成本确定。投资资产按发生的实际支出作为计税基础。

以支付现金取得的投资资产，按实际支付的购买价款作为计税基础；

通过支付现金以外的方式取得的投资资产，以该资产的公允价值和支付的相关税费为成本。

(2)投资资产的成本扣除。企业对外投资期间，投资资产的成本在计算应纳税所得额时不得扣除。企业在转让或者处置投资资产时，投资资产的成本准予扣除。

6. 存货的税务处理

存货是指企业持有以备出售的产成品或商品、处在生产过程中的在产品、在生产过程或提供劳务过程中耗用的材料和物料等。

(1)存货的成本的确定。存货以取得时的实际支出作为计税基础。

外购存货以购买价款和相关税费等作为计税基础；

通过支付现金以外的方式取得的存货以该存货的公允价值和应支付的相关税费作为计税基础；

生产性生物资产收获的农产品以产出或采收过程中发生的材料费、人工费和应分摊的间接费用等必要支出作为计税基础。

(2)存货的成本计算方法。企业各项存货的使用或者销售，其实际成本的计算方法，可以为先进先出法、加权平均法、个别计价法中的一种。计价方法一经选用，不得随意改变。

任务实施

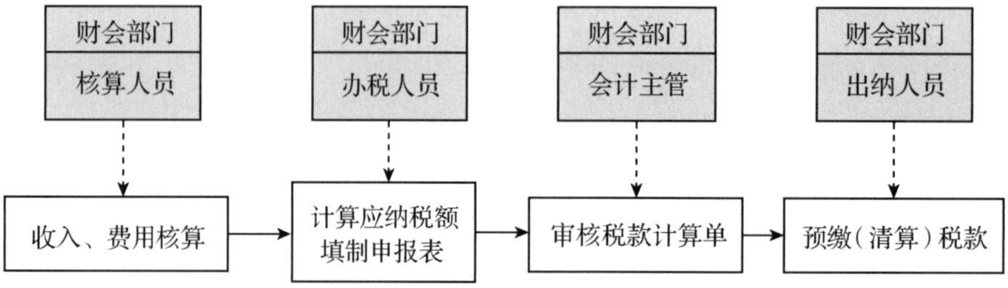

图 5-3　企业所得税内部核算工作流程图

活动一　居民企业和设有机构、场所的非居民企业应纳税额的计算

居民企业和设有机构、场所的非居民企业应当建立健全会计制度，并按照企业所得税法的有关规定计算应纳税所得额。企业所得税实行按年计征，分月(季)预缴，年终汇算清缴，多退少补的办法。

1. 预交企业所得税额的计算

分月或者分季预缴企业所得税时，应当按照月度或者季度的实际利润额预缴；按照月度或者季度的实际利润额预缴有困难的，可以按照上一纳税年度应纳税所得额的月度或者季度平均额，按照月度或者季度以及经税务机关认可的其他方法预缴。预缴方法一经确定，该纳税年度内不得随意变更。

(1)按照月度或者季度的实际利润额计算预缴税额。

本月(季)应纳所得税额＝实际利润累计金额×适用税率－减免所得税额－实际已缴纳所得税额累计金额

其中："实际利润累计额"是指纳税人按会计制度核算的利润总额；

"减免所得税额"是指纳税人当期实际享受的减免所得税额。

温馨提示

平时预缴企业所得税时，先按会计利润计算，暂不作纳税调整，待年度终了再作纳税调整。

(2)按照上一纳税年度应纳税所得额的月度或者季度平均额计算预缴税额。

其计算公式为：

本月应纳所得税额＝(上一年度应纳税所得额÷12)×适用税率

本季应纳所得税额＝(上一年度应纳税所得额÷4)×适用税率

【任务案例 5-6】某化工厂为居民企业，2019 年 1～3 月分别实现利润 235 万元、240 万元、255 万元。该化工厂适用企业所得税税率为 25%，企业所得税实行按年计征，分月预缴，年终汇算清缴的办法。试计算各月预交的企业所得税额。

解析：

1 月预交所得税额＝235×25%＝58.75(万元)。

2 月预交所得税额＝(235＋240)×25%－58.75＝60(万元)。

3 月预交所得税额＝(235＋240＋255)×25%－(58.75＋60)＝63.75(万元)。

2. 汇算清缴年度应纳所得税额的计算

企业的应纳税所得额乘以适用税率，减除依照税法规定减免和抵免的税额后的余额，即为企业的应纳税额。其计算公式为：

应纳税额＝应纳税所得额×适用税率－减免税额－抵免税额

本年应补(退)税额＝实际应纳所得税额－本年累计实际已预缴的所得税额

实际应纳所得税额＝应纳税额＋境外所得应纳所得税额－境外所得抵免所得税额

温馨提示

"应纳税所得额"是指在企业会计利润总额的基础上，加减纳税调整额后计算得出。"减免税额"和"抵免税额"是指依照税法和国务院的税收优惠规定减征、免征和抵免的应纳税额。

【任务案例 5-7】接上例，该化工厂 2019 年度经营业务资料如下。

(1)全年实现会计利润 1 500 万元；

(2)应调增所得额为 300 万元；

(3)应调减所得额为 65 万元；

(4)抵免税额为 20 万元；

(5)本年累计已预缴所得税额为 315.23 万元。

要求：计算该化工厂本年度实际应纳所得税额和本年应补(退)所得税额。

解析：

(1)应纳税所得额＝1 500＋300－65＝1 735(万元)。

(2)应纳所得税额＝1 735×25％＝433.75(万元)。

(3)抵免税额为＝20 万元。

(4)应纳税额＝433.75－20＝413.75(万元)。

(5)本年累计已预缴所得税税额＝315.23 万元。

(6)本年应补(退)所得税额＝413.75－315.23＝98.52(万元)。

活动二　未设有机构、场所的非居民企业应纳税额的计算

在中国境内未设立机构、场所的，或者虽设立机构、场所，但取得的所得与其所设机构、场所没有实际联系的非居民企业，按照下列方法计算其应纳税所得额。

(1)股息、红利等权益性投资收益和利息、租金、特许权使用费所得，以收入全额为应纳税所得额。

(2)转让财产所得，以收入全额减除财产净值后的余额为应纳税所得额。

(3)其他所得，参照前两项规定的方法计算应纳税所得额。

未设有机构、场所的非居民企业应纳税额的计算公式：

应纳所得税额＝应纳税所得额×适用税率

【任务案例 5-8】某外国企业拥有国内达盛公司(为居民企业)股票，2018 年获得达盛公司分派股息 182 万元；同年，外国企业出租给达盛公司通信设备一台，全年租金收入 50 万元，该外国企业在中国境内未设机构、场所。试计算该外国企业在中国缴纳的企业所得税。

解析：

该外国企业应缴纳的所得税由 B 公司在支付其所得时代扣代缴。

B 公司代扣代缴的所得税额＝(182＋50) ×10％＝23.2(万元)。

解决任务

1. 计算 1～3 月预缴所得税额。

1 月预交所得税额＝130×25％＝32.5(万元)。

2 月预交所得税额＝255×25％－32.5＝31.25(万元)。

3 月预交所得税额＝410×25％－(32.5＋31.25)＝38.75(万元)。

2. 计算全年应纳所得税额。

(1)计算会计利润总额。

会计利润总额＝(30 000＋840)－13 200－8 040－5 760－720－(1 920－1 440)－600＝2 040(万元)。

(2)计算纳税调整增加额。

广告费调整所得额＝5400－30 000×15％＝900(万元)。

业务招待费调整所得额 180－180×60％＝72(万元)。

公益性捐赠应调整所得额＝360－2 040×12％＝115.2(万元)。

滞纳金调整所得额＝15(万元)。

“三项”经费未超标准，不需要调整所得额。

(3)计算纳税调整减少额。

研究开发费用调减所得额＝240－240×50％＝120(万元)。

(4)计算应纳税所得额。

应税所得额＝2 040＋900＋72＋115.2＋15－120＝3 022.2(万元)。

(5)计算本年应纳所得税额。

应纳所得税额＝3 022.2×25％＝755.55(万元)。

(6)计算抵免税额。

安全生产专用设备抵免税额＝124×10％＝12.4(万元)。

(7)计算本年应纳税额。

应纳税额＝755.55－12.4＝743.15(万元)。

(8)计算本年累计实际已缴纳的所得税额。

本年累计实际已缴纳的所得税额＝625(万元)。

(9)计算本年应补(退)所得税额。

本年应补(退)所得税额＝743.15－625＝118.15(万元)。

思考与练习

◆单选题

1. 在计算企业所得税应纳税所得额时，企业发生的下列项目不得从收入总额中扣除的是(　　)。

A. 城建税　　B. 消费税　　C. 印花税　　D. 企业所得税

2. 企业纳税年度发生的亏损，准予向以后年度结转，用以后年度的所得弥补，但结转年限最长不得超过(　　)。

A. 1 年　　B. 3 年　　C. 5 年　　D. 10 年

3. 企业发生的公益性捐赠支出，在年度利润总额(　　)以内的部分，准予在计算应纳税所得额时扣除。

A. 3％　　B. 10％　　C. 12％　　D. 25％

4. 与生产活动有关的器具、工具、家具等固定资产的折旧年限为(　　)。

A. 20 年　　B. 10 年　　C. 5 年　　D. 4 年

5. 根据《中华人民共和国企业所得税法》及其实施条例的规定，下列属于长期待摊费用，按照规定摊销的，准予扣除的有(　　)。

A. 未足额提取折旧的固定资产的改建支出

B. 开办费

C. 融资租入固定资产的改建支出

D. 固定资产的大修理支出

◆多选题

1. 我国企业所得税法中规定的所得，包括(　　)。

A. 利息所得　　B. 租金所得

C. 接受捐赠所得　　D. 特许权使用费所得

2. 在计算企业应纳税所得额时，准予从收入总额中扣除的有关税金包括(　　)。

A. 消费税　　B. 城市维护建设税

C. 增值税　　D. 关税

3. 纳税人发生的下列支出，在计算应纳税所得额时不准予扣除的是(　　)。

A. 企业所得税税款　　B. 税收滞纳金

C. 非公益性捐赠支出　　D. 财产转让损失

4.《中华人民共和国企业所得税法》规定的收入总额中不征税收入包括(　　)。

A. 接受捐赠的收入

B. 股息、红利等权益性投资收益

C. 财政拨款

D. 依法收取并纳入财政管理的行政事业性收费、政府性基金

5. 计算应纳税所得额时，不得扣除的支出(　　)。

A. 企业所得税税款　　B. 税收滞纳金

C. 罚金、罚款和被没收财物的损失　　D. 增值税以外的各项税金及附加

◆计算题

1. 某企业 2019 年实现利润总额 800 万元，当年有以下支出已列支：实际支付职工总额 50 万元；按规定比例提取职工工会经费、职工福利费、教育经费 12 万元；违法经营罚款 10 万元；赞助当地举办的体育运动会 5 万元，国债利息收入 20 万元。

要求：计算该企业当年应缴纳的所得税税额。

2. 某公司 2019 年发生下列业务：

①实现营业收入 600 万元。

②发生营业成本 400 万元，销售税金及附加 20 万元。

③投资收益 18 万元(含国债利息收入 6 万元，金融债券利息收入 4 万元)。

④营业外收入 18 万元，营业外支出 20 万元(含直接对外赞助支出 10 万元)。

⑤管理费用 10 万元，财务费用 6 万元，销售费用 3 万元。

要求：计算该公司本年度应纳所得税税额。

3. 某化工有限公司为居民纳税人，2019 年资产总额是 3 600 万元，在职职工人数 72 人，全年经营业务如下。

①全年销售收入 3 200 万元。

②销售成本 1 600 万元。

③发生销售费用 680 万元(含广告费 270 万元)；管理费用 410 万元(含业务招待费 16 万元)；财务费用 58 万元。

④销售税金 165 万元(含增值税 94 万元)。

⑤营业外收入 67 万元，营业外支出 45 万元(含支付税收滞纳金 5 万元)。

⑥计入成本费用中的实发工资总额 140 万元。

要求：根据上述资料计算该公司本年度应缴纳企业所得税税额。

4. 某工厂 2019 年度已预缴企业所得税税款 80 万元，该厂 2019 年终决算业务情况如下。

①实现利润总额 240 万元。

②尚有上年度为弥补亏损 5 万元。

③向税务部门缴纳罚款和税收滞纳金 2 万元。

④国债利息收入 5 万元。

⑤收到股利收入 10 万元。

⑥支付公益捐赠支出 1 万元。

要求：计算该企业本年度应纳所得税税额。

任务三　企业所得税的缴纳

任务目标

知识目标：

1. 了解企业所得税纳税时间、纳税地点。

2. 熟悉企业所得税的申报流程。

3. 掌握企业所得税纳税申报表的填报方法。

能力目标：

1. 会填制企业所得税月(季)度预缴纳税申报表。

2. 会填制企业所得税年度纳税申报表及明细表。

3. 能够独立完成企业所得税的年终汇缴清算工作。

素养目标：

树立依法纳税的意识和培养良好的职业沟通能力。

任务导出

情境描述

根据任务二的情境描述中所提供的滨海市盛泰实业有限公司 2019 年度业务资料，填报该公司 2019 年度企业所得税年度纳税申报表，并办理该年度企业所得税年度纳税申报手续。

讨论：如何申报企业所得税?

任务：填报该公司 3 月的企业所得税预缴纳税申报表，并办理公司 2019 年度企业所得税纳税申报手续。

知识准备

1. 纳税时间

企业所得税按年计征，分月(季)预缴，年终汇算清缴，多退少补。企业应当在月份或季度终了 15 日内申报预缴；自年度终了之日起 5 个月内，向税务机关报送年度企业所得税纳税申报表，并汇算清缴，结清应缴应退税款。

企业所得税按纳税年度计算，纳税年度自 1 月 1 日起至 12 月 31 日。企业在一个纳税年度的中间开业，或者由于合并、关闭等原因，使该纳税年度的实际经营期不足

12 个月，应当以其实际经营期为一个纳税年度。企业清算时，应当以清算期间作为一个纳税年度。

2. 纳税地点

(1)除税收法律、行政法规另有规定外，居民企业以企业登记注册地为纳税地点；但登记注册地在境外的，以实际管理机构所在地为纳税地点。

(2)居民企业在中国境内设立不具有法人资格的营业机构的，应当汇总计算并缴纳企业所得税。企业汇总计算并缴纳企业所得税时，应当统一核算应纳税所得额，具体办法由国务院财政、税务主管部门另行制定。

(3)非居民企业在中国境内设立机构、场所的，应当就其所设机构、场所取得的来源于中国境内的所得，以及发生在中国境外但与其所设机构、场所有实际联系的所得，以机构、场所所在地为申报地点；非居民企业在中国境内设立两个或者两个以上机构、场所的，经税务机关审核批准，可以选择由其主要机构、场所汇总缴纳企业所得税；非居民企业经批准汇总缴纳企业所得税后，需要增设、合并、迁移、关闭机构、场所或者停止机构、场所业务的，应当事先由负责汇总申报缴纳企业所得税的主要机构、场所向其所在地税务机关报告。需要变更汇总缴纳企业所得税的主要机构、场所的，依照前款规定办理。

(4)非居民企业在中国境内未设立机构、场所的，或者虽设立机构、场所，但取得的所得与其所设机构、场所没有实际联系的所得，以扣缴义务人所在地为申报地点。扣缴义务人未依法扣缴或者无法履行扣缴义务的，由纳税人在所得发生地缴纳。纳税人未依法缴纳的，税务机关可以从该纳税人在中国境内其他收入项目的支付人应付的款项中，追缴该纳税人的应纳税款。

(5)除国务院另有规定外，企业之间不得合并缴纳企业所得税。

任务实施

企业在纳税年度内无论盈利还是亏损，都应依照税法规定的纳税期限，向主管税务机关报送企业所得税预缴纳税申报表、年度企业所得税纳税申报表、财务会计报告和税务机关规定报送的其他有关资料，并在规定期限内预缴税款、汇算清缴。

企业所得税纳税申报表分为 A、B 两类，A 类适用于实行查账征收方式申报企业所得税的居民纳税人及在中国境内设立机构的非居民纳税人使用。B 类为按照核定征收管理办法缴纳企业所得税的纳税人使用。这里只就查账征收企业所得税的居民纳税人使用的 A 类报表进行讲解。

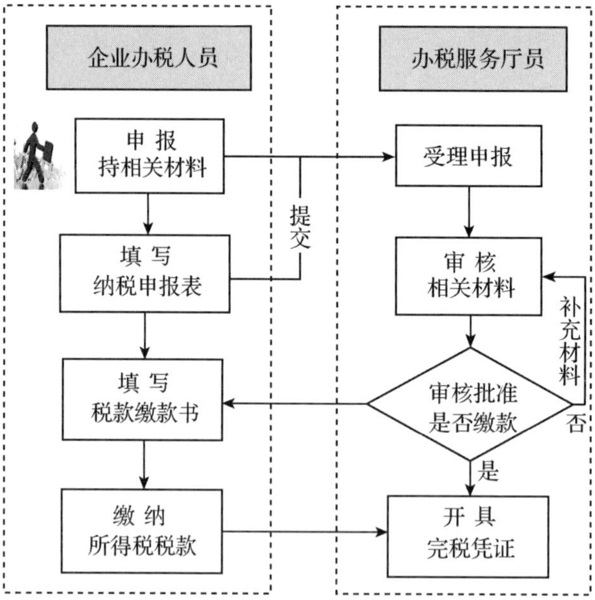

图 5-4 企业所得税纳税申报流程图

活动一 分月(季)预缴企业所得税

1. 填写纳税申报表

纳税人预缴企业所得税时，要填制《中华人民共和国企业所得税月(季)度预缴纳税申报表(A 类)》(表 5-4)。

2. 预缴所得税税款

企业应当自月份或者季度终了之日起 15 日内，向税务机关报送企业所得税纳税申报表，预缴税款。

表 5-4 中华人民共和国企业所得税月(季)度预缴纳税申报表(A 类)

税款所属期间：2019 年 03 月 01 日至 2019 年 03 月 31 日

统一社会信用代码：370210000 **** JF86W

(纳税人识别号)

纳税人名称：滨海市盛泰实业有限公司　　　　金额单位：元(列至角分)

预缴方式	☑按照实际利润额预缴	□按照上一纳税年度应纳税所得额平均额预缴	□按照税务机关确定的其他方法预缴
企业类型	☑一般企业	□跨地区经营汇总纳税企业总机构	□跨地区经营汇总纳税企业分支机构

续表

<table>
<tr><th colspan="4">预缴税款计算</th></tr>
<tr><th>行次</th><th colspan="2">项目</th><th>本年累计金额</th></tr>
<tr><td>1</td><td colspan="2">营业收入</td><td>47 600 000.00</td></tr>
<tr><td>2</td><td colspan="2">营业成本</td><td>43 500 000.00</td></tr>
<tr><td>3</td><td colspan="2">利润总额</td><td>4 100 000.00</td></tr>
<tr><td>4</td><td colspan="2">加：特定业务计算的应纳税所得额</td><td></td></tr>
<tr><td>5</td><td colspan="2">减：不征税收入</td><td></td></tr>
<tr><td>6</td><td colspan="2">减：免税收入、减计收入、所得减免等优惠金额(填写 A201010)</td><td></td></tr>
<tr><td>7</td><td colspan="2">减：固定资产加速折旧(扣除)调减额(填写 A201020)</td><td></td></tr>
<tr><td>8</td><td colspan="2">减：弥补以前年度亏损</td><td></td></tr>
<tr><td>9</td><td colspan="2">实际利润额(3＋4－5－6－7－8) \ 按照上一纳税年度应纳税所得额平均额确定的应纳税所得额</td><td>4 100 000.00</td></tr>
<tr><td>10</td><td colspan="2">税率(25％)</td><td></td></tr>
<tr><td>11</td><td colspan="2">应纳所得税额(9×10)</td><td>1 025 000.00</td></tr>
<tr><td>12</td><td colspan="2">减：减免所得税额(填写 A201030)</td><td></td></tr>
<tr><td>13</td><td colspan="2">减：实际已缴纳所得税额</td><td>637 500.00</td></tr>
<tr><td>14</td><td colspan="2">减：特定业务预缴(征)所得税额</td><td></td></tr>
<tr><td>15</td><td colspan="2">本期应补(退)所得税额(11－12－13－14) \ 税务机关确定的本期应纳所得税额</td><td>387 500.00</td></tr>
<tr><th colspan="4">汇总纳税企业总分机构税款计算</th></tr>
<tr><td>16</td><td rowspan="4">总机构填报</td><td>总机构本期分摊应补(退)所得税额(17＋18＋19)</td><td></td></tr>
<tr><td>17</td><td>其中：总机构分摊应补(退)所得税额(15×总机构分摊比例____%)</td><td></td></tr>
<tr><td>18</td><td>财政集中分配应补(退)所得税额(15×财政集中分配比例____%)</td><td></td></tr>
<tr><td>19</td><td>总机构具有主体生产经营职能的部门分摊所得税额(15×全部分支机构分摊比例____%×总机构具有主体生产经营职能部门分摊比例____%)</td><td></td></tr>
<tr><td>20</td><td rowspan="2">分支机构填报</td><td>分支机构本期分摊比例</td><td></td></tr>
<tr><td>21</td><td>分支机构本期分摊应补(退)所得税额</td><td></td></tr>
<tr><th colspan="4">附报信息</th></tr>
<tr><td>小型微利企业</td><td>□是 □否</td><td>科技型中小企业</td><td>□是 □否</td></tr>
<tr><td>高新技术企业</td><td>□是 □否</td><td>技术入股递延纳税事项</td><td>□是 □否</td></tr>
<tr><td>期末从业人数</td><td colspan="3"></td></tr>
</table>

续表

谨声明：此纳税申报表是根据《中华人民共和国企业所得税法》《中华人民共和国企业所得税法实施条例》以及有关税收政策和国家统一会计制度的规定填报的，是真实的、可靠的、完整的。 法定代表人(签章)：陈兴　　2019 年 4 月 3 日		
纳税人公章： 会计主管：张峰 填表日期：2019 年 4 月 3 日	代理申报中介机构公章： 经办人： 经办人执业证件号码： 代理申报日期：　年　月　日	主管税务机关受理专用章： 受理人： 受理日期：　年　月　日

活动二　年终汇算清缴企业所得税

企业纳税人在年度汇算清缴时，无论盈亏，都必须在规定的期限内向税务机关报送年度企业所得税纳税申报表，并汇算清缴，结清应缴应退税款。

1. 填写年度纳税申报表

企业年度纳税申报表分为企业基础信息表(表略)、纳税申报表及明细表。

《中华人民共和国企业所得税年度纳税申报表(A 类)》(表 5-5)是纳税申报表的主表，需要根据明细表《一般企业收入明细表》(A103000)、《一般企业成本支出明细表》(A102010)、《期间费用明细表》(A104000)、《纳税调整项目明细表》(A105000)、《企业所得税弥补亏损明细表》(A106000)、《免税、减计收入及加计扣除优惠明细表》(A107010)、《所得税免税优惠明细表》(A107020)、《抵扣应纳税所得额明细表》(A107050)、《境外所得税抵免计算明细表》(A108010)等和会计核算资料填写。

中华人民共和国企业所得税年度纳税申报表(A 类)

税款所属期间：2019 年 01 月 01 日至 2019 年 12 月 31 日

纳税人统一社会信用代码：370210000 **** JF86W

(纳税人识别号)

纳税人名称：滨海市盛泰实业有限公司

金额单位：元(列至角分)

谨声明：此纳税申报表是根据《中华人民共和国企业所得税法》《中华人民共和国企业所得税法实施条例》以及有关税收政策和国家统一会计制度的规定填报的，是真实的、可靠的、完整的。

法定代表人(签章)：陈兴　　2020 年 02 月 16 日

纳税人公章： 会计主管：张峰 填表日期：2020 年 2 月 16 日	代理申报中介机构公章： 经办人： 经办人执业证件号码： 代理申报日期：　年　月　日	主管税务机关受理专用章： 受理人：李娜 受理日期：2020 年 2 月 16 日

表 5-5　A100000 中华人民共和国企业所得税年度纳税申报表(A 类)

行次	类别	项目	金额
1	利润总额计算	一、营业收入(填写 A101010 \ 101020 \ 103000)	300 000 000 000
2		减：营业成本(填写 A102010 \ 102020 \ 103000)	132 000 000
3		减：税金及附加	4 800 000
4		减：销售费用(填写 A104000)	80 400 000
5		减：管理费用(填写 A104000)	57 600 000
6		减：财务费用(填写 A104000)	7 200 000
7		减：资产减值损失	
8		加：公允价值变动收益	
9		加：投资收益	
10		二、营业利润(1－2－3－4－5－6－7＋8＋9)	
11		加：营业外收入(填写 A101010 \ 101020 \ 103000)	8 400 000
12		减：营业外支出(填写 A102010 \ 102020 \ 103000)	6 000 000
13		三、利润总额(10＋11－12)	20 400 000
14	应纳税所得额计算	减：境外所得(填写 A108010)	
15		加：纳税调整增加额(填写 A105000)	11 022 000
16		减：纳税调整减少额(填写 A105000)	1 200 000
17		减：免税、减计收入及加计扣除(填写 A107010)	
18		加：境外应税所得抵减境内亏损(填写 A108000)	
19		四、纳税调整后所得(13－14＋15－16－17＋18)	30 222 000
20		减：所得减免(填写 A107020)	
21		减：弥补以前年度亏损(填写 A106000)	
22		减：抵扣应纳税所得额(填写 A107030)	
23		五、应纳税所得额(19－20－21－22)	30 222 000
24	应纳税额计算	税率(25％)	
25		六、应纳所得税额(23×24)	7 555 500
26		减：减免所得税额(填写 A107040)	
27		减：抵免所得税额(填写 A107050)	124 000
28		七、应纳税额(25－26－27)	7 431 500
29		加：境外所得应纳所得税额(填写 A108000)	
30		减：境外所得抵免所得税额(填写 A108000)	
31		八、实际应纳所得税额(28＋29－30)	7 431 500

续表

行次	类别	项目	金额
32	应纳税额计算	减：本年累计实际已缴纳的所得税额	6 250 000.00
33		九、本年应补(退)所得税额(31－32)	1 181 500.00
34		其中：总机构分摊本年应补(退)所得税额(填写 A109000)	
35		财政集中分配本年应补(退)所得税额(填写 A109000)	
36		总机构主体生产经营部门分摊本年应补(退)所得税额(填写 A109000)	

2. 报送有关资料

纳税人应在5个月内办理企业所得税年度纳税申报，如实向税务机关报送企业所得税年度纳税申报表及明细表、会计报表及税务部门要求报送的其他相关资料。具体包括：

(1)企业所得税年度纳税申报表及其明细表。

(2)财务报表。

(3)备案事项相关资料。

(4)总机构及分支机构的基本情况、分支机构的征税方式、分支机构的预缴税情况。

(5)委托中介机构代理纳税申报的，应出具双方签订的代理合同，并附送中介机构出具的包括纳税调整的项目、原因、依据、计算过程、调整金额等内容的报告。

(6)涉及关联方业务往来的，同时报送《中华人民共和国企业年度关联业务往来报告表》。

(7)主管税务机关要求报送的其他有关资料。

纳税人采用电子方式办理企业所得税年度纳税申报的，应按照有关规定保存有关资料或附报纸质纳税申报资料。

3. 受理、审核资料

主管税务机关受理纳税人年度纳税申报后，要结合纳税人所得税预缴情况及日常情况，对纳税人报送的年度纳税申报表及其明细表和其他有关资料进行初步审核，按固定程序及时办理企业所得税补、退税或抵缴其下一年度应纳所得税税款等事项。

4. 结清所得税税款

纳税人在纳税年度内预缴企业所得税税款少于应缴企业所得税税款的，应在汇算清缴期内结清补缴税款；预缴税款超过应纳税款的，主管税务机关应及时按有关规定办理退税，或者经纳税人同意后，抵缴其下一年度应缴企业所得税税款。

纳税人在规定期限内向主管税务机关指定为代理金库的银行缴纳税款时，应开具税收缴款书(表 5-6)。

表 5-6 中华人民共和国税收通用缴款书

隶属关系：

注册类型： 填发日期：2020 年 2 月 16 日 征收机关： 单位：元(列至角分)

无银行收讫章无效

<table>
<tr><td rowspan="4">缴款单位(人)</td><td>代　码</td><td colspan="3">35210003213601358 ***</td><td rowspan="3">预算科目</td><td>编码</td><td colspan="2">*******</td></tr>
<tr><td>全　称</td><td colspan="3">滨海市红星酒业有限公司</td><td>名称</td><td colspan="2">*****</td></tr>
<tr><td>开户银行</td><td colspan="3">滨海银行海关支行</td><td>级次</td><td colspan="2">****</td></tr>
<tr><td>账　号</td><td colspan="3">3302 0670 1234 6448 ***</td><td>收款国库</td><td colspan="3">××××××</td></tr>
<tr><td colspan="5">税款所属时期 2019 年 9 月 1 日至 2019 年 9 月 30 日</td><td colspan="4">税款限缴日期</td></tr>
<tr><td colspan="2">品目名称</td><td>计税依据</td><td colspan="2">税率或
单位税额</td><td colspan="2">应纳税额</td><td>已缴或
扣除额</td><td>实缴金额</td></tr>
<tr><td colspan="2">消费税</td><td></td><td colspan="2"></td><td colspan="2"></td><td></td><td>1 181 500.00</td></tr>
<tr><td colspan="2">金额合计</td><td colspan="7">人民币(大写)壹拾肆万贰仟叁佰柒拾伍元整</td></tr>
<tr><td colspan="3">缴款单位(人)
(盖章)
经办人(盖章) 刘萍</td><td colspan="3">税务机关
(2)
(盖章)
征税专用章
填票人：李芳</td><td colspan="3">上列款项已收妥并划转收款单位账户
(国库(银行))盖章
中国工商银行 海关支行 2014-10-05 转讫
2019 年 10 月 5 日</td></tr>
</table>

逾期不缴按税法规定加收滞纳金

解决任务

1. 根据会计资料填报公司 3 月的《中华人民共和国企业所得税月(季)度预缴纳税申报表》。

2. 根据有关明细表和会计核算资料，填报企业所得税年度纳税申报表(A 类)。

3. 公司将企业所得税纳税申报表及明细表、会计报表和其他相关资料提交主管税务机关审核，并在规定的期间内办理税款缴纳手续，开具税收缴款书，索取完税凭证。

思考与练习

◆思考题

1. 企业所得税的纳税时间、纳税地点是如何规定的？

2. 年度终了进行企业所得税汇算清缴时，需要向税务机关提供哪些材料？

◆单选题

1. 企业应当在月份或季度终了(　　)内向税务机关报送预缴企业所得税纳税申报表，预缴税款。

A. 5 日　　B. 10 日　　C. 15 日　　D. 30 日

2. 除税收法律、行政法规另有规定外，居民企业以(　　)为纳税地点。

A. 机构所在地　　B. 经营所在地　　C. 企业登记注册地　　D. 户籍所在地

3. 居民企业登记注册地在境外的，以(　　)为纳税地点。

A. 扣缴义务人所在地　　B. 实际管理机构所在地

C. 生产经营所在地　　D. 住所所在地

◆多选题

1. 我国企业所得税实行按(　　)的缴纳办法。

A. 纳税年度计算　　B. 分月或者分季预缴

C. 年终汇算清缴　　D. 多退少补

2. 企业在纳税年度内无论盈利还是亏损，都应依照税法规定的纳税期限，向主管税务机关报送(　　)，并在规定期限内预缴税款、汇算清缴。

A. 企业所得税预缴纳税申报表　　B. 企业所得税年度纳税申报表

C. 会计账簿　　D. 财务会计报告

3. 企业所得税年度纳税申报表分为(　　)。

A. 企业基础信息表　　B. 纳税申报表

C. 明细表　　D. 企业所得税核定征收鉴定表

模拟操作

企业基本信息

企业名称：滨海市鸿发工业股份有限公司(为居民企业)

经营地址：滨海市长青路101号

法人代表：孔涛

纳税人登记证号：37020000230 ****

开户银行：中国建设银行济宁市长青路支行

银行账号：3702002005032570 ****

职工人数：1 000人

会计主管：张明

报税人员：胡晓霞

1. 实训目标

(1)能计算企业应纳所得税额。

(2)会填制企业所得税纳税申报表及明细表。

(3)能独立办理企业所得税纳税申报手续。

2. 实训任务

(1)根据滨海市鸿发工业股份有限公司涉税经济业务，计算应纳所得税额。

(2)填写企业所得税纳税申报表，完成企业所得税纳税申报工作。

3. 操作准备

(1)《中华人民共和国企业所得税法》《中华人民共和国企业所得税法实施细则》和其他相关法规。

(2)在税务实训室进行，具备企业基本情况、经济业务资料、企业所得税纳税申报表、税收通用缴款书等资料。

4. 实训资料

(1)滨海市鸿发工业股份有限公司的企业所得税按年计算，分季预缴，于次年5月31日之前汇算清缴。企业所得税税率为25%。公司2019年1月1日至12月31日的相关信息资料(表5-7)。

表 5-7　滨海市鸿发工业股份有限公司 2019 年度会计资料

项　目	借方金额/元	贷方金额/元
主营业务收入 　其中：销售货物收入 　　　　提供劳务收入		64 335 050.00 64 133 000.00 202 050.00
其他业务收入 　其中：包装物出租收入		54 300.00 54 300.00
主营业务成本 　其中：销售货物成本 　　　　提供劳务成本	40 277 680.00 40 156 000.00 121 680.00	
其他业务成本 　其中：包装物出租成本	43 000.00 41 275.00	
销售税金及附加	11 009 168.83	
销售费用 其中：广告费	11 000 900.22 9 850 500.00	
管理费用 　其中：业务招待费	1 934 799.00 581 103.00	
财务费用 　其中：建行借款利息 　　　　恒通贸易公司借款利息	763 460.12 500 000.00 200 000.00	
投资收益 　其中：国债利息收入 　　　　金融债券利息收入		280 000.00 200 000.00 80 000.00
营业外收入 　其中：处置固定资产净收益		100 000.00 88 000.00
营业外支出 　其中：缴纳税收罚款 　　　　通过希望工程基金会捐款	240 000.00 40 000.00 200 000.00	

(2)财务费用：年初向建行借款 1 000 万元，用于生产经营，年利率为 5%；年初向恒通贸易公司借款 200 万元，年利率为 10%。

(3)职工薪酬：工资总额 15 840 300 元，计提职工福利费 818 260.4 元，职工教育经费 4 143 068.55 元，职工工会经费 397 155.70 元，社会保险费 316 806.00 元，住房公积金 1 900 836.00 元，合计 26 815 450.28 元。

(4)以前年度未弥补的亏损 100 400 元。

(5)本年度已预缴企业所得税 250 000 元。

5. 操作过程

(1)利润总额计算。

营业收入＝

营业成本＝

营业税金及附加＝

销售费用＝

管理费用＝

财务费用＝

投资收益＝

营业利润＝营业收入＋营业成本－营业税金及附加－销售费用－管理费用－财务费用＋投资收益＝

营业外收入＝

营业外支出＝

利润总额＝营业利润＋营业外收入－营业外支出＝

(2)应纳税所得额计算。

纳税调整增加额：

职工福利费支出纳税调增金额＝

职工教育经费支出纳税调增金额＝

工会经费支出纳税调增金额＝

业务招待费支出纳税调增金额＝

广告费支出纳税调增金额＝

捐赠支出纳税调增金额＝

利息支出纳税调增金额＝利息支出－税法规定准予扣除的利息＝

罚款支出纳税调增金额＝

纳税调整增加额合计＝

纳税调整减少额：

免税收入纳税调减额＝

纳税调整减少额合计＝

纳税调整后所得：

纳税调整后所得＝利润总额＋纳税调整增加额－纳税调整减少额＝

弥补以前年度亏损：

弥补以前年度亏损＝

应纳税所得额：

应纳税所得额＝纳税调整后所得－弥补以前年度亏损＝

(3)应纳税额计算。

所得税税率＝

应纳所得税额＝应纳税所得额×所得税税率＝

(实际)应纳税额＝应纳所得税额－减免所得税额－抵免所得税额＝

境内外实际应纳所得税额＝实际应纳税额＋境外所得应纳所得税额－境外所得抵免所得税额＝

本年累计实际已缴的所得税额＝

本年应补(退)的所得税额＝境内外实际应纳所得税额－本年累计实际已缴的所得税额＝

(4)根据以上计算结果，填制企业所得税年度纳税申报表及明细表。

社会视角

税从哪里来，又去哪里啦?

税从哪里来?

税收是由纳税人缴纳的。纳税人是法人，也可以是自然人。在现实生活中，不一定每个人都是纳税人，但人人都是商品和劳务的消费者，人人都是负税人。税收最终来源于我们每一个人。随着我国经济的快速发展，税收征管不断加强，人们纳税意识日益提高，税收收入大幅增加。2021 年全国实现税收 172 731 亿元，同比增长了 11.9％。

税又去哪里啦?

税收是国家为了满足社会公共需要而征收的，它主要用于：

1. 发展国防事业，保障国家安全。国家的安宁，民族的尊严，离不开强大的国防，而国防建设需要雄厚的财力作支撑。2021 年用于国防的财政支出达 13 795.44 亿元，这正是税收的功劳。

2. 支持内政外交，服务政府运转。政府如一部庞大的机器，无论内政还是外交都在其中，而税收就是维持这部机器运转的“汽油、柴油、润滑油”。

3. 投资基础设施，强化公共服务。国家投资建设的四通八达的交通网络、“南水北调工程”等大型公共设施以及北斗卫星、探月工程等等，都需要大量的财政投入，这一切都离不开税收的支持。

4. 着力改善民生，保障公民福利。“学有所教，劳有所得，病有所医，老有所养，住有所居……”是我们构建和谐社会的一项项蓝图和要求，这些都需要政府拿钱来办，政府的钱袋子就是税收。

当地震、洪水、台风等自然灾害发生时，国家为灾区提供大量的救灾物资，帮助灾民重建家园，其中我们可以看到税收的身影；大力职业教育，对中等职业学校学生免除学费，为保证家庭经济困难的大学生顺利完成学业，国家还采取了发放高等教育阶段奖学金和助学贷款等助学措施，这些钱靠的是税收的来源；在城镇，社会保险制度基本建立，最低生活保障制度全面实施。在农村，养老保险制度、新型合作医疗加快推进，这些最终离不开税收的保障；我国现有数千万的残疾人，国家对残疾人生活、就业等多方面给予救济和帮助，还要靠税收稳定而强有力的支撑。一句话：我国税收的本质就是取之于民，用之于民！

项目六　个人所得税的计算与缴纳

项目介绍

个人所得税是对自然人取得的各项应税所得征收的一种税。它是国家参与个人收入分配的重要手段，与每个公民自身利益息息相关。目前世界上有140多个国家开征个人所得税。我国个人所得税的起步很晚，自1980年个人所得税开征后，收入逐年大幅增长。个人所得税具有税基广、弹性大、调节收入分配和促进经济增长等诸多优点，决定了该税在筹集财政收入、缩小分配差距、实现社会公平、保持社会稳定等方面有着其他税种无法代替的作用。党的二十大报告中提到要加大税收、社会保障、转移支付等的调节力度。完善个人所得税制度，规范收入分配秩序，规范财富积累机制，保护合法收入，调节过高收入，取缔非法收入。引导、支持有意愿有能力的企业、社会组织和个人积极参与公益慈善事业。个人所得税是一个增长潜力较大的税种，随着我国经济的进一步发展，居民的收入水平将逐步提高，个人所得税税源将不断扩大，个人所得税占国家税收总额的比重将逐年增加，最终将发展成为一个具有活力的主体税种。

本项目以滨海市盛泰实业有限公司2019年的相关纳税资料为案例，提炼出三大工作任务：①全面认识个人所得税；②准确计算各项所得应纳个人所得税税额；③办理个人所得税纳税申报。为了完成上述3个任务，在知识准备方面，介绍了完成上述任务需要掌握的个人所得税基本构成要素，包括个人所得税纳税人、征税对象、税率、税收优惠等法律规定；计算个人所得税应纳税额，包括居民个人综合所得应纳税额的计算以及居民个人综合所得预扣预缴税额的计算、非居民个人工资、薪金所得、劳务报酬所得、稿酬所得、特许权使用费所得应纳税额的计算，纳税人经营所得，财产租赁所得，财产转让所得，利息、股息、红利所得和偶然所得应纳税额的计算；个人所得税的纳税申报等内容。其中，居民个人的个人所得税计算是本项的重点和难点。

单位扣缴个人所得税流程：个人取得综合所得→计算个人所得应纳税额→填写个

人所得税专项附加扣除信息表→填写个人所得税扣缴申报表→办理税款缴纳手续→缴纳税款→开具税缴款书。

自行申报个人所得税流程：个人取得综合所得(或经营所得)→计算个人所得应纳税额→填报个人所得税年度自行纳税申报表[或经营所得个人所得税月(季)度申报表]→录入信息→网上申报—补缴税款→索取完税证明。

秒懂个人所得税

知识链接

个人所得税在中国的发展

我国个人所得税的发展，要追溯到 1980 年。1980 年 9 月 10 日公布的《中华人民共和国个人所得税税法》，是中华人民共和国成立以来颁布的第一部个人所得税法。

1986 年 9 月 25 日，国务院发布了《中华人民共和国个人收入调节税暂行条例》，自 1987 年 1 月 1 日起，把对中国国内公民的个人所得征收的个人所得税改为征收个人收入调节税，从此，个人所得税成为对在中国有所得的外籍人员征收的一种涉外税收。那时候，个人所得税的起征点是 800 元，我国工薪阶层的平均收入仅为 64 元，能够达到这个起征点的主要是在华工作的外国人。

1993 年 10 月 31 日，第八届全国人大常委会第四次会议审议通过公布了《关于修改〈中华人民共和国个人所得税税法〉的决定》，1994 年 1 月 28 日，国务院发布了《中华人民共和国个人所得税税法实施细则》，从 1994 年 1 月 1 日起施行。这次修改个人所得税税法的主要内容之一，就是将个人所得税、个人收入调节税和城乡个体工商业户所得税合并为统一的个人所得税，结束了中国个人所得税税制不统一的局面，使中国个人所得税制步入统一、规范与符合国际惯例的轨道。

2004 年，我国收益超过 800 元的工薪阶层达到了 60%，逐步成为个人所得税的贡献主体。2011 年 9 月 1 日起，个人所得税起征点调至 3 500 元。

2018 年 8 月 31 日，十三届全国人大常委会第五次会议表决通过关于修改个人所得税法的决定。新个税法将 4 项劳动性所得纳入综合征税范围，实现从分类税制向综合与分类相结合税制的重大转变，并提高了起征点、设立了专项附加扣除。个税起征点调至每月 5 000 元(60 000 元/每年)。10 月 20 日，个人所得税抵扣细则出台。这次修订还包括：①将工资、薪金所得、劳务报酬所得、稿酬所得和特许权使用费所得等四项劳动型所得实行综合征税；②增加子女教育支出、继续教育支出、大病医疗支出、住房贷款利息和住房租金等专项附加扣除个人所得税；③优化调整个人所得税税率结构，扩大较低档个人所得税税率级距。这次个人税改革力度是很大的。

2019年成为“减税年”。个税“起征点”提高至每月5 000元，新增6项专项附加扣除(子女教育、继续教育、大病医疗、住房贷款利息或住房租金、赡养老人)、扩大低档税率范围等诸多减税措施纷纷落地。一年里，国家大规模推出了一系列围绕个人所得税改革、小微企业普惠性税收减免、深化增值税改革等减税降费的税收优惠政策，效果十分明显，成功完成了一次规模最大、力度最强、覆盖面最广的减税改革。

案例背景

企业基本信息

统一社会信用代码：370210000 **** JF86W

企业名称：滨海市盛泰实业有限公司

住　　所：滨海市红星路16号

注册资本：2 000万元

企业类型：有限责任公司(增值税一般纳税人)

联系电话：2334335

经营范围：1#、2#、3#等多种型号产品研发、生产销售

成立时间：2018年7月18日

营业期限：2018年7月18日至2038年7月17日

纳税人识别号：370200002347 ***

开户银行：中国银行海滨市分行营业部

银行账号：3702067012346688 ***

法人代表：陈兴

身份证号码：37010219680824 ****

会计负责人：张峰

会计员：李艳

出纳员：王琳

报税员：刘萍

职工人数：256人(含残疾人员2人)

增值税发票管理：专门配置保险箱一个，开具专用发票的办公室一间

税务微观

孔子与税

孔子最早用“税”字记载了鲁宣公实行的田赋改革，称“初税亩”。即所有土地，不论公田、私田，都要由土地占有者交纳赋税。

孔子提倡薄赋税、轻摇役。他主张轻税，税率最好是十分之一。他说：“什一者，天下之中正也，什一行而颂声作矣”。孔子特别痛恨横征暴敛，强调敛从其薄。弟子冉求当了季氏的财政部长，敛财致富，痛斥“非吾徒也，小子鸣鼓而攻之，可也。”并在泰山听见哭坟的妇人说：公公、丈夫、儿子分别被老虎吃掉，不搬家的原因是此地没有苛刻的赋税。孔子申斥道：“苛政猛于虎也!”

任务一　走进个人所得税

任务目标

知识目标：

1. 理解居民个人和非居民个人的含义。

2. 掌握个人所得税的征税对象及税率等。

能力目标：

1. 能够准确判断居民个人和非居民个人。

2. 能够正确确定个人所得税征税范围及适用税率。

素养目标：

培养积极争做依法纳税公民的法治意识。

任务导出

情境描述

滨海市盛泰实业有限公司的技术人员李刚，2019 年全年收入为 140 500 元，其中：

月工资 8 500 元，全年工资收入 102 000 元；

3 月 8 日，参加商场购物抽奖活动，取得中奖 2 000 元；

4 月，在某培训学校讲课，取得课酬 5 000 元；

5 月，发表一篇小说，取得稿费 1 000 元；

6 月，提供甲公司一项非专利技术使用权，取得技术转让收入 12 000 元；

10 月 1 日，出租私有住房一套，合同约定每月租金 1 500 元，共收取 4 500 元；

12 月 10 日，取得当年 1 月 1 日投资的股息收入 4 000 元；

年终取得一次性奖金 10 000 元。

另外，李刚办公室的同事汤姆是来华的外籍公民，2019 年 12 月取得工资薪金收入 20 000 元。

讨论：怎样确定个人所得税的纳税人、征税对象？

任务：判断李刚和汤姆是否是个人所得税的纳税人；李刚的哪些所得属于个人所得税的应税所得。

知识准备

个人所得税是以个人(自然人)取得的各项应税所得为征税对象而征收的一种税。

我国个人所得税具有以下特点：

(1)个人所得税实行综合与分类相结合税制模式。将个人取得的各项应税所得划分为9类，先把工资、薪金所得、劳务报酬所得、稿酬所得、特许权使用费所得这4类的收入归并在一起，按照综合收入征收；同时把另5类所得的收入仍使用分类所得税制的征收办法，分别适用不同的费用减除规定、不同的税率和不同的计税方法。

(2)个人所得税实行累进税率与比例税率并用。对综合所得和经营所得实行超额累进税率。对利息、股息、红利所得，财产租赁所得、财产转让所得和偶然所得，采用比例税率。

(3)个人所得税实行定额扣除和定率扣除两种费用扣除方法。定率扣除的标准为20%，定额扣除的标准目前有800元、5 000元和60 000元等。

(4)个人所得税采用源泉扣缴和自行申报两种征纳方法。现行的个人所得税在纳税申报上，对应纳税额分别采用由支付单位在支付环节预扣预缴、代扣代缴的扣缴申报缴纳和纳税人自行向税务机关申报缴纳两种方法。

1. 个人所得税的纳税人

个人所得税的纳税人是指在中国境内有住所，或者无住所但一个纳税年度内在中国境内居住累计满183天的个人，以及在中国境内无住所又不居住或者无住所而一个纳税年度内在境内居住累计不满183天的个人。具体包括中国公民、个体工商户、个人独资企业、合伙企业投资者、在中国有所得的外籍人员(含无国籍人员)和中国香港、中国澳门、中国台湾同胞。

我国个人所得税的纳税人根据住所和居住时间两个标准，分为居民纳税人和非居民纳税人。

(1)居民个人是指在中国境内有住所，或无住所而一个纳税年度内在中国境内居住累计满183天的个人。居民个人负无限纳税义务，就其源于中国境内的所得和来源于中国境外的所得，依法缴纳个人所得税。纳税年度是指自公历1月1日起至12月31日止。

(2)非居民个人是指在中国境内无住所又不居住，或无住所而一个纳税年度内在中国境内居住累计不满183天的个人。非居民纳税人负有限纳税义务，仅就其来源于中国境内的所得向中国缴纳个人所得税。

温馨提示

判断所得来源，是确定对该项所得是否应该征收个人所得税的重要依据。特别是对于非居民个人，由于只就其来源于中国境内的所得征税，因此判断其所得来源显得十分重要。

知识拓展

所得来源的确定

除国务院财政、税务主管部门另有规定外，下列所得，不论支付地点是否在中国境内，均为来源于中国境内的所得。

因任职、受雇、履约等在中国境内提供劳务取得的所得；

将财产出租给承租人在中国境内使用而取得的所得；

许可各种特许权在中国境内使用而取得的所得；

转让中国境内的不动产等财产或者在中国境内转让其他财产取得的所得；

从中国境内企业、事业单位、其他组织以及居民个人取得的利息、股息、红利所得。

(3)扣缴义务人。个人所得税以所得人为纳税人，以支付所得的单位或者个人为扣缴义务人。扣缴义务人向个人支付应税款项时，应当依照个人所得税法规定预扣或者代扣税款，按时缴库，并专项记载备查。

2. 个人所得税的征税对象

个人所得税的征税对象是个人取得的各项应税所得，根据《中华人民共和国个人所得税法》及实施条例的规定，有 9 项个人所得应纳个人所得税，如表 6-1 所示。

表 6-1　个人所得税征税对象

序号	应税所得项目	
1	工资、薪金所得	综合所得
2	劳务报酬所得	
3	稿酬所得	
4	特许权使用费所得	
5	经营所得	
6	利息、股息、红利所得	
7	财产租赁所得	
8	财产转让所得	
9	偶然所得	

注：上述第 1 项至第 4 项所得又称综合所得。

(1)工资、薪金所得是指个人因任职或者受雇取得的工资、薪金、奖金、年终加薪、劳动分红、津贴、补贴以及与任职或者受雇有关的其他所得。

工资、薪金所得属于非独立个人劳动所得。所谓非独立个人劳动，是指个人所从事的是由他人指定、安排并接受管理的劳动。工作或服务于公司、工厂、行政、事业等单位的人员(私营企业主除外)均为非独立劳动者，他们从上述单位取得的劳动报酬，是以工资、薪金的形式体现的。除工资、薪金以外，奖金、年终加薪、劳动分红、津贴、补贴也被确定为工资、薪金范畴。其中，年终加薪、劳动分红不分种类和取得情况，一律按工资、薪金所得征税。津贴、补贴等则有例外，根据目前个人收入的构成情况，我国规定对于一些不属于工资、薪金性质的补贴、津贴或者不属于纳税人本人工资、薪金所得项目的收入，不予征税。这些项目包括：独生子女补贴；执行公务员工资制度未纳入基本工资总额的补贴、津贴差额和家属成员的副食品补贴；托儿补助费；差旅费津贴、误餐补助。

(2)劳务报酬所得是指个人从事劳务取得的所得，包括从事设计、装潢、安装、制图、化验、测试、医疗、法律、会计、咨询、讲学、翻译、审稿、书画、雕刻、影视、录音、录像、演出、表演、广告、展览、技术服务、介绍服务、经纪服务、代办服务以及其他劳务取得的所得。

温馨提示

工资、薪金所得和劳务报酬所得的区别在于：工资、薪金所得是非独立的个人劳务活动所得，而劳务报酬所得则是个人独立从事各种技艺、提供各项劳务取得的报酬。

(3)稿酬所得是指个人因其作品以图书、报刊等形式出版、发表而取得的所得。稿酬所得包括作者去世后，财产继承人取得的遗作稿酬。

将稿酬所得独立划归一个征税项目，而对不以图书、报刊形式出版、发表的翻译、审稿、书画所得归为劳务报酬所得，给予适当的税收优惠照顾，主要是考虑了出版、发表作品的特殊性。因为稿酬所得是依靠较高智力和智慧创作的精神产品，具有普遍性，是社会主义精神文明建设的重要组成部分，报酬相对偏低。

(4)特许权使用费所得是指个人提供专利权、商标权、著作权、非专利技术以及其他特许权的使用权取得的所得。提供著作权的使用权取得的所得，不包括稿酬所得。

(5)经营所得。经营所得包括下列所得。

①个体工商户从事生产、经营活动取得的所得，个人独资企业投资人、合伙企业的个人合伙人来源于境内注册的个人独资企业、合伙企业生产、经营的所得；

②个人依法从事办学、医疗、咨询及其他有偿服务活动取得的所得；

③个人对企业、事业单位承包经营、承租经营及转包、转租取得的所得；

④个人从事其他生产、经营活动取得的所得。

(6)利息、股息、红利所得是指个人拥有债权、股权等而取得的利息、股息、红利所得。税法规定，个人取得利息所得，除国债和国家发行的金融债券利息外，应当依法缴纳个人所得税。

(7)财产租赁所得是指个人出租不动产、机器设备、车船以及其他财产取得的所得。

(8)财产转让所得是指个人转让有价证券、股权、合伙企业中的财产份额、不动产、机器设备、车船以及其他财产取得的所得。

温馨提示

对个人取得的各项财产转让所得，除股票转让所得外(对股票转让所得暂不征收个人所得税)，都要征收个人所得税。

(9)偶然所得是指个人得奖、中奖、中彩以及其他偶然性质的所得。偶然所得应缴纳的个人所得税税款，一律由发奖单位或机构代扣代缴。

3. 个人所得税的税率

我国个人所得税采用比例税率和超额累进税率两种形式，各项所得适用的税率规定如下。

(1)综合所得适用税率。综合所得包括居民个人取得的工资、薪金所得、劳务报酬所得、稿酬所得和特许权使用费所得。居民个人的综合所得适用 7 级超额累进税率，税率为 3%～45%(表 6-2)。

表 6-2　个人所得税税率表(综合所得适用)

级数	全年应纳税所得额	税率/%	速算扣除数/元
1	不超过 36 000 元的部分	3	0
2	超过 36 000 元至 144 000 元的部分	10	2 520
3	超过 144 000 元至 300 000 元的部分	20	16 920
4	超过 300 000 元至 420000 元的部分	25	31 920
5	超过 420 000 元至 660 000 元的部分	30	52 920
6	超过 660 000 元至 960 000 元的部分	35	85 920
7	超过 960 000 元的部分	45	181 920

注：本表所称全年应纳税额所得额是指依照税法规定，居民个人取得综合所得以每一纳税年度收入额减除费用 60 000 元以及专项扣除、专项附加扣除和依法确定的其他扣除后的余额。

非居民取得工资、薪金所得，劳务报酬所得、稿酬所得和特许权使用费所得，依照表 6-2 按月换算后计算应纳税额(表 6-3)。

表 6-3　个人所得税税率表(非居民适用)

(非居民个人工资、薪金所得，劳务报酬所得，稿酬所得，特许权使用费所得适用)

级数	全月应纳税所得额	税率/%	速算扣除数/元
1	不超过 3 000 元的部分	3	0
2	超过 3 000 元至 12 000 元的部分	10	210
3	超过 12 000 元至 25 000 元的部分	20	1 410
4	超过 25 000 元至 35 000 元的部分	25	2 660
5	超过 35 000 元至 55 000 元的部分	30	4 410
6	超过 55 000 元至 80 000 元的部分	35	7 160
7	超过 80 000 元的部分	45	15 160

(2)经营所得适用税率。经营所得包括个体工商户从事生产、经营活动取得的所得，个人独资企业投资人、合伙企业的个人合伙人来源于境内注册的个人独资企业、合伙企业生产、经营的所得；个人依法从事办学、医疗、咨询以及其他有偿服务活动取得的所得；个人对企业、事业单位承包经营、承租经营以及转包、转租取得的所得；个人从事其他生产、经营活动取得的所得。

经营所得适用 5%～35%的 5 级超额累进税率(表 6-4)。

表 6-4　个人所得税税率表

级数	全年应纳税所得额	税率/%	速算扣除数/元
1	不超过 30 000 元	5	0
2	超过 30 000 元至 90 000 元的部分	10	1 500
3	超过 90 000 元至 300 000 元的部分	20	10 500
4	超过 300 000 元至 500 000 元的部分	30	40 500
5	超过 500 000 元以上的部分	35	65 500

注：表中全年应纳税所得额是指依照税法规定，以每一纳税年度的收入总额，减除成本、费用以及损失后的余额。

(3)利息、股息、红利所得，财产租赁所得，财产转让所得，偶然所得适用税率。利息、股息、红利所得，财产转让所得，偶然所得适用比例税率，税率为 20%。

自 2001 年 1 月 1 日起，对个人出租住房取得的所得暂减按 10%的税率征收个人所得税。

4. 个人所得税的税收优惠

个人所得税的税收优惠规定见表 6-5。

表 6-5 个人所得税的税收优惠

类别	税收优惠项目
一、免征个人所得税	①省级人民政府、国务院部委和中国人民解放军军以上单位，以及外国组织、国际组织颁发的科学、教育、技术、文化、卫生、体育、环境保护等方面的奖金。
	②国债和国家发行的金融债券利息。国债利息是指个人持有中华人民共和国财政部发行的债券而取得的利息；国家发行的金融债券利息是指个人持有经国务院批准发行的金融债券而取得的利息。
	③按照国家统一规定发给的补贴、津贴。指按照国务院规定发给的政府特殊津贴、院士津贴，以及国务院规定免予缴纳个人所得税的其他补贴、津贴。
	④福利费、抚恤金、救济金。福利费是指根据国家有关规定，从企业、事业单位、国家机关、社会组织提留的福利费或者工会经费中支付给个人的生活补助费；救济金是指各级人民政府民政部门支付给个人的生活困难补助费。
	⑤保险赔款。
	⑥军人的转业费、复员费、退役金。
	⑦按照国家统一规定发给干部、职工的安家费、退职费、基本养老金或者退休费、离休费、离休生活补助费。
	⑧依照有关法律规定应予免税的各国驻华使馆、领事馆的外交代表、领事官员和其他人员的所得。是指依照《中华人民共和国外交特权与豁免条例》和《中华人民共和国领事特权与豁免条例》规定免税的所得。
	⑨中国政府参加的国际公约、签订的协议中规定免税的所得。
	⑩国务院规定的其他免税所得。由国务院报全国人民代表大会常务委员会备案。
二、减征个人所得税	①残疾、孤老人员和烈属的所得。
	②因自然灾害遭受重大损失的。
	上述减税项目的减征幅度和期限，由省、自治区、直辖市人民政府规定，并报同级人民代表大会常务委员会备案。 国务院可以规定其他减税情形，报全国人民代表大会常务委员会备案。
三、其他个人所得税税收优惠	①发给见义勇为者的奖金。对乡、镇(含乡、镇)以上人民政府或经县(含县)以上人民政府主管部门批准成立的有机构、有章程的见义勇为基金或者类似性质的组织，奖励见义勇为者的奖金或奖品，经主管税务机关核准，免征个人所得税。
	②企业和个人按照省级以上人民政府规定的比例提取并交付的住房公积金、医疗保险金、基本养老保险金、失业保险金，不计入个人当期的工资、薪金收入，免予征收个人所得税。超过规定的比例缴付的部分计征个人所得税。个人领取原提存的住房公积金、医疗保险金、基本养老保险金时，免予征收个人所得税。

续表

类别	税收优惠项目
三、其他个人所得税税收优惠	③对个人取得教育储蓄存款利息所得及国务院财政部门确定的其他专项储蓄存款或者储蓄性专项基金存款的利息所得，免征个人所得税。自 2008 年 10 月 9 日(含)起，对储蓄存款利息所得暂免征收个人所得税。
	④对储蓄机构内从事代扣代缴工作的办税人员取得的扣缴利息税手续费所得免征个人所得税。
	⑤个人举报、协查各种违法、犯罪行为而获得的奖金，免税征个人所得税。
	⑥个人办理代扣代缴税款手续，按规定取得的扣缴手续费，免税征个人所得税。
	⑦个人转让自用达 5 年以上，并且是唯一的家庭生活用房取得的所得，免税征个人所得税。
	⑧对按国发〔1983〕141 号《国务院关于高级专家离休退休若干问题的暂行规定》和国办发〔1991〕40 号《国务院办公厅关于杰出高级专家暂缓离退休审批问题的通知》的精神，达到离休、退休年龄，但确因工作需要，适当延长离休、退休年龄的高级专家(享受国家发放的政府特殊津贴的专家、学者)，其在延长离休、退休期间的工资、薪金所得，视同退休工资、离休工资，免征个人所得税。
	⑨外籍个人从外商投资企业取得的股息、红利所得，免征个人所得税。
	⑩符合下列条件之一的外籍专家取得的工资、薪金所得，可免征个人所得税。
	自 1997 年 1 月 1 日起，对个人转让上市公司股票取得的所得继续暂免征收个人所得税；自 2010 年 1 月 1 日起，对个人转让限售股取得的所得，按照"财产转让所得"，适用 20%的比例税率征收个人所得税；自 2018 年 11 月 1 日(含)起，对个人转让新三板挂牌公司非原始股取得的所得，暂免征收个人所得税。非原始股是指个人在新三板挂牌公司挂牌后取得的股票，以及由上述股票滋生的送、转股；自 2015 年 9 月 8 日起，个人从公开发行和转让市场取得的上市公司股票，持股期限超过 1 年的，对股息红利所得暂免征收个人所得税。
	对个人购买福利彩票、赈灾彩票、体育彩票，一次中奖收入在 1 万元以下的(含 1 万元)暂免征收个人所得税，超过 1 万元的，全额征收个人所得税。
	对个人取得单张有奖发票奖金所得不超过 800 元(含 800 元)的，暂免征收个人所得税。
	对国有企业职工，因企业依照《中华人民共和国企业破产法(试行)》宣告破产，从破产企业取得的一次性安置费收入，免予征收个人所得税。
	房屋产权无偿赠予，免征个人所得税。

另外，为支持居民改善住房条件，财政部、税务总局联合发布《关于支持居民换购住房有关个人所得税政策的公告》(2022 年第 30 号)，规定：在 2022 年 10 月 1 日至 2023 年 12 月 31 日期间，纳税人出售自有住房并在现住房出售后 1 年内，在同一城市重新购买住房的，可按规定申请退还其出售现住房已缴纳的个人所得税。

解决任务

税法规定：我国的个人所得税是指对中国居民来源于中国境内、境外的一切所得和非中国居民来源于中国境内的所得征收的一种税。个人所得税的纳税人包括中国公民、个体工商业户及在中国境内有所得的外籍人员(包括无国籍人员)和港澳台同胞。

(1)根据我国个人所得税税法规定，李刚和他的外籍同事汤姆都是个人所得税纳税人，需要缴纳个人所得税。

(2)李刚应缴纳的个人所得税应税项目为：工资、年终一次性奖金属于工资薪金所得；讲课取得的课酬属于劳务报酬所得；取得的稿费属于稿酬所得；购物取得的中奖属于偶然所得；取得的技术转让收入属于特许权使用费所得；取得的房屋租金属于财产租赁所得；取得的股息收入属于利息、股息、红利所得。

思考与练习

◆思考题

1. 如何区分居民个人和非居民个人?

2. 个人所得税的征税对象有哪些?

◆单选题

1. 在中国境内有住所的个人，应就下列所得在我国缴纳个人所得税(　　)。

A. 来源于中国境内的所得　　B. 来源于中国境外的所得

C. 来源于中国境内、外的所得　　D. 来源于中国关内、外的所得

2. 在中国境内无住所而一个纳税年度内在中国境内居住累计满(　　)天的个人为居民纳税人。

A. 180　　B. 183　　C. 360　　D. 365

3. 工资、薪金所得适用的税率是(　　)。

A. 10%的比例税率　　B. 20%的比例税率

C. 5%～35%的5级超额累进税率　　D. 3%～45%的7级超额累进税率

4. 个人所得税的纳税人不包括(　　)。

A. 中国公民　　B. 个体工商业户

C. 法人或其他组织　　D. 在中国境内有所得的外籍人员

5. 李先生购买体育彩票中得奖金15 000元，他应按(　　)税率计算缴纳个人所得税。

A. 10%　　B. 20%　　C. 30%　　D. 40%

◆多选题

1. 个人所得税的纳税人包括(　　)。

A. 中国公民

B. 个体工商业户

C. 在中国境内有所得的外籍人员(包括无国籍人员)

D. 港澳台同胞

2. 我国个人所得税具有(　　)特点。

A. 实行综合与分类相结合税制模式

B. 实行累进税率与比例税率并用

C. 采用自愿缴纳和强制缴纳两种征纳方式

D. 采用源泉扣缴和自行申报两种征纳方法

3. 经营所得包括(　　)。

A. 个体工商户从事生产、经营活动取得的所得

B. 个人依法从事办学、医疗、咨询以及其他有偿服务活动取得的所得

C. 个人对企业、事业单位承包经营、承租经营以及转包、转租取得的所得

D. 个人独资企业投资人、合伙企业的个人合伙人来源于境内注册的个人独资企业、合伙企业生产、经营的所得

4. 综合所得包括居民个人取得的(　　)。

A. 工资、薪金所得　　B. 劳务报酬所得

C. 偶然所得　　D. 特许权使用费所得

5. 我国个人所得税的纳税人根据住所和居住时间两个标准分为(　　)。

A. 居民个人　　B. 非居民个人　　C. 自然人　　D. 法人

任务二　个人所得税的计算

任务目标

知识目标：

1. 掌握个人所得税应纳税所得额的确定方法。

2. 掌握个人所得税应纳税额的计算方法。

能力目标：

1. 能正确确定个人所得税应纳税所得额。

2. 能准确计算个人各项所得的应纳税额。

素养目标：

培养学生爱岗敬业精神和严谨细致的工作作风。

任务导出

情境描述

滨海市盛泰实业有限公司的正高级会计师张建，2019年全年收入情况如下。

每月工资、薪金收入15 000元。当地规定的“三险一金”扣除比例分别是8%、2%、0.5%和12%，核定的缴费工资基数为15 000元。12月取得年终奖10 000元。

4月，出版《实用会计》1本，获得稿酬12 000元。

8月，利用双休日时间，到社会会计培训机构讲课，取得讲课费10 000元。

10月，取得某上市公司发行的企业债券利息1 500元。

11月，发明一项实用新型专利技术，转让给会计培训机构，取得收入5 000元。

12月，购买福利彩票中奖20 000元。

其他资料：张建正在按月偿还首套住房贷款本金及利息4 261.36元；张建还有一个哥哥，父母均70多岁，兄弟2人约定每月分别支付给老人赡养费1 000元；其独生女正读大学三年级，每年学费3 800元。张建夫妇约定由张建扣除贷款和子女教育费。

讨论：如何确定各项所得的应纳税所得额？怎样计算各项所得的应纳税额？

任务：计算张建2019年应纳的个人所得税税额。

知识准备

一、应纳税所得额的确定

个人所得税的计税依据是个人取得的应纳税所得，共有9项：①工资、薪金所得；

②劳务报酬所得；③稿酬所得；④特许权使用费所得；⑤经营所得；⑥利息、股息、红利所得；⑦财产租赁所得；⑧财产转让所得；⑨偶然所得。

(1)居民个人取得第①～④项所得(又称综合所得)，按纳税年度合并计算个人所得税。

(2)非居民个人取得上述第①～④项所得，按月或者按次分项计算个人所得税。

(3)纳税人(居民个人和非居民个人)取得上述第⑤～⑨项所得，依照税法规定分别计算个人所得税。

1. 居民个人综合所得应纳税所得额的确定

居民个人的综合所得，以每一纳税年度的收入额减除费用六万元以及专项扣除、专项附加扣除和依法确定的其他扣除后的余额，为应纳税所得额。

个税综合所得年度汇算清缴

居民个人综合所得应纳税所得额＝每一纳税年度的收入额－费用六万元－专项扣除－专项附加扣除－依法确定的其他扣除

上述公式中的：

(1)“每一纳税年度的收入额”是指该纳税年度居民个人工资、薪金所得，劳务报酬所得，稿酬所得，特许权使用费所得四项所得的收入额。

(2)“扣除费用 6 万元”是指扣除该纳税年度个人生计费用 60 000 元，相当于每月扣除 5 000 元。

(3)“专项扣除”包括居民个人按照国家规定的范围和标准缴纳的基本养老保险、基本医疗保险、失业保险等社会保险费和住房公积金等。

(4)“专项附加扣除”是指《中华人民共和国个人所得税法》规定的子女教育、继续教育、大病医疗、住房贷款利息或住房租金、赡养老人、3 岁以下婴幼儿照护 7 项专项附加扣除。

(5)依法确定的其他扣除，包括个人缴付符合国家规定的企业年金、职业年金，个人购买符合国家规定的商业健康保险、税收递延型商业养老保险的支出，以及国务院规定可以扣除的其他项目。

温馨提示

“专项扣除、专项附加扣除和依法确定的其他扣除”是以居民个人一个纳税年度的应纳税所得额为限额；一个纳税年度扣除不完的，不结转以后年度扣除。

知识拓展

“专项附加扣除”的具体规定

3岁以下婴幼儿照护专项附加扣除

(1)子女教育专项附加扣除。纳税人的子女接受全日制学历教育的相关支出，按照每个子女每月1 000元的标准定额扣除。

学历教育包括义务教育(小学、初中教育)、高中阶段教育(普通高中、中等职业、技工教育)、高等教育(大学专科、大学本科、硕士研究生、博士研究生教育)，年满3岁至小学入学前处于学前教育阶段的子女，参照执行。

父母可以选择由其中一方按扣除标准的100%扣除，也可以选择由双方分别按扣除标准的50%扣除，具体扣除方式在一个纳税年度内不能变更。

纳税人子女在中国境外接受教育的，纳税人应当留存境外学校录取通知书、留学签证等相关教育的证明资料备查。

(2)继续教育专项附加扣除。纳税人在中国境内接受学历(学位)继续教育的支出，在学历(学位)教育期间按照每月400元定额扣除。同一学历(学位)继续教育的扣除期限不能超过48个月。纳税人接受技能人员职业资格继续教育、专业技术人员职业资格继续教育的支出，在取得相关证书的当年，按照3 600元定额扣除。

个人接受本科及以下学历(学位)继续教育，符合本办法规定扣除条件的，可以选择由其父母扣除，也可以选择由本人扣除。

纳税人接受技能人员职业资格继续教育、专业技术人员职业资格继续教育的，应当留存相关证书等资料备查。

(3)大病医疗专项附加扣除。在一个纳税年度内，纳税人发生的与基本医保相关的医药费用支出，扣除医保报销后个人负担(指医保目录范围内的自付部分)累计超过15 000元的部分，由纳税人在办理年度汇算清缴时，在8 000元限额内据实扣除。

纳税人发生的医药费用支出可以选择由本人或者其配偶扣除；未成年子女发生的医药费用支出可以选择由其父母一方扣除。纳税人及其配偶、未成年子女发生的医药费用支出，按上述规定分别计算扣除额。

纳税人应当留存医药服务收费及医保报销相关票据原件(或者复印件)等资料备查。医疗保障部门应当向患者提供在医疗保障信息系统记录的其本人年度医药费用信息查询服务。

(4)住房贷款利息或住房租金专项附加扣除。纳税人本人或者配偶单独或者共同使用商业银行或者住房公积金个人住房贷款为本人或者其配偶购买中国境内住房，发生的首套住房贷款利息支出，在实际发生贷款利息的年度，按照每月 1 000 元的标准定额扣除，扣除期限最长不超过 240 个月。纳税人只能享受一次首套住房贷款的利息扣除。

首套住房贷款是指购买住房享受首套住房贷款利率的住房贷款。经夫妻双方约定，可以选择由其中一方扣除，具体扣除方式在一个纳税年度内不能变更。

夫妻双方婚前分别购买住房发生的首套住房贷款，其贷款利息支出，婚后可以选择其中一套购买的住房，由购买方按扣除标准的 100％扣除，也可以由夫妻双方对各自购买的住房分别按扣除标准的 50％扣除，具体扣除方式在一个纳税年度内不能变更。纳税人应当留存住房贷款合同、贷款还款支出凭证备查。

纳税人在主要工作城市没有自有住房而发生的住房租金支出，可以按照以下标准定额扣除：直辖市、省会(首府)城市、计划单列市以及国务院确定的其他城市，扣除标准为每月 1 500；除第一项所列城市以外，市辖区户籍人口超过 100 万的城市，扣除标准为每月 1 100 元；市辖区户籍人口不超过 100 万的城市，扣除标准为每月 800 元。

纳税人的配偶在纳税人的主要工作城市有自有住房的，视同纳税人在主要工作城市有自有住房。市辖区户籍人口，以国家统计局公布的数据为准。

主要工作城市是指纳税人任职受雇的直辖市、计划单列市、副省级城市、地级市(地区、州、盟)全部行政区域范围；纳税人无任职受雇单位的，为受理其综合所得汇算清缴的税务机关所在城市。夫妻双方主要工作城市相同的，只能由一方扣除住房租金支出。住房租金支出由签订租赁住房合同的承租人扣除。

纳税人及其配偶在一个纳税年度内不能同时分别享受住房贷款利息和住房租金专项附加扣除。纳税人应当留存住房租赁合同、协议等有关资料备查。

(5)赡养老人专项附加扣除。纳税人赡养一位及以上被赡养人的赡养支出，统一按照以下标准定额扣除：纳税人为独生子女的，按照每月 2 000 元的标准定额扣除；纳税人为非独生子女的，由其与兄弟姐妹分摊每月 2 000 元的扣除额度，每人分摊的额度不能超过每月 1 000 元。该支出可以由赡养人均或者约定分摊，也可以由被赡养人指定分摊。约定或者指定分摊的，须签订书面分摊协议。指定分摊优先于约定分摊。具体分摊方式和额度在一个纳税年度内不能变更。

被养人是指年满 60 岁的父母以及子女均已去世的年满 60 岁的祖父母、外祖父母。

(6)3 岁以下婴幼儿照护专项附加扣除。2022 年国务院发布《关于设立 3 岁以下婴幼儿照护个人所得税专项附加扣除的通知》(国发[2022]8 号)，正式将 3 岁以下婴幼儿照护纳入个税专项附加扣除。纳税人照护 3 岁以下婴幼儿子女的相关支出，按照每个婴幼儿每月 1 000 元的标准定额扣除。父母可以选择其中一方按扣除标准的 100％扣除，也可以选择由双方分别按扣除标准的50%扣除，具体扣除方式在一个纳税年度内不能变更。按照个人所得税相关规定，专项附加扣除可以在申报当月扣除，也可以在以后月份发工资时补充扣除；平时发工资没有扣除的，或者没有任职受雇单位的，也可以再次年办理汇算清缴时补充扣除。3岁以下婴幼儿照护个人所得税专项附加扣除自2022年1月1日起实施。

2. 非居民个人第①～第④项所得应纳税所得额的确定

①非居民个人的工资、薪金所得，以每月收入额减除费用5 000元后的余额为应纳税所得额。

工资、薪金所得应纳税所得额＝工资、薪金所得每月收入额－5 000

②劳务报酬所得、稿酬所得、特许权使用费所得，以每次收入额为应纳税所得额。

劳务报酬所得、稿酬所得、特许权使用费所得以收入减除20%的费用后的余额为收入额。稿酬所得的收入额减按70%计算。

劳务报酬所得、特许权使用费所得应纳税所得额＝每次收入额×(1－20%)

稿酬所得应纳税所得额＝每次收入额×(1－20%)×70%

3. 纳税人第⑤～第⑨项所得应纳税所得额的确定

居民个人和非居民个人取得经营所得、利息、股息、红利所得、财产租赁所得、财产转让所得，其应纳税所得额的确定方法如下。

(1)经营所得应纳税所得额的确定。

经营所得以每一纳税年度的收入总额减除成本、费用以及损失后的余额为应纳税所得额，其计算公式为

经营所得应纳税所得额＝纳税年度的收入总额－(成本＋费用＋损失)

①“每一纳税年度的收入总额”是指个体工商户从事生产、经营活动取得的所得，个人独资企业投资人、合伙企业的个人合伙人来源于境内注册的个人独资企业、合伙企业生产、经营的所得，个人依法从事办学、医疗、咨询以及其他有偿服务活动取得的所得，个人对企业、事业单位承包经营、承租经营以及转包、转租取得的所得，个人从事其他生产、经营活动取得的所得。

②“成本、费用、损失”。“成本、费用”是指生产、经营活动中发生的各项直接支出和分配计入成本的间接费用以及销售费用、管理费用、财务费用；“损失”是指生产、经营活动中发生的固定资产和存货的盘亏、毁损、报废损失，转让财产损失，坏账损失，自然灾害等不可抗力因素造成的损失以及其他损失。

③取得经营所得的个人，没有综合所得的，计算其每一纳税年度的应纳税所得额时，应当减除费用60 000元、专项扣除、专项附加扣除以及依法确定的其他扣除。专

项附加扣除在办理汇算清缴时减除。

④从事生产、经营活动，未提供完整、准确的纳税资料，不能正确计算应纳税所得额的由主管税务机关核定应纳税所得额或者应纳税额。

⑤个体工商户应纳税所得额的确定参照《国家税务总局个体工商户个人所得税计税办法》执行。

⑥查账征收的个人独资企业和合伙企业的扣除项目比照个体工商户个人所得税计税办法的规定确定。

⑦个人独资企业的投资者以全部生产经营所得为应纳税所得额；合伙企业的投资者按照合伙企业的全部生产经营所得和合伙协议约定的分配比例确定应纳税所得额，合伙协议没有约定分配比例的，以全部生产经营所得和合伙人数量平均计算每个投资者的应纳税所得额。生产经营所得，包括企业分配给投资者个人的所得和企业当年留存的所得(利润)。

(2)利息、股息、红利所得应纳税所得额的确定。

利息、股息、红利所得以每次取得的收入额为应纳税所得额，不扣除任何费用。利息、股息、红利所得按次纳税，以支付利息、股息、红利时取得的收入为一次。

应纳税所得额＝每次收入额

(3)财产租赁所得应纳税所得额的确定。

财产租赁所得以每次取得的收入，定额或定率减除规定的费用后的余额为应纳税所得额。财产租赁所得以一个月内取得的收入为一次。

财产租赁所得，每次收入不超过 4 000 元的，减除费用 800 元；每次收入超过 4 000 元的，减除 20%的费用后的余额为应纳税额所得额。

①每次月收入不超过 4 000 元的。

应纳税所得额＝每次(月)收入额－准予扣除项目－修缮费用(以 800 元为限)－800

②每次月收入超过 4 000 元的。

应纳税所得额＝每次收入额－准予扣除项目－修缮费用(以 800 元为限)×(1－20%)

知识拓展

财产租赁应纳税所得额中的准予扣除项目和修缮费

在确定财产租赁的应纳税所得额时，纳税人对在出租财产的过程中缴纳的税金和教育费附加，可持完税凭证，从其财产租赁收入中扣除。

准予扣除的项目除了规定费用和有关税费外，还准予扣除能够提供有效凭证，证明由纳税人负担的该出租财产实际开支的修缮费用。允许扣除的修饰费用，以每次800元为限，一次扣不完的，准予在下一次继续扣除，直到扣完为止。

(4)财产转让所得应纳税所得额的确定。

财产转让所得，按次纳税，按照每次转让财产取得的收入总额减除财产原值和合理费用后的余额为应纳税所得额。转让财产应纳税所得额的计算公式为：

应纳税所得额＝每次收入额—财产原值—合理费用

“每次”是指以财产的所有权一次转让取得的收入为一次。

“财产原值”是指有价证券为买入价以及买入时按照规定缴纳的有关费用；建筑物为建造费或者购进价格以及其他有关费用；土地使用权为取得土地使用权所支付的金额、开发土地的费用以及其他有关费用；机器设备、车船，为购进价格、运输费、安装费以及其他有关费用；其他财产，参照以上方法确定财产原值。纳税人未提供完整、准确的财产原值凭证，不能按照以上方法确定财产原值的，由主管税务机关核定财产原值。

“合理费用”是指卖出财产时按照规定支付的有关费用。

(5)偶然所得应纳税所得额的确定。

偶然所得以每次取得的收入额为应纳税所得额。偶然所得按次纳税，以每次取得该项收入为一次。

应纳税所得额＝每次收入额

二、个人所得税计算的特殊问题

1. 纳税调整

有下列情形之一的，税务机关有权按照合理方法进行纳税调整。

(1)个人与其关联方之间的业务往来不符合独立交易原则而减少本人或者其关联方应纳税额，且无正当理由。

(2)居民个人控制的，或者居民个人和居民企业共同控制的设立在实际税负明显偏低的国家(地区)的企业，无合理经营需要，对应当归属于居民个人的利润不进行分配或者减少分配。

(3)个人实施其他不具有合理商业目的安排而获取不当税收利益。

税务机关依照上述规定做出纳税调整，对需要补征税款的，应当补征税款，并依法加收利息。利息按照税款所属纳税申报期最后一日中国人民银行公布的与补税期间同期的人民币贷款基准利率计算、自税款纳税申报期满次日起至补缴税款期限届满之日止按日加收。纳税人在补缴税款期限届满前补缴税款的，利息加收至补缴税款之日。

2. 个人捐赠

个人将其所得对教育、扶贫、济困等公益慈善事业进行捐赠，捐赠额未超过纳税人申报的应纳税所得额30%的部分，可以从其应纳税所得额中扣除；国务院规定对公益慈善事业捐赠实行全额税前扣除的，从其规定。

知识拓展

“个人捐赠”的税法规定

个人将其所得对教育、扶贫、济困等公益慈善事业进行捐赠，是指个人将其所得通过中国境内的公益性社会组织、国家机关向教育、扶贫、济困等公益慈善事业的捐赠；所称应纳税所得额，是指计算扣除捐赠额之前的应纳税所得额。

个人将其所得通过中国境内的社会团体、国家机关向教育和其他社会公益事业及遭受严重自然灾害地区、贫困地区捐赠，捐赠额未超过纳税人申报的应纳税所得额30%的部分，可以从其应纳税所得额中扣除。

个人通过非营利的社会团体和国家机关向农村义务教育、红十字事业、公益性未成年人校外活动场所的捐赠，准予在缴纳个人所得税前的所得额中全额扣除。农村义务教育的范围，是政府和社会力量举办的农村乡镇(不含县及县政府所在地的镇)、村的小学和初中及属于这一阶段的特殊教育学校。

3.“三新”研发资助支出

个人的所得(不含偶然所得和经国务院财政部门确定征税的其他所得)用于资助非关联的科研机构和高等学校研究开发新产品、新技术、新工艺所发生的研究开发经费，经主管税务机关确定，可以全额在下月(按月计征所得)、下次(按次计征的所得)或当年(按年计征的所得)计征个人所得税时，从应纳税所得额中扣除；不足以抵扣的，不得结转抵扣。

4. 境外所得已纳税额抵免

居民个人从中国境外取得的所得，可以从其应纳税额中抵免已在境外缴纳的个人所得税税额，但抵免额不得超过该纳税人境外所得依照《中华人民共和国个人所得税法》规定计算的应纳税额。

知识拓展

“境外所得已纳税额抵免”的税法规定

已在境外缴纳的个人所得税税额，是指居民个人来源于中国境外的所得，依照该所得来源国家(地区)的法律应当缴纳并且实际已经缴纳的所得税税额。

纳税人境外所得依照中国税法规定计算的应纳税额，是居民个人抵免已在境外缴纳的综合所得、经营所得以及其他所得的所得税税额的限额(简称抵免限额)。除国务院财政、税务主管部门另有规定外，来源于中国境外一个国家(地区)的综合所得抵免限额、经营所得抵免限额以及其他所得抵免限额之和，为来源于该国家(地区)所得的抵免限额。

居民个人在中国境外一个国家(地区)实际已经缴纳的个人所得税税额，低于依照前款规定计算出的、来源于该国家(地区)所得的抵免限额的，应当在中国缴纳差额部分的税款；超过来源于该国家(地区)所得的抵免限额的，其超过部分不得在本纳税年度的应纳税额中抵免，但是可以在以后纳税年度来源于该国家(地区)所得的抵免限额的余额中补扣。补扣期限最长不得超过五年。

居民个人申请抵免已在境外缴纳的个人所得税税额，应当提供境外税务机关出具的税款所属年度的有关纳税凭证。

任务实施

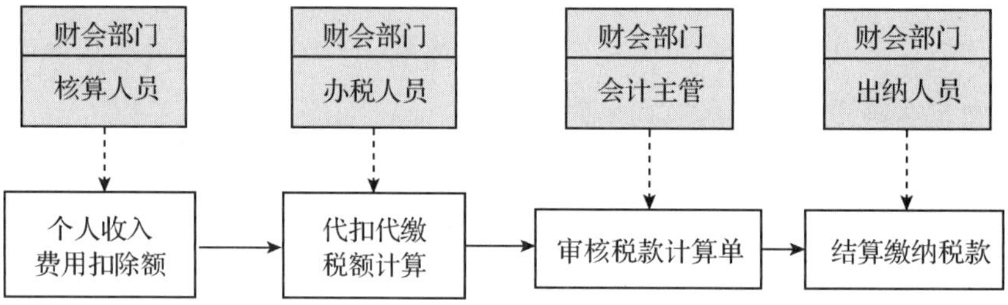

图 6-1　企业个人所得税内部核算工作流程图

活动一　居民个人综合所得应纳税额的计算

1. 工资、薪金所得预扣预缴税额计算

扣缴义务人向居民个人支付工资、薪金所得时，应当按照累计预扣法计算预扣税款，并按月办理全员全额扣缴申报。具体计算公式为：

本期应预扣预缴税额=(累计预扣预缴应纳税所得额×预扣率－速算扣除数)－累计减免税额－累计已预扣预缴税额

累计预扣预缴应纳税所得额=累计收入－累计免税收入－累计减除费用－累计专项扣除－累计专项附加扣除－累计依法确定的其他扣除

说明：

①“累计减除费用”是按照 5 000 元/月乘纳税人当年截至本月在本单位的任职受雇月份数计算。

②公式中的“预扣率”“速算扣除数”，按《个人所得税预扣率表一》执行(表 6-6)。

表 6-6　个人所得税预扣率表一

(居民个人工资、薪金所得预扣预缴适用)

级数	累计预扣预缴应纳税所得额	税率/%	速算扣除数/元
1	不超过 36 000 元的部分	3	0
2	超过 36 000 元至 144 000 元的部分	10	2 520
3	超过 144 000 元至 300 000 元的部分	20	16 920
4	超过 300 000 元至 420000 元的部分	25	31 920
5	超过 420 000 元至 660 000 元的部分	30	52 920
6	超过 660 000 元至 960 000 元的部分	35	85 920
7	超过 960 000 元的部分	45	181 920

知识拓展

累计预扣法

累计预扣法是指扣缴义务人在一个纳税年度内预扣预缴税款时，以纳税人在本单位截至当前月份工资、薪金所得累计收入减除累计免税收入、累计减除费用、累计专项扣除、累计专项附加扣除和累计依法确定的其他扣除后的余额为累计预扣预缴应纳税所得额，适用《个人所得税预扣率表一》，计算累计应预扣预缴税额，再减除累计减免税额和累计已预扣预缴税额，其余额为本期应预扣预缴税额。余额为负值时，暂不退税。纳税年度终了后余额仍为负值时，由纳税人通过办理综合所得年度汇算清缴，税款多退少补。

【任务案例 6-1】滨海市盛泰实业有限公司的高级技师王来运，2019 年每月应发工资均为 26 000 元，每月减除费用 4 300 元，“三险一金”等专项扣除为 3 600 元，享受子女教育、赡养老人两项专项附加扣除，共计 1 800 元，没有减免收入及减免税额等情况，试计算各月的预扣预缴税额。

解析：

1 月：

预扣预缴应纳税所得额＝26 000－4 300－3 600－1 800＝16 300(元)。

由于 1 月预扣预缴应纳税所得额为 16 300 元，因而适用 3% 税率，速算扣除数为 0。

应预扣预缴税额＝16 300×3%－0＝489(元)。

2 月：

应预扣预缴应纳税所得额＝26 000×2－4 300×2－3 600×2－1 800×2

＝32 600(元)。

由于 2 月预扣预缴应纳税所得额为 32 600 元，因而适用 3% 税率，速算扣除数为 0。

应预扣预缴税额＝32 600×3%－0－489＝489(元)。

3 月：

应预扣预缴应纳税所得额＝26 000×3－4 300×3－3 600×3－1 800×3

＝48 000(元)。

由于 3 月预扣预缴应纳税所得额为 48 000 元，因而适用 10% 税率，速算扣除数为 2 520。

应预扣预缴税额＝(48 000×10%－2 520)－489－489＝1 302(元)。

2. 劳务报酬所得预扣预缴税额计算

扣缴义务人向居民个人支付劳务报酬所得，按次或者按月预扣预缴个人所得税。其计算公式为：

劳务报酬所得应预扣预缴税额＝预扣预缴应纳税所得额×预扣率－速算扣除数

说明：

①劳务报酬所得以收入减除费用后的余额为收入额，劳务报酬所得以每次收入额为预扣预缴应纳税所得额。

劳务报酬所得每次收入不超过 4 000 元，减除费用按 800 元计算，则：

预扣预缴应纳税所得额＝每次收入额－800

劳务报酬所得每次收入 4 000 元以上的，减除费用按 20%计算，则：

预扣预缴应纳税所得额＝每次收入额×(1－20%)

②劳务报酬所得属于一次性收入的，以取得该项收入为一次(按次纳税)；属于同一项目连续性收入的，以一个月内取得的收入为一次(按月纳税)。

③劳务报酬所得适用 20%～40%的超额累进预扣率，按《个人所得税预扣率表二》执行(表 6-7)。

表 6-7 个人所得税预扣率表二

(居民个人劳务报酬所得预扣预缴适用)

级数	预扣预缴应纳税所得额	预扣率/%	速算扣除数/元
1	不超过 20 000 元的部分	20	0

续表

级数	预扣预缴应纳税所得额	预扣率/%	速算扣除数/元
2	超过 20 000 元至 50 000 元的部分	30	2 000
3	超过 50 000 元的部分	45	7 000

【任务案例 6-2】滨海市盛泰实业有限公司的两位工程师徐峰和李涛，业余时间对外开展了一次技术服务活动，取得劳务报酬分别是 3 500 元和 28 000 元，试计算他们这次劳务报酬所得的应预扣预缴税额。

解析：

(1)徐峰劳务报酬所得预扣预缴应纳税所得额＝3 000－800＝2 200(元)。

应预扣预缴税额＝2 200×20%＝440(元)。

(2)李涛劳务报酬所得预扣预缴应纳税所得额＝28 000×(1－20)＝22 400(元)。

应预扣预缴税额＝22 400×30%－2 000＝4 720(元)。

【任务案例 6-3】民间歌手赵乐与滨海市巴迪歌厅签约，在 2019 年 1 月每天都到歌厅演唱一次，每次演出后得到报酬 100 元，试计算赵乐应预扣预缴的个人所得税。

解析：歌手赵乐每天到巴迪歌厅演唱一次取得的收入，属于同一项目连续性收入，应以每月收入纳税。

赵乐 1 月劳务报酬所得预扣预缴应纳税所得额＝100×31－800＝2 300(元)。

应预扣预缴税额＝2 300×20%＝460(元)。

3. 稿酬所得预扣预缴税额计算

扣缴义务人向居民个人支付稿酬所得，按次或者按月预扣预缴个人所得税，其计算公式为：

稿酬所得应预扣预缴税额＝预扣预缴应纳税所得×70%×适用税率(20%)

说明：

稿酬所得以收入减除费用后的余额为收入额，稿酬所得以每次收入额为预扣预缴应纳税所得额。同时税法规定，稿酬所得的收入额减按 70%计算。

稿酬所得每次收入不超过 4 000 元，减除费用按 800 元计算，则：

预扣预缴应纳税所得额＝(每次收入额－800)×70%

稿酬所得每次收入 4 000 元以上的，减除费用按 20%计算，则：

预扣预缴应纳税所得额＝每次收入额×(1－20%)×70%

稿酬所得属于一次性收入的，以取得该项收入为一次(按次纳税)；属于同一项目连续性收入的，以一个月内取得的收入为一次(按月纳税)。

【任务案例 6-4】盛泰实业有限公司的员工张辉，爱好写作，多年来笔耕不辍，于 2019 年 8 月出版一部小说，取得稿酬 20 000 元，试计算张辉这笔稿酬所得的应预扣预缴税额。

解析：

张辉稿酬所得预扣预缴应纳税所得额＝20 000×(1－20％) ×70％＝11 200(元)。

应预扣预缴税额＝11 200×20％＝2 240(元)。

4. 特许权使用费所得预扣预缴税额计算

扣缴义务人向居民个人支付特许权使用费所得，按次或者按月预扣预缴个人所得税。其计算公式为：

特许权使用费所得应预扣预缴税额＝预扣预缴应纳税所得×适用税率(20％)

说明：

特许权使用费所得以收入减除费用后的余额为收入额，特许权使用费所得以每次收入额为预扣预缴应纳税所得额。

特许权使用费所得每次收入不超过 4 000 元，减除费用按 800 元计算，则：

预扣预缴应纳税所得额＝每次收入额－800

特许权使用费所得每次收入 4 000 元以上的，减除费用按 20％计算，则：

预扣预缴应纳税所得额＝每次收入额×(1－20％)

特许权使用费所得属于一次性收入的，以取得该项收入为一次(按次纳税)；属于同一项目连续性收入的，以一个月内取得的收入为一次(按月纳税)。

【任务案例 6-5】高级工程师聂云鹏，于 2019 年将自己的一项实用新型专利转让给甲公司，取得转让收入 3 800 元，又将自己的另一项发明专利转让给乙公司，取得转让收入 50 000 元。试计算两次所得应预扣预缴的个人所得税。

解析：

转让实用新型专利所得：

由甲公司预扣预缴税额＝(3 800－800)×20％＝600(元)。

转让发明专利所得：

由乙公司预扣预缴税额 ＝50 000×(1－20％)×20％＝8 000(元)。

5. 居民个人综合所得应纳税额的计算

居民个人取得综合所得，按年计算个人所得税，适用 3％～45％的超额累进税率(具体税率与速算扣除数见表 6-2)，应纳税额计算公式如下。

综合所得应纳税额＝综合所得应纳税所得额×适用税率－速算扣除数

＝(每一纳税年度的收入额－费用 6 万元－专项扣除－专项附加

扣除－依法确定的其他扣除）×适用税率－速算扣除数

【任务案例 6-6】滨海市某职业院校副教授张明，2019 年收支资料如下。

(1)每月工资薪金收入 12 000 元，当地规定的“三险一金”扣除比例分别是 8%、2%、0.5%和 12%，核定的缴费工资基数为 10 000 元。

(2)5 月出版诗集，获得稿酬 12 000 元，10 月因出版社加印册数，获得追加稿酬8 000 元。

(3)8 月暑假期间，外出讲课，取得讲课费 25 000 元。

(4)12 月取得外观设计专利转让费收入 8 000 元。

另外：张明正在按月偿还首套住房贷款本金及利息 5 051.04 元；张明兄弟 2 人，父母均 60 多岁，兄弟 2 人约定每月分别支付给老人赡养费 1 500 元；张明的独生女正就读大学三年级，每年学费 4 800 元；张明夫妇双方约定由张明扣除贷款和子女教育费。试计算张明 2019 年综合所得应纳个人所得税税额。

解析：

(1)张明 2019 年个人收入额的确定。

工资、薪金所得收入额＝12 000×12＝144 000(元)。

稿酬所得收入额＝(12 000＋8 000)×(1－20%)×70%＝11 200 元。

劳务报酬所得收入额＝25 000×(1－20%)＝20 000(元)。

特许权适用所得收入额＝8 000×(1－20%)＝6 400(元)。

2019 年个人收入额＝144 000＋11 200＋20 000＋6 400＝181 600(元)。

(2)2019 年度减除费用 60 000 元。

(3)2019 年度专项扣除＝10 000×(8%＋2%＋0.5%＋12%)×12＝27 000(元)。

(4)2019 年度专项附加扣除。

子女教育支出定额扣除＝1 000×12＝12 000(元)。

住房贷款利息支出定额扣除＝1 000×12＝12000(元)。

赡养老人支出定额扣除＝1 000×12＝12 000(元)。

2019 年度专项附加扣除合计＝12 000＋12 000＋12 000＝36 000(元)。

(5)张明 2019 年综合所得应纳税所得额＝181 600－60 000－27 000－36 000
＝58 600(元)。

(6)张明 2019 年综合所得应纳税额＝58 600×10%－2 520＝3 340(元)。

活动二　非居民个人所得应纳税额的计算

非居民个人的工资、薪金所得，劳务报酬所得，稿酬所得和特许权使用费所得应纳税额的计算公式如下。

应纳税额＝应纳税所得额×税率—速算扣除数

应纳税所得额，适用按月换算后的非居民个人月度税率表计算应纳税额。

【任务案例 6-7】受聘于中国境内甲公司的俄国籍专家是非居民个人，2019 年 8 月该专家从甲公司领取工资、薪金为 18 000 元。另外，该专家还为乙公司员工进行一次技能培训，取得报酬均为 9 000 元，试计算该专家 8 月应纳的个人所得税税额。

解析：

非居民个人的工资、薪金所得，劳务报酬所得，稿酬所得和特许权使用费所得，按月或者按次计算个人所得税，并由发放所得的单位代扣代缴税款。

(1)计算工资所得应纳的个人所得税税额。

应纳税所得额＝18 000－5 000＝13 000(元)。

应纳税额＝13 000×20％－1410＝1 190(元)。

(2)计算劳务报酬所得应纳的个人所得税税额。

应纳税所得额＝9 000×(1－20％)＝7 200(元)。

应纳税额＝7 200×10％－210＝510(元)。

(3)计算俄籍专家 8 月应纳的个人所得税税额。

应纳的个人所得税税额＝1 190＋510＝1 700(元)。

【任务案例 6-8】美籍作家汤姆是非居民纳税人，2019 年 6 月从我国一家出版社取得稿酬所得 10 000 元，试计算其应纳个人所得税税额。

解析：

非居民个人稿酬所得应由支付单位代扣代缴个人所得税税款。

应纳税所得额＝10 000×(1－20％)×70％＝5 600(元)。

应由支付单位代扣代缴个人所得税税额＝5 600×10％－210＝350(元)。

活动三　纳税人第⑤～第⑨项所得应纳税额的计算

1. 纳税人取得经营所得应纳税额的计算

经营所得适用 5％～35％的超额累进税率，其应纳税额的计算公式如下。

应纳税额＝经营所得应纳税所得额×适用税率－速算扣除数

【任务案例 6-9】滨海市双囍酒家为个体工商户，有专职的会计人员，账证资料健全，2019 年全年取得营业收入 750 000 元，成本、费用等为 384 00 元，其中包括为业主支付的工资每月 6 800 元，计算该个体工商户 2019 年应缴纳的个人所得税。

解析：

根据个人所得税法规定，在确定个体工商户应纳税所得额时，为业主支付的工资不能扣除；取得经营所得的个人，没有综合所得的，计算其每一纳税年度的应纳税所得额时，应当减除费用 60 000 元。

应纳税所得额＝750 000－384 000＋6 800×12－60 000＝387 600(元)。

应纳税额＝387 600×30％－40 500＝75 780(元)。

【任务案例 6-10】公司职工单世军于 2019 年 1 月 1 日起，承包本公司的门市部，到年底取得经营收入总额 350 000 元，按照合同规定，上交承包费以及与经营收入相关的支出总额 150 000 元。计算该承包人 2019 年应纳的个人所得税。

解析：

根据规定，计算经营所得时，经营活动中发生的与取得经营收入有关的支出准予扣除；取得经营所得的个人，没有综合所得的，计算其每一纳税年度的应纳税所得额时，应当减除费用 60 000 元。

应纳税所得额＝ 350 000－150 000－60 000＝140 000(元)。

应纳税额＝140 000×20％－10 500 ＝17 500(元)。

2. 纳税人取得利息、股息、红利所得应纳税额的计算

利息、股息、红利所得适用比例税率为 20％，其应纳税额的计算公式为：

应纳税额＝应纳税所得额×适用税率

＝每次收入额×20％

【任务案例 6-11】李华 2019 年 6 月取得某国内上市公司发行的公司债券利息 1 250 元。试计算李华应缴纳的个人所得税。

解析：

利息、股息、红利所得以每次取得的收入额为应纳税所得额。

应纳税额＝1 250×20％＝250(元)。

3. 纳税人取得财产租赁所得应纳税额的计算

财产租赁所得适用 20％的比例税率。其计算公式为

应纳税额＝应纳税所得额×适用税率(20％)

温馨提示

对个人出租居民住房取得的所得，自 2001 年 1 月 1 日起暂减按 10％的税率征税。

【任务案例 6-12】李华于 2019 年 6 月，将其位于阳光花园小区的一套面积 160 平方米的商品房出租给赵某全家居住，租期暂定 2 年，前 3 个月每月租金 3 800 元，从 9 月开始，租金改为每月 4 500 元。李华每月缴纳有关税费 180 元，有完税凭证。7 月，李华对该房屋维修，发生修缮费 1 200 元。计算李华 2019 年出租房屋应缴纳的个人所得税。

解析：

根据规定，在计算财产租赁所得应纳税所得额时，发生的有关税费可以扣除；允许扣除的修缮费，以每次 800 元为限，一次扣不完的，准予在下一次继续扣除，直到扣完为止。因此修饰费用 1 200 元在 7 月只能扣除 800 元，剩余 400 元在 8 月扣除。

6 月应纳税额＝(3 800－800－180)×10％＝282(元)。

7 月应纳税额＝(3 800－800－180－800)×10％＝202(元)。

8 月应纳税额＝(3 800－800－180－400)×10％＝242(元)。

9～12 月每月应纳税额＝4 500×(1－20％)×10％＝360(元)。

全年应纳税额＝282＋202＋242＋360×4＝2 166(元)。

4. 纳税人取得财产转让所得应纳税额的计算

财产转让所得适用 20％的比例税率。其应纳税额的计算公式为：

应纳税额＝应纳税所得额×适用税率(20％)

【任务案例 6-13】范萌将非家庭生活用房的自有房产卖给某单位，取得收入 300 万元，房产建造费用 120 万元，办理财产转让手续时缴纳税金和其他费用共计 28 万元，计算范萌应缴纳的个人所得税。

解析：

应纳税所得额＝300－120－28＝152(万元)。

应纳税额＝152×20％＝30.4(万元)。

5. 纳税人取得偶然所得应纳税额的计算

偶然所得适用比例税率为 20％，其应纳税额的计算公式为：

应纳税额＝应纳税所得额×适用税率(20％)

【案例 6-14】王峰购买福利彩票中奖 50 000 元，试计算王峰应缴纳的个人所得税。

解析：

彩票中奖属于偶然所得，不能扣除任何费用，所以应纳税所得额为50 000元。

应纳税额＝50 000×20％＝10 000(元)。

解决任务

计算过程如下。

1. 综合所得预扣预缴税额。

(1)张建工资、薪金所得，应由公司按月预扣预缴个人所得税。

1 月：

工资、薪金所得预扣预缴应纳税所得额＝15 000－5 000－15 000×(8%＋2%＋0.5%＋12%）－(1 000＋1 000)＝4 625(元)。

工资、薪金所得预扣预缴税额＝4 625×3%－0＝138.75(元)。

2 月：

工资、薪金所得预扣预缴应纳税所得额＝15 000×2－5 000×2－15 000×(8%＋2%＋0.5%＋12%)×2－(1 000＋1 000)×2－138.75＝ 9 111.25(元)。

工资、薪金所得预扣预缴税额＝9 111.25×3%－0＝273.34(元)。

表 6-8　1～12 月工资薪金所得预扣预缴税额计算表

月份	应纳税所得额 ①＝4 625×n－④	税率 ②	当月预扣预缴税额/元 ③＝①×②	累计预扣预缴税额/元 ④＝上月累计预扣税额＋③
1	4 625	3%	138.75	138.75
2	9 111.25	3%	273.34	412.09
3	13 462.91	3%	403.89	815.98
4	17 684.02	3%	530.52	1 346.50
5	21 778.50	3%	653.36	1 999.86
6	25 750.14	3%	772.50	2 772.36
7	29 602.64	3%	888.08	3660.44
8	33 339.56	3%	1 000.19	4 660.63
9	36 964.37	10%	1 176.44	5 837.07
10	40 412.93	10%	1 521.29	7 358.36
11	43 516.64	10%	1 831.66	9 190.02
12	46 309.98	10%	2 111.00	11 301.02

(2)4 月获得的稿酬所得，应预扣预缴个人所得税。

应纳税所得额＝12 000×(1－20%) ×70%＝6 720(元)。

应预扣预缴税额＝6 720×20%＝1 344(元)。

(3)8 月获得的劳务报酬所得，应预扣预缴个人所得税。

应纳税所得额＝10 000×(1－20%) ＝8 000(元)。

应预扣预缴税额＝8 000×20%－0＝1 600(元)。

(4)11 月取得的特许权使用费所得，应预扣预缴个人所得税。

应纳税所得额＝5 000×(1－20％) ＝4 000(元)。

应预扣预缴税额＝4 000×20％＝800(元)。

2. 综合所得应纳税额。

张建取得综合所得，办理年度综合所得汇算清缴时，应将劳务报酬所得、稿酬所得、特许权使用费所得的收入额，并入年度综合所得计算应纳税款，税款多退少补。

(1)张建 2019 年综合所得应纳税所得额＝(工资、薪金所得＋稿酬所得＋劳务报酬所得＋特许权使用费所得)－减除费用 6 万－专项扣除－专项附加扣除＝[(15 000×12＋10 000)＋8 000＋6 720＋4 000]－60 000－(1 000×12＋1 000×12＋1 000×12)－15 000×(8％＋2％＋0.5％＋12％) ×12＝72 220(元)。

(2)张建 2019 年综合所得应纳税额＝72 220×10％－2 520＝4 702(元)。

(3)张建 2019 年综合所得累计已预扣预缴税额＝11 301.02＋1 344＋1 600＋800＝15 045.02(元)。

(4)应退税款＝15 045.02－4 702＝10 343.02(元)。

3. 张建其他各项所得应纳税额。

(1)张建 10 月获得的利息、股息、红利所得，应由支付单位代扣代缴个人所得税。

利息、股息、红利所得代扣代缴税额＝1 500×20％＝300(元)。

(2)张建 12 月的偶然所得，应由支付单位代扣代缴个人所得税。

偶然所得代扣代缴税额＝20 000×20％＝4 000(元)。

思考与练习

◆单选题

1. 某人接受一家公司委托，将外文资料译成中文，该人此项业务所得应按(　　)项目计算缴纳个人所得税。

A. 工资、薪金所得　　B. 劳务报酬所得

C. 稿酬所得　　D. 特许权使用费所得

2. 对个人转让有价证券取得的所得，应按(　　)项目计算征收个人所得税。

A. 财产转让所得　　B. 利息、股息、红利所得

C. 偶然所得　　D. 特许权使用费所得

3. 非居民个人的下列所得在确认收入额时，适用于减按 70％计算的是(　　)。

A. 工资、薪金所得　　B. 劳务报酬所得

C. 稿酬所得　　D. 特许权使用费所得

4. 公司员工取得稿酬 20 000 元，该员工稿酬所得应预扣预缴税额为(　　)元。

A. 4 000　　B. 3 840　　C. 3 200　　D. 2 240

5. 张某取得一项专利转让收入 3 500 元，应预扣预缴的个人所得税为(　　)元。

A. 540　　B. 560　　C. 650　　D. 700

6. 一外国专家是非居民个人，该专家从公司领取工资、薪金为 20 000 元，其应纳的个人所得税税额是(　　)元。

A. 1 590　　B. 1 790　　C. 2 590　　D. 2 438

7. 某酒家为一个体工商户，账证资料健全，2019 年全年取得营业收入 320 000 元，成本、费用等为 150 00 元，该个体工商户应缴纳的个人所得税税额是(　　)元。

A. 7 900　　B. 10 500　　C. 23 500　　D. 37 500

8. 公司出纳员赵雪购买体育彩票，一次中奖 80 000 元，应缴纳个人所得税额为(　　)元。

A. 16 000　　B. 20 000　　C. 24 000　　D. 32 000

9. 个人出租建筑物、土地使用权、机器设备、车船等取得的所得为(　　)。

A. 财产转让所得　　B. 财产租赁所得

C. 偶然所得　　D. 特许权使用费所得

10. 个人提供专利权、商标权、著作权、非专利技术的使用权而取得的所得为(　　)。

A. 财产转让所得　　B. 财产租赁所得

C. 偶然所得　　D. 特许权使用费所得

◆多选题

1. 下列各项所得，应纳个人所得税的有(　　)。

A. 劳务报酬所得　B. 稿酬所得　　C. 保险赔款　　D. 利息

2. 居民个人的综合所得，以每一纳税年度的收入额减除(　　)后的余额为应纳税所得额。

A. 费用 60 000 元　　B. 专项扣除

C. 专项附加扣除　　D. 依法确定的其他扣除

3. 累计预扣法是指扣缴义务人在一个纳税年度内预扣预缴税款时，以纳税人在本单位截至当前月份工资、薪金所得累计收入减除(　　)和累计依法确定的其他扣除后的余额为累计预扣预缴应纳税所得额。

A. 累计免税收入　　B. 累计减除费用

C. 累计专项扣除　　D. 累计专项附加扣除

4. 我国个人所得税的纳税人依据(　　)标准，区分为居民个人和非居民个人，分别承担不同的纳税义务。

A. 住所　　B. 国籍　　C. 居住时间　　D. 户籍

5. 下列所得项目中，不减除费用，直接以每次的收入额为应纳税所得额计算缴纳个人所得税的有(　　)。

A. 财产租赁所得　　B. 利息、股息、红利所得

C. 偶然所得　　D. 特许权使用费所得

6. 下列所得，适用超额累进税率的有(　　)。

A. 综合所得　　B. 经营所得

C. 偶然所得　　D. 财产转让所得

7. 在确定居民个人的综合所得时，“专项附加扣除”是指《中华人民共和国个人所得税法》规定的(　　)等专项附加扣除。

A. 子女教育、继续教育　　B. 大病医疗

C. 住房贷款利息或住房租金　　D. 赡养老人

8. 在确定居民个人的综合所得时，“专项扣除”包括居民个人按照国家规定的范围和标准缴纳的(　　)等。

A. 基本养老保险　　B. 基本医疗保险

C. 失业保险　　D. 住房公积金

◆计算题

1. 周旭是一家中外合资企业的职员，2019 年全年收入情况如下。

(1)每月工资收入 3 600 元，12 月取得年终奖 20 000 元；

(2)当年购买企业债券取得利息收入 3 000 元；

(3)出租自有住房每月租金收入 1 500 元。

要求：计算周旭 2019 年应缴纳的个人所得税。

2. 中国公民王斌是一国有企业员工，其 2019 年的收入情况如下。

(1)取得全年工资、薪金收入 55 000 元；

(2)工作之余发表文章一次性取得稿酬收入 1 000 元；

(3)10 月彩票中奖 10 000 元。

要求：计算王斌 2019 年应纳个人所得税税额。

任务三　个人所得税的缴纳

任务目标

知识目标：

1. 了解个人所得税的纳税时间、纳税地点。

2. 掌握个人所得税相关报表的填制方法。

能力目标：

1. 会填制个人所得税纳税申报表。

2. 能独立办理个人所得税纳税申报手续。

素养目标：

树立依法纳税的意识和培养良好的职业沟通能力。

任务导出

根据前面任务二的情境描述中所给出的资料，办理张建个人所得税的纳税申报手续，完成其个人所得税的纳税申报。

讨论：我国个人所得税有哪些纳税申报方式？

任务：办理公司员工张建的个人所得税纳税申报手续。

知识准备

1. 相关规定

(1)税号规定。根据新修订的《中华人民共和国个人所得税法》，纳税人在办理涉税业务需涉及填写税号。对此，国家税务总局明确规定：纳税人有中国居民身份证号码的，以中国居民身份证号码为税号；纳税人没有中国居民身份证号码的，由税务机关赋予其税号。扣缴义务人扣缴税款时，纳税人应当向扣缴义务人提供税号。

(2)币制单位规定。个人所得税各项所得的计算，以人民币为单位。所得为人民币以外货币的，按照办理纳税申报或者扣缴申报的上一月最后一日人民币汇率中间价，折合成人民币计算应纳税所得额。年度终了后办理汇算清缴的，对已经按月、季或者按次预缴税款的人民币以外货币所得，不再重新折算；对应当补缴税款的所得部分，按照上一纳税年度最后一日人民币汇率中间价，折合成人民币计算应纳税所得额。

2. 纳税方式

我国个人所得税采取自行申报纳税和扣缴申报纳税两种方式。

(1)自行申报纳税。自行申报纳税是由纳税人自行在税法规定的纳税期限内，向税务机关申报取得的应纳所得项目和数额，如实填写个人所得税纳税申报表，并按照税法规定计算应纳税额，据此缴纳个人所得税的一种方法。

知识拓展

自行纳税申报的情形

有下列情形之一的，纳税人应当依法办理纳税申报。

①取得综合所得需要办理汇算清缴；

②取得应税所得没有扣缴义务人；

③取得应税所得，扣缴义务人未扣缴税款；

④取得境外所得；

⑤因移居境外注销中国户籍；

⑥非居民个人在中国境内从两处以上取得工资、薪金所得；

⑦国务院规定的其他情形。

纳税人自行申报纳税，可以采用远程办税终端(网上申报)、邮寄等方式申报，也可以直接到主管税务机关申报(上门申报)。从2019年起，所有个人所得税申报的纳税人都可以下载手机版APP，核实自己信息和身份后，在任何地方任何时候完成自己的税务申报义务。

(2)扣缴申报纳税。扣缴义务人在向个人支付应纳税所得时，应当依照个人所得税法规定，计算应纳税额，从其所得中扣除并缴入国库，同时向税务机关报送“个人所得税扣缴申报表”的方法。

扣缴义务人向个人支付所得的应当依法办理全员全额扣缴申报。全员全额扣缴申报是指扣缴义务人应当在代扣税款的次月15日内，向主管税务机关报送其支付所得的所有个人的有关信息、支付所得数额、扣除事项和数额、扣缴税款的具体数额和总额以及其他相关涉税信息资料。实行个人所得税全员全额扣缴申报的应税所得包括：工资、薪金所得；劳务报酬所得；稿酬所得；特许权使用费所得；利息、股息、红利所得；财产租赁所得；财产转让所得；偶然所得。

扣缴义务人向居民个人支付工资、薪金所得时，应当按照累计预扣法计算预扣税款，并按月办理扣缴申报。居民个人向扣缴义务人提供有关信息并依法要求办理专项附加扣除的，扣缴义务人应当按照规定在工资、薪金所得按月预扣预缴税款时予以扣除，不得拒绝。

扣缴义务人向居民个人支付劳务报酬所得、稿酬所得、特许权使用费所得时，应当依法按次或者按月预扣预缴税款。

扣缴义务人向非居民个人支付工资、薪金所得，劳务报酬所得，稿酬所得和特许权使用费所得时，应当依法按月或者按次代扣代缴税款。

扣缴义务人支付利息、股息、红利所得，财产租赁所得，财产转让所得或者偶然所得时，应当依法按次或者按月代扣代缴税款。

3. 纳税期限

(1)居民个人取得综合所得，按年计算个人所得税；有扣缴义务人的，由扣缴义务人按月或者按次预扣预缴税款；需要办理汇算清缴的，应当在取得所得的次年 3 月 1 日至 6 月 30 日内办理汇算清缴。

(2)非居民个人取得工资、薪金所得，劳务报酬所得，稿酬所得和特许权使用费所得，有扣缴义务人的，由扣缴义务人按月或者按次代扣代缴税款，不办理汇算清缴。

(3)纳税人取得经营所得，按年计算个人所得税，由纳税人在月度或者季度终了后 15 日内向税务机关报送纳税申报表，并预缴税款；在取得所得的次年 3 月 31 日前办理汇算清缴。

(4)纳税人取得利息、股息、红利所得，财产租赁所得，财产转让所得和偶然所得，按月或者按次计算个人所得税。有扣缴义务人的，由扣缴义务人按月或者按次代扣代缴税款。

(5)纳税人取得应税所得没有扣缴义务人的，应当在取得所得的次月 15 日内向税务机关报送纳税申报表，并缴纳税款。

(6)纳税人取得应税所得，扣缴义务人未扣缴税款的，纳税人应当在取得所得的次年 6 月 30 日前，缴纳税款；税务机关通知限期缴纳的，纳税人应当按照期限缴纳税款。

(7)居民个人从中国境外取得所得的，应当在取得所得的次年 3 月 1 日至 6 月 30 日内申报纳税。

(8)非居民个人在中国境内从两处以上取得工资、薪金所得的，应当在取得所得的次月 15 日内申报纳税。

(9)纳税人因移居境外注销中国户籍的，应当在注销中国户籍前办理税款清算。

(10)扣缴义务人每月或者每次预扣、代扣的税款，应当在次月 15 日内缴入国库，并向税务机关报送扣缴个人所得税申报表。

4. 纳税地点

(1)纳税人应向任职、受雇单位所在地主管税务机关办理纳税申报。纳税人有两处以上任职、受雇单位的，选择向其中一处任职、受雇单位所在地主管税务机关办理纳税申报；纳税人没有任职、受雇单位的，向户籍所在地或经常居住地主管税务机关办理纳税申报。

(2)纳税人取得经营所得，按年计算个人所得税，纳税人向经营管理所在地主管税务机关办理预缴纳税申报；从两处以上取得经营所得的，选择向其中一处经营管理所在地主管税务机关办理年度汇总申报。

(3)居民个人从中国境外取得所得的，向中国境内任职、受雇单位所在地主管税务机关办理纳税申报；在中国境内没有任职、受雇单位的，向户籍所在地或中国境内经常居住地主管税务机关办理纳税申报；户籍所在地与中国境内经常居住地不一致的，选择其中一地主管税务机关办理纳税申报；在中国境内没有户籍的，向中国境内经常居住地主管税务机关办理纳税申报。

(4)纳税人因移居境外注销中国户籍的，应当在申请注销中国户籍前，向户籍所在地主管税务机关办理纳税申报，进行税款清算。

(5)非居民个人在中国境内从两处以上取得工资、薪金所得的，应当向其中一处任职受雇单位所在地主管税务机关办理纳税申报。

任务实施

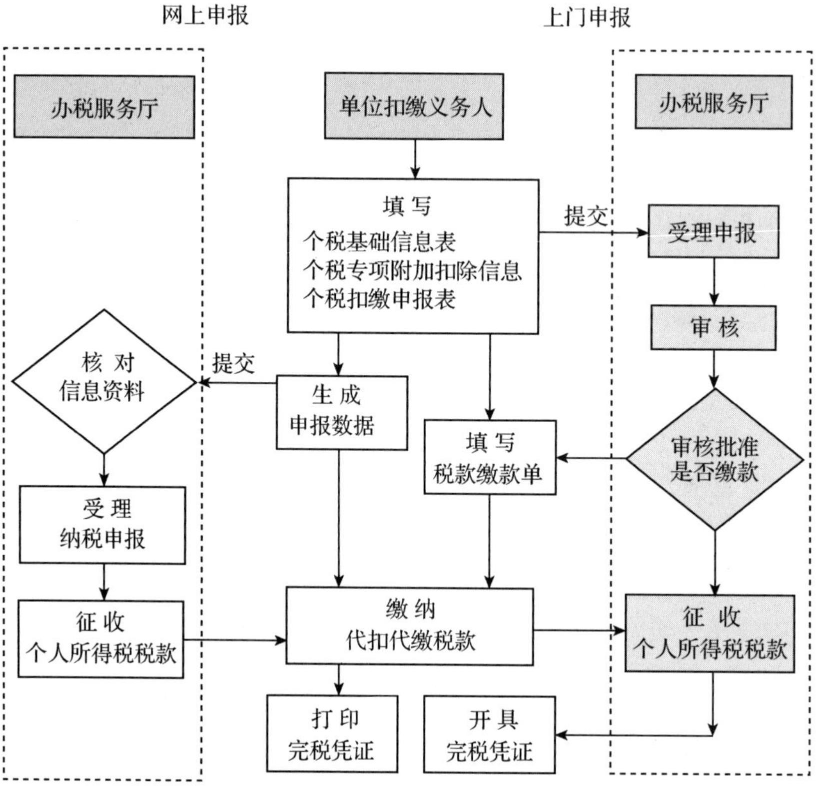

图 6-2 单位代扣代缴个人所得税流程图

活动一　单位代扣代缴个人所得税

1. 填写《个人所得税专项附加扣除信息表》

纳税人通过远程办税端、电子或者纸质报表等方式，填写《个人所得税专项附加扣除信息表》(表 6-9)，并向扣缴义务人或者主管税务机关报送。

2. 填写《个人所得税基础信息表(A 表)》

扣缴义务人首次向纳税人支付所得时，应当按照纳税人提供的纳税人识别号等基础信息填写《个人所得税基础信息表(A 表)》(表 6-10)，并于次月扣缴申报时向税务机关报送。扣缴义务人对纳税人向其报告的相关基础信息变化情况，应当于次月扣缴申报时向税务机关报送。

3. 填写《个人所得税扣缴申报表》

扣缴义务人向居民个人支付工资、薪金所得，劳务报酬所得，稿酬所得，特许权使用费所得时，要预扣预缴个人所得税。扣缴义务人每月或者每次预扣、代扣税款后，应当填写《个人所得税扣缴申报表》(表 6-11)。

表 6-9　个人所得税专项附加扣除信息表

填报时间：　　　　　　　　　　　　扣除年度：

纳税人姓名：　　　　　　　　　　　纳税人识别号：□□□□□□□□□□□□□□□□□□

纳税人信息	手机号码				电子信息	□有配偶　□无配偶
	联系地址				配偶情况	
纳税人配偶信息	姓名		身份证件类型		身份证件号码	□□□□□□□□□□□□□□□□□□
一、子女教育						
较上次报送信息是否发生变化：		□首次报送(请填写全部信息)		□无变化(不需重新填写)		□ 有变化(请填写发生变化项目的信息)
子女一	姓名		身份证件类型		身份证号码	□□□□□□□□□□□□□□□□□□
	出生日期		当前受教育阶段		子女教育终止时间 ＊不再受教育时填写	年　月
	当前受教育阶段起始时间	年　月	当前受教育阶段结束时间	年　月		
	就读国家(或地区)		就读学校		本人扣除比例	□100%(全额扣除)　□50%(平均扣除)
子女二	姓名		身份证件类型		身份证件号码	□□□□□□□□□□□□□□□□□□
	出生日期		当前受教育阶段		子女教育终止时间 ＊不再受教育时填写	年　月
	当前受教育阶段起始时间	年　月	当前受教育阶段结束时间	年　月		
	就读国家(或地区)		就读学校		本人扣除比例	□100%(全额扣除)　□50%(平均扣除)
二、继续教育						
较上次报送信息是否发生变化：		□首次报送(请填写全部信息)		□无变化(不需重新填写)		□ 有变化(请填写发生变化项目的信息)
学历(学位)继续教育	当前继续教育起始时间	年　月	当前继续教育结束时间	年　月	学历(学位)继续教育阶段	□专科　□本科　□硕士研究生　□博士研究生　□其他

续表

职业资格教育	职业资格继续教育类型	□技能人员 □专业技术人员			证书名称	
	证书编号		发证机关		发证(批准)日期	
三、住房贷款利息						
较上次报送信息是否发生变化：	□首次报送(请填写全部信息)		□无变化(不需重新填写)		□ 有变化(请填写发生变化项目的信息)	
房屋信息	住房坐落地址	______省(区、市)______市______县(区)______街道(乡、镇)				
	产权证号/不动产登记号/商品房买卖合同号/预售合同号					
房贷信息	本人是否借款人	□是 □否			是否婚前各自首套贷款，且婚后分别扣除 50%	□是 □否
	公积金贷款|贷款合同编号					
	贷款期限(月)				首次还款日期	
	商业贷款|贷款合同编号				贷款银行	
	贷款期限				首次还款日期	
四、住房租金息						
较上次报送信息是否发生变化：	□首次报送(请填写全部信息)		□无变化(不需重新填写)		□ 有变化(请填写发生变化项目的信息)	
房屋信息	住房坐落地址	______省(区、市)______市______县(区)______街道(乡、镇)				
	出租方(个人)姓名		身份证件类型		身份证件号码	□□□□□□□□□□□□□□□□□□
	出租方(单位)名称				纳税人识别号(统一社会信用代码)	
	主要工作城市(＊填写市一级)				住房租赁合同编号(非必填)	
	租赁期起				租赁期止	

续表

五、赡养老人						
较上次报送信息是否发生变化：		□首次报送(请填写全部信息)		□无变化(不需重新填写)		□ 有变化(请填写发生变化项目的信息)
纳税人身份		□独生子女　　□非独生子女				
被赡养人一	姓名		身份证件类型		身份证件号码	□□□□□□□□□□□□□□□□□□
	出生日期		与纳税人关系		□父亲　□母亲　□其他	
被赡养人二	姓名		身份证件类型		身份证件号码	□□□□□□□□□□□□□□□□□□
	出生日期		与纳税人关系		□父亲　□母亲　□其他	
共同赡养人信息	姓名		身份证件类型		身份证件号码	□□□□□□□□□□□□□□□□□□
	姓名		身份证件类型		身份证件号码	□□□□□□□□□□□□□□□□□□
	姓名		身份证件类型		身份证件号码	□□□□□□□□□□□□□□□□□□
	姓名		身份证件类型		身份证件号码	□□□□□□□□□□□□□□□□□□
分摊方式(＊独生子女不需填写)		□平均分摊　□赡养人约定分摊　□被赡养人制定分摊			本年度月扣金额	
六、大病医疗(仅限综合所得年度汇算清缴申报时填写)						
较上次报送信息是否发生变化：		□首次报送(请填写全部信息)		□无变化(不需重新填写)		□ 有变化(请填写发生变化项目的信息)
患者一	姓名		身份证件类型		身份证件号码	□□□□□□□□□□□□□□□□□□
	医药费用总金额		个人负担金额		与纳税人关系	□本人　□配额　□未成年子女
患者二	姓名		身份证件类型		身份证件号码	□□□□□□□□□□□□□□□□□□
	医药费用总金额		个人负担金额		与纳税人关系	□本人　□配额　□未成年子女

续表

<table>
<tr><td colspan="4">需要在任职受雇单位预扣预缴工资、薪金所得个人所得税时享受专项附加扣除的，填写本栏</td></tr>
<tr><td colspan="4">重要提示：当您填写本栏，表示您已同意该任职受雇单位使用本表信息为您办理专项附加扣除</td></tr>
<tr><td>扣缴义务人名称</td><td></td><td>扣缴义务人纳税人识别号
（统一社会信用代码）</td><td>□□□□□□□□□□□□□□□□□□</td></tr>
<tr><td colspan="4">本人承诺：我已仔细阅读了填报说明，并根据《中华人民共和国个人所得税法》及其实施条例、《个人所得税专项附加扣除暂行办法》、《个人所得税专项附加扣除操作办法（试行）》等相关法律法规规定填写本表。本人已就所填的扣除信息进行了核对，并对所填内容的真实性、准确性、完整性负责。

纳税人签字：　　年　　月　　日</td></tr>
<tr><td colspan="2">扣缴义务人签章：

经办人签字：

接受日期：　　年　　月　　日</td><td>代理机构签章：

代理机构统一社会信用代码：
经办人签字：
经办人身份证件号码：</td><td>受理人：

受理税务机关（章）：

受理日期：　　年　　月　　日</td></tr>
</table>

国家税务总局监制

表 6-10　个人所得税基础信息表(A 表)

扣缴义务人名称：

扣缴义务人编码：□□□□□□□□□□□□□□□□□

金额单位：元(列至角分)

序号	姓名	国籍(地区)	身份证件类型	身份证件号码	是否残疾烈属孤老	雇员		非雇员			股东、投资者		境内无住所个人									备注
						电话	电子邮箱	联系地址	电话	工作单位	公司股本(投资)总额	个人股本(投资)额	纳税人识别号	来华时间	任职期限	预计离境时间	预计离境地点	境内职务	境外职务	支付地	境外支付地(国别/地区)	
1																						
2																						
3																						
4																						
5																						
6																						
7																						
8																						
9																						
10																						
11																						
12																						

谨声明：此表是根据《中华人民共和国个人所得税法》及其实施条例和国家相关法律法规规定填报的，是真实的、完整的、可靠的。

法定代表人(负责人)签字：　　　　年　月　日

扣缴义务人公章： 经办人：	代理机构(人)签章： 经办人：　　经办人执业证件号码：	主管税务机关受理专用章： 受理人：
填表日期：　年　月　日	代理申报日期：　年　月　日	受理日期：　年　月　日

国家税务总局监制

表 6-11　个人所得税扣缴申报表

税款所属期：　年　月　日至　年　月　日

扣缴义务人名称：

扣缴义务人纳税人识别号(统一社会信用代码)：□□□□□□□□□□□□□□□□□□□□□□□

金额单位：元(列至角分)

序号	姓名	身份证件类型	身份证件号码	纳税人识别号	是否为非居民个人	所得项目	本月(次)情况														累计情况(工资、薪金)									减按计税比例	准予扣除的捐赠额	税款计算							备注
							收入额计算				专项扣除				其他扣除									累计专项附加扣除															
							收入	费用	免税收入	减除费用	基本养老保险费	基本医疗保险费	失业保险费	住房公积金	年金	商业健康保险	税延养老保险	财产原值	允许扣除的税费	其他	累计收入额	累计减除费用	累计专项扣除	子女教育	赡养老人	住房贷款利息	住房租金	继续教育	累计其他扣除			应纳税所得额	税率/预扣率	速算扣除数	应纳税额	减免税额	已扣缴税额	应补(退)税额	
1	2	3	4	5	6	7	8	9	10	11	12	13	14	15	16	17	18	19	20	21	22	23	24	25	26	27	28	29	30	31	32	33	34	35	36	37	38	39	40
合计																																							

谨声明：本扣缴申报表是根据国家税收法律法规及相关规定填报的，是真实的、可靠的、完整的。

扣缴义务人(签章)：　　　　年　月　日

代理机构签章： 代理机构统一社会信用代码： 经办人签字： 经办人身份证件号码：	受理人： 受理税务机关(章)： 受理日期：　年　月　日

国家税务总局

注：

①本表适用于扣缴义务人向居民个人支付工资、薪金所得，劳务报酬所得，稿酬所得和特许权使用费所得的个人所得税全员全额预扣预缴申报；向非居民个人支付工资、薪金所得，劳务报酬所得，稿酬所得和特许权使用费所得的个人所得税全员全额扣缴申报；以及向纳税人(居民个人和非居民个人)支付利息、股息、红利所得，财产租赁所得，财产转让所得和偶然所得的个人所得税全员全额扣缴申报。

②本表一式两份，扣缴义务人、税务机关各留存一份。

4. 办理税款缴纳手续

扣缴义务人按规定的期限向税务机关报送《个人所得税扣缴申报表》、代扣代收税款凭证以及支付个人收入明细账等相关资料。根据税务机关审定的意见，在规定期限内向指定代理金库的银行缴纳税款，并取得税务机关开具的个人所得税缴款书(表 6-12)。

表 6-12　中华人民共和国税收通用缴款书

填发日期：2019 年 6 月 6 日

<table>
<tr><td rowspan="4">缴款单位</td><td>代　　码</td><td colspan="3">352100002347 ***</td><td rowspan="3">预算科目</td><td colspan="2">编码</td><td colspan="8"></td></tr>
<tr><td>全　　称</td><td colspan="3">滨海市盛泰实业有限公司</td><td colspan="2">名称</td><td colspan="8"></td></tr>
<tr><td>开户银行</td><td colspan="3">中国银行海滨市分行营业部</td><td colspan="2">级次</td><td colspan="8"></td></tr>
<tr><td>账　　号</td><td colspan="3">3702067012346688 ***</td><td colspan="3">收缴国库</td><td colspan="8"></td></tr>
<tr><td colspan="5">税款所属时期　2019 年 5 月 1 日至 5 月 31 日</td><td colspan="11">税款限缴日期</td></tr>
<tr><td rowspan="2">品目名称</td><td rowspan="2">课税数量</td><td rowspan="2">计税金额或销售收入</td><td rowspan="2">税率或单位税额</td><td rowspan="2">已缴或扣除额</td><td colspan="11">实缴金额</td></tr>
<tr><td>亿</td><td>千</td><td>百</td><td>十</td><td>万</td><td>千</td><td>百</td><td>十</td><td>元</td><td>角</td><td>分</td></tr>
<tr><td>个人所得税</td><td></td><td></td><td></td><td></td><td></td><td></td><td>1</td><td>5</td><td>2</td><td>4</td><td>5</td><td>5</td><td>4</td><td>3</td><td>5</td></tr>
<tr><td>金额合计</td><td colspan="4">(大写)壹佰伍拾贰万肆仟伍佰伍拾肆元叁角伍分</td><td></td><td></td><td>1</td><td>5</td><td>2</td><td>4</td><td>5</td><td>5</td><td>4</td><td>3</td><td>5</td></tr>
<tr><td colspan="3">缴款单位(人)
滨海市盛泰实业有限公司
(盖章)
经办人(章)刘萍</td><td colspan="3">税务机关
滨海市国家税务局征收分局
(盖章)　(2)
征税专用章
填票人(章)</td><td colspan="7">上列款项已收妥并划转收款单位账户
中国工商银行
海关支行
2014-10-05
转讫
国库(银行)盖章
时间：2019 年 6 月 6 日</td><td colspan="3">备注：</td></tr>
</table>

无银行收讫章无效　　　逾期不缴按税法规定加收滞纳金

活动二　纳税人自行申报个人所得税

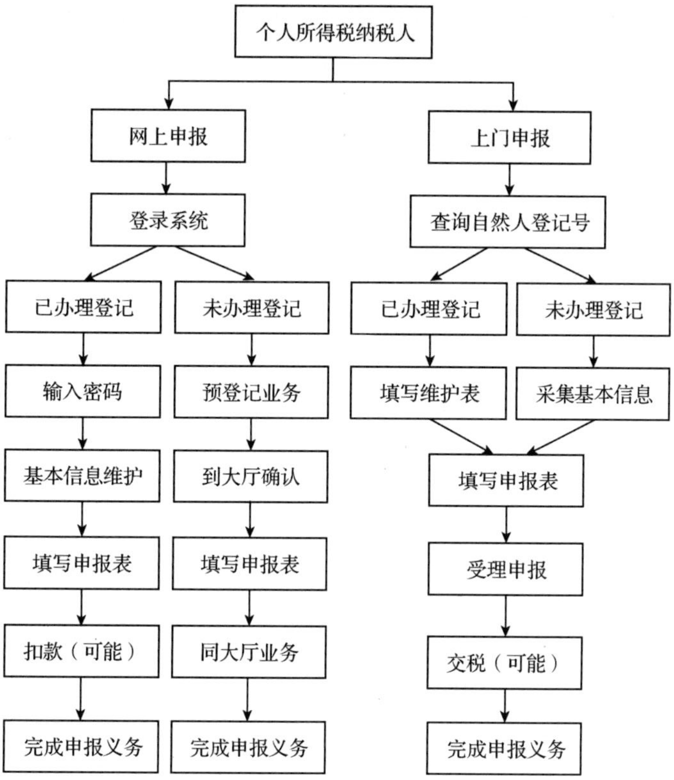

图 6-3　纳税人自行申报个人所得税流程图

1. 填写纳税申报表

纳税人办理自行纳税申报时，需携带身份证到税务机关领取个人所得税申报表，并如实填写后报送税务机关审核。

(1)取得综合所得需要办理汇算清缴的纳税人，需要填报《个人所得税年度自行纳税申报表(A 表)》(表 6-13)。

表 6-13　个人所得税年度自行纳税申报表(A 表)

(仅取得境内综合所得年度汇算适用)

税款所属期：　　年　　月　　日至　　年　　月　　日

纳税人姓名：

纳税人识别号：□□□□□□□□□□□□□□□□□□□□□-□□　　金额单位：元(列至角分)

基本情况					
手机号码		电子邮箱		邮政编码	□□□□□□
联系地址	________省(区、市)________市________区(县)______________街道(乡、镇)				

续表

纳税地点(单选)				
1. 有任职受雇单位的，需选本项并填写“任职受雇单位信息”：			□任职受雇单位所在地	
任职受雇单位信息	名称			
	纳税人识别号	□□□□□□□□□□□□□□□□□□□□□□		
2. 没有任职受雇单位的，可以从本栏次选择一地：			□ 户籍所在地　　□经常居住地	
户籍所在地/经常居住地		______省（区、市）______市______区（县）______街道（乡、镇）____________		
申报类型(单选)				
□ 首次申报　　　　□更正申报				
综合所得个人所得税计算				

项目	行次	金额
一、收入合计(第 1 行=第 2 行+第 3 行+第 4 行+第 5 行)	1	
(一)工资、薪金	2	
(二)劳务报酬	3	
(三)稿酬	4	
(四)特许权使用费	5	
二、费用合计［第 6 行=(第 3 行+第 4 行+第 5 行)×20%］	6	
三、免税收入合计(第 7 行=第 8 行+第 9 行)	7	
(一)稿酬所得免税部分［第 8 行=第 4 行×(1-20%)×30%］	8	
(二)其他免税收入(附报《个人所得税减免税事项报告表》)	9	
四、减除费用	10	
五、专项扣除合计(第 11 行=第 12 行+第 13 行+第 14 行+第 15 行)	11	
(一)基本养老保险费	12	
(二)基本医疗保险费	13	
(三)失业保险费	14	
(四)住房公积金	15	
六、专项附加扣除合计(附报《个人所得税专项附加扣除信息表》)(第 16 行=第 17 行+第 18 行+第 19 行+第 20 行+第 21 行+第 22 行)	16	
(一)子女教育	17	
(二)继续教育	18	
(三)大病医疗	19	
(四)住房贷款利息	20	
(五)住房租金	21	

续表

（六）赡养老人	22	
七、其他扣除合计（第 23 行＝第 24 行＋第 25 行＋第 26 行＋第 27 行＋第 28 行）	23	
（一）年金	24	
（二）商业健康保险（附报《商业健康保险税前扣除情况明细表》）	25	
（三）税延养老保险（附报《个人税收递延型商业养老保险税前扣除情况明细表》）	26	
（四）允许扣除的税费	27	
（五）其他	28	
八、准予扣除的捐赠额（附报《个人所得税公益慈善事业捐赠扣除明细表》）	29	
九、应纳税所得额 （第 30 行＝第 1 行－第 6 行－第 7 行－第 10 行－第 11 行－第 16 行－第 23 行－第 29 行）	30	
十、税率（%）	31	
十一、速算扣除数	32	
十二、应纳税额（第 33 行＝第 30 行×第 31 行－第 32 行）	33	
全年一次性奖金个人所得税计算 （无住所居民个人预判为非居民个人取得的数月奖金，选择按全年一次性奖金计税的填写本部分）		
一、全年一次性奖金收入	34	
二、准予扣除的捐赠额（附报《个人所得税公益慈善事业捐赠扣除明细表》）	35	
三、税率（%）	36	
四、速算扣除数	37	
五、应纳税额[第 38 行＝（第 34 行－第 35 行）×第 36 行－第 37 行]	38	
税额调整		
一、综合所得收入调整额（需在“备注”栏说明调整具体原因、计算方式等）	39	
二、应纳税额调整额	40	
应补/退个人所得税计算		
一、应纳税额合计（第 41 行＝第 33 行＋第 38 行＋第 40 行）	41	
二、减免税额（附报《个人所得税减免税事项报告表》）	42	
三、已缴税额	43	
四、应补/退税额（第 44 行＝第 41 行－第 42 行－第 43 行）	44	
无住所个人附报信息		
纳税年度内在中国境内居住天数		已在中国境内居住年数 |
退税申请 （应补/退税额小于 0 的填写本部分）		

续表

□ 申请退税(需填写“开户银行名称”“开户银行省份”“银行账号”)　　□ 放弃退税			
开户银行名称		开户银行省份	
银行账号			
备注			
谨声明：本表是根据国家税收法律法规及相关规定填报的，本人对填报内容(附带资料)的真实性、可靠性、完整性负责。 纳税人签字：　　　　年　月　日			
经办人签字： 经办人身份证件类型： 经办人身份证件号码： 代理机构签章： 代理机构统一社会信用代码：		受理人： 受理税务机关(章)： 受理日期：　　年　月　日	

国家税务总局监制

注：

①本表适用于居民个人纳税年度内仅从中国境内取得工资薪金所得、劳务报酬所得、稿酬所得、特许权使用费所得(以下称“综合所得”)，按照税法规定进行个人所得税综合所得汇算清缴。居民个人纳税年度内取得境外所得的，不适用本表。

②以纸质方式报送本表的，建议通过计算机填写打印，一式两份，纳税人、税务机关各留存一份。

(2)取得经营所得的纳税人，按年计算个人所得税，需要填报如下报表。

①由纳税人在月度或季度终了后15日，向经营管理所在地主管税务机关办理预缴纳税申报，报送《经营所得个人所得税月(季)度申报表(A表)》(表略)；

②在取得所得的次年3月31日前，还需向主管税务机关办理汇算清缴，并报送《经营所得个人所得税年度申报表(B表)》(表略)；

③从两处以上取得经营所得的，选择向其中一处经营管理所在地主管税务机关办理年度汇总申报，并报送《个人所得税经营所得纳税申报表(C表)》(表略)。

2. 填写《个人所得税基础信息表(B表)》

首次申报或者个人基础信息发生变化的，还应报送《个人所得税基础信息表(B表)》(表6-14)。

表 6-14　个人所得税基础信息表(B 表)

（适用于自然人填报）

纳税人识别号:□□□□□□□□□□□□□□□□□□

<table>
<tr><td colspan="8">基本信息(带 * 必填)</td></tr>
<tr><td rowspan="4">基本信息</td><td>* 纳税人姓名</td><td>中文名</td><td></td><td>英文名</td><td colspan="3"></td></tr>
<tr><td rowspan="2">* 身份证件</td><td>证件类型一</td><td></td><td>证件号码</td><td colspan="3"></td></tr>
<tr><td>证件类型二</td><td></td><td>证件号码</td><td colspan="3"></td></tr>
<tr><td>* 国籍/地区</td><td colspan="2"></td><td>* 出生日期</td><td colspan="3">年　月　日</td></tr>
<tr><td rowspan="4">联系方式</td><td>户籍所在地</td><td colspan="6">省(区、市)　市　区(县)　街道(乡、镇)______</td></tr>
<tr><td>经常居住地</td><td colspan="6">省(区、市)　市　区(县)　街道(乡、镇)______</td></tr>
<tr><td>联系地址</td><td colspan="6">省(区、市)　市　区(县)　街道(乡、镇)______</td></tr>
<tr><td>* 手机号码</td><td colspan="2"></td><td>电子邮箱</td><td colspan="3"></td></tr>
<tr><td rowspan="3">其他信息</td><td>开户银行</td><td colspan="2"></td><td>银行账号</td><td colspan="3"></td></tr>
<tr><td>学历</td><td colspan="6">□研究生　□大学本科　□大学本科以下</td></tr>
<tr><td>特殊情形</td><td colspan="6">□残疾　残疾证号______　□烈属　烈属证号______　□孤老</td></tr>
<tr><td colspan="8">任职、受雇、从业信息</td></tr>
<tr><td rowspan="3">任职受雇从业单位一</td><td>名称</td><td colspan="2"></td><td>国家/地区</td><td colspan="3"></td></tr>
<tr><td>纳税人识别号
(统一社会信用代码)</td><td colspan="2"></td><td>任职受雇
从业日期</td><td>年　月</td><td>离职日期</td><td>年　月</td></tr>
<tr><td>类型</td><td colspan="2">□雇员 □保险营销员 □证券经纪人 □其他</td><td>职务</td><td colspan="3">□高层　□其他</td></tr>
<tr><td rowspan="3">任职受雇从业单位二</td><td>名称</td><td colspan="2"></td><td>国家/地区</td><td colspan="3"></td></tr>
<tr><td>纳税人识别号
(统一社会信用代码)</td><td colspan="2"></td><td>任职受雇
从业日期</td><td>年　月</td><td>离职日期</td><td>年　月</td></tr>
<tr><td>类型</td><td colspan="2">□雇员 □保险营销员 □证券经纪人 □其他</td><td>职务</td><td colspan="3">□高层　□其他</td></tr>
</table>

续表

该栏仅由投资者纳税人填写					
被投资单位一	名称		国家/地区		
	纳税人识别号（统一社会信用代码）		投资额(元)		投资比例
被投资单位二	名称		国家/地区		
	纳税人识别号（统一社会信用代码）		投资额(元)		投资比例
该栏仅由华侨、港澳台、外籍个人填写(带＊必填)					
＊出生地			＊首次入境时间	年　月　日	
＊性别			＊预计离境时间	年　月　日	
＊涉税事由		□任职受雇　□提供临时劳务　□转让财产　□从事投资和经营活动　□其他			
谨声明：本表是根据国家税收法律法规及相关规定填报的，是真实的、可靠的、完整的。 纳税人(签字)：　　年　月　日					
经办人签字： 经办人身份证件号码： 代理机构签章： 代理机构统一社会信用代码：			受理人： 受理税务机关(章)： 受理日期：　　年　月　日		

国家税务总局监制

注：1. 本表适用于自然人纳税人基础信息的填报。

2. 自然人纳税人初次向税务机关办理相关涉税事宜时填报本表；初次申报后，以后仅需在信息发生变化时填报。

3. 录入信息，网上申报

纳税人在办税服务厅用自助计算机录入基本信息，根据税务机关审核后的纳税申报表，按照网上申报流程进行申报。

4. 补缴税款，索取完税证明

纳税人完成网上申报后，需要补缴税款，同时索取完税证明(图 6-4)。

中华人民共和国

个人所得税完税证明

填发日期：2019 年 12 月 31 日　　　　　　　　　　　　　　　单位：元(列至角分)

纳税人姓名	张建	纳税人身份证照类型	身份证
纳税人身份证照号码		370802196711 ******	
纳税项目		税款所属时期	实缴税额
工资、薪金所得		2019 年	11 301.02
利息、股息、红利所得		2019 年	300.00
偶然所得		2019 年	4 000.00
合　　计			15 601.02
税款金额合计(大写)		壹万伍仟陆佰零壹元零伍分	
感谢您为祖国繁荣昌盛做出的贡献！ Thank you for your contribution to China's flourishing and prosperity!			滨海市国家税务局征收分局 主管税务机关 (盖章) (2) 征税专用章

纳税人作完税凭证

图 6-4　个人所得税完税证明票样

解决任务

1. 滨海市盛泰有限公司应当在每月或者每次预扣税款的次月 15 日内，向主管税务机关报送《个人所得税扣缴申报表》，将已扣税款向指定代理金库的银行缴纳税款，取得税务机关开具的税收缴款书。

2. 公司办理年度综合所得汇算清缴时，应在 2020 年 3 月 1 日至 6 月 30 日内，向主管税务机关办理纳税申报，并报送《个人所得税年度自行纳税申报表》。

公司应当于年度终了后两个月内，向张建本人提供其个人所得和已扣缴税款等信息(《个人所得税纳税记录》，此处略)。如果公司实行了全员全额扣缴明细申报，则由税务机关在年度终了后进行集中开具，并委托邮政部门邮寄至纳税人本人。

3.2019年10月，上市公司向张建支付企业债券利息时，应当按次或按月依法预扣、代扣税款，在2019年11月15日内缴入国库，并向税务机关报送“个人所得税扣缴申报表”。在扣缴税款后，应及时向张建提供其个人所得和已扣缴税款等信息。

4.2019年12月，福利彩票中心向张建支付偶然所得时，应当依法按次预扣、代扣税款后，在2020年1月15日内缴入国库，并向税务机关报送《个人所得税扣缴申报表》。在扣缴税款后，应及时向张建提供其个人所得和已扣缴税款等信息。

思考与练习

◆思考题

1. 我国个人所得税采取哪几种征收方式?

2. 单位代扣代缴个人所得税时需要填报哪些报表?

◆单选题

1. 全员全额扣缴申报是指扣缴义务人应当在代扣税款的次月(　　)日内，向主管税务机关报送其支付所得的所有个人的有关信息、支付所得数额、扣除事项和数额、扣缴税款的具体数额和总额以及其他相关涉税信息资料。

A. 7　　B. 10　　C. 15　　D. 30

2. 居民个人取得综合所得，按(　　)计算个人所得税，有扣缴义务人的，由扣缴义务人按月或者按次预扣预缴税款。

A. 旬　　B. 月　　C. 季　　D. 年

3. 纳税人取得经营所得，按年计算个人所得税，由纳税人在月度或季度终了后(　　)日内向税务机关报送纳税申报表，并预缴税款。

A. 7　　B. 10　　C. 15　　D. 30

◆多选题

1. 个人所得税纳税人应当依法办理自行纳税申报的情形有(　　)。

A. 取得应税所得没有扣缴义务人的

B. 取得应税所得，扣缴义务人未扣缴税款的

C. 取得境外所得的

D. 因移居境外注销中国户籍的

2. 个人所得税纳税人自行申报纳税，可以采用(　　)等方式申报。

A. 网上申报　　B. 邮寄　　C. 上门申报　　D. 电话

3. 对纳税地点表述正确的有(　　)。

A. 纳税人应向任职、受雇单位所在地主管税务机关办理纳税申报

B. 纳税人有两处以上任职、受雇单位的，选择向其中一处任职、受雇单位所在地主管税务机关办理纳税申报

C. 纳税人有两处任职、受雇单位的，要同时向两处任职、受雇单位所在地主管税务机关办理纳税申报

D. 纳税人没有任职、受雇单位的，向户籍所在地或经常居住地主管税务机关办理纳税申报

模拟操作

事业单位基本信息

统一社会信用代码：370205061 **** JF11W

名称：滨海市职业技术学院

业务范围：职业教育、社会技能培训

住所：滨海市高新区大学路 76 号

法定代表人：贺咏兰

经费来源：全额拨款

开办单位：滨海市人力资源和社会保障局

联系电话：236365

主管税务机关：滨海市税务局高新区分局

开户银行：中国银行滨海市分行

银行账号：3702046005011270 ****

财务主管：辛美娜

出纳会计：李妍妍

1. 实训目标

(1)熟悉个人所得税征收项目。

(2)掌握个人所得税计算方法。

2. 实训任务

(1)正确计算各项所得应纳个人所得税税额。

(2)办理纳税手续，填写个人所得税纳税申报表。

3. 操作准备

(1)《中华人民共和国个人所得税法》《中华人民共和国个人所得税法实施条例》《国务院关于印发个人所得税专项附加扣除暂行办法的通知》和税收征管的相关法规资料。

(2)在税务实训室进行，具备企业基本情况、经济业务资料、个人所得税一系列申报表等。

4. 实训资料

中国公民李攀峰系滨海市职业技术学院的副教授，2019 年全年收入如下。

(1)每月工资 10 500 元；

(2)3 月，参加商场购物抽奖活动，取得中奖 5 000 元；

(3)5 月，出版一本专著，取得稿费 20 000 元；

(4)6 月，提供给某公司一项发明专利技术，取得转让收入 30 000 元；

(5)7 月，利用双休日在某培训学校讲课，取得课酬 8 000 元；

(6)10 月，出租私有住房一套，合同约定每月租金 1 000 元，共收取 3 000 元；

(7)12 月，取得当年 1 月 1 日投资的股息收入 5 600 元；

(8)年终取得一次性文明奖 25 000 元。

其他资料：李攀峰正在按月偿还首套住房贷款本金及利息 5 711.25 元；李攀峰还有两个哥哥，父母均 70 多岁，兄弟 3 人约定每月分别支付给老人赡养费 1 000 元；其独生女正读大学二年级，每年学费 4 800 元。李攀峰夫妇约定由李攀峰扣除贷款和子女教育费。

5. 操作过程

(1)计算综合所得应代扣代缴的个人所得税税额。

①李攀峰工资、薪金所得，按月应预扣预缴的个人所得税税额。

应预扣预缴的个人所得税税额＝

②李攀峰 5 月取得的稿酬所得，应预扣预缴的个人所得税税额。

应预扣预缴的个人所得税税额＝

③李攀峰 6 月取得的特许权使用费所得，应预扣预缴的个人所得税税额。

应预扣预缴的个人所得税税额＝

④李攀峰 7 月获得的劳务报酬所得，应预扣预缴的个人所得税税额。

应预扣预缴的个人所得税税额＝

(2)计算综合所得自行申报缴纳税额。

①李攀峰 2019 年综合所得应纳税额。

综合所得应纳税额＝

②李攀峰 2019 年综合所得累计已预扣预缴税额。

累计已预扣预缴税额＝

③应退税款。

应退税款＝

(3)其他各项所得扣缴申报缴纳。

①李攀峰 3 月的偶然所得，应代扣代缴的个人所得税税额。

应代扣代缴的个人所得税税额＝

②李攀峰 10 月获得的财产租赁所得，应代扣代缴的个人所得税税额。

应代扣代缴的个人所得税税额＝

(4)根据以上计算结果，填报下列纳税报表。

①代滨海市职业技术学院向税务机关填报《个人所得税扣缴申报表》。

②李攀峰办理年度综合所得汇算清缴时，应当在取得所得的次年 3 月 1 日至 6 月 30 日内，填报《个人所得税年度自行纳税申报表》。

③代滨海市职业技术学院向税务机关填报《个人所得税扣缴申报表》。

社会视角

酒吧传奇

有 10 个人每天到一间酒吧去喝酒，他们的账单一共是 100 元。他们决定参照付税的方式来分摊他们的账单，所以：

前 4 个人(没钱的)不用付钱；第 5 个人付 1 元；第 6 个人付 3 元；第 7 个人付 7 元；第 8 个人付 12 元；第 9 个人付 81 元；第 10 个人付(最有钱的人)59 元。

他们每天快乐地喝酒，倒也相安无事，直到有一天酒店老板说：“既然你们都是好朋友，我决定开始给你们 20 元的折扣。从今天开始，100 元的酒钱只收 80 元!”

大家觉得还是按照付税的方式来付钱，前 4 个人还是免费喝酒。但剩下那 6 个要付钱的顾客，怎么处理突然多出来的 20 元折扣呢？如果平均分，每人 3.33 元，从每人的账单中扣掉 3.33 元，结果会出现第 5 个、第 6 个人不但不用付钱，还有钱进口袋，想想行不通。

这时酒店老板提议，根据每个人付钱的比例来减，于是他们提出来以下的新账单：

第 5 个人现在付 1×0.8＝0.8(节省 0.2 元)；第 6 个人现在付 3×0.8＝2.4(节省 0.6 元)；第 7 个人现在付 7×0.8＝5.6(节省 1.4 元)；第 8 个人现在付 12×0.8＝9.6(节省 2.4 元)；第 9 个人现在付 18×0.8＝14.4(节省 3.6 元)；第 10 个人现在付 59×0.8＝47.2(节省 11.8 元)。如此算下来，这 6 个人都赚钱了，而前 4 个人还是一样有免费的啤酒喝。他们快快地付了酒钱。

10 个人刚刚踏出酒吧大门，就开始比较他们每个人节省下的钱：

“在 20 元的折扣中，我只省了 6 角钱。”第 6 个人愤愤不平地说，并指向第 10 个人，“但他省下了 11 块 8 毛!”

“是啊是啊，”第 5 个人说，“我只省到 2 毛，第 10 个人省到的钱比我多 50 倍不止，真是不公平!”

“那是真的，”第 7 个人也吆喝着，“为什么有人拿 11 块 8 毛，而我只拿 1 块 4 毛？

有钱人占尽所有便宜!!”

“什么?”前4个人也一起嚷嚷起来，“我们什么都没拿到，这个制度剥削穷人!!”

结果，9个人一块将第10个人毒打了一顿。

隔天晚上，他们继续去喝酒。第10个人没有出现，于是，9个人没等第10个人就坐下来喝酒。当账单来的时候，才发现他们加起来连一半的酒钱都付不起。

当前我国的个人所得税是以财产和收入多少来收税，收入高的多缴，收入低的少缴或不缴纳，其目的就是调节贫富差距，走共同富裕道路。

中国是我家，依法纳税靠大家!

拓展项目

拓展项目
其他税费的计算与缴纳